U0529825

权力的钥匙

世界税收史

〔英〕多米尼克·弗里斯比 著
刘生孝 译

DOMINIC FRISBY

Daylight Robbery:
How Tax
Shaped Our Past
and
Will Change Our Future

浙江人民出版社

图书在版编目（CIP）数据

权力的钥匙：世界税收史 /（英）多米尼克·弗里斯比（Dominic Frisby）著；刘生孝译. — 杭州：浙江人民出版社，2023.1
ISBN 978-7-213-10763-4

Ⅰ. ①权… Ⅱ. ①多… ②刘… Ⅲ. ①税收管理—财政史—世界—通俗读物 Ⅳ. ①F811.9-49

中国版本图书馆CIP数据核字（2022）第160348号

浙江省版权局
著作权合同登记章
图字：11-2021-090号

Daylight Robbery: How Tax Shaped Our Past and Will Change Our Future
Text Copyright © Dominic Frisby , 2019
First Published 2019
Simplified Chinese edition copyright © 2021 by Zhejiang People's Publishing House CO.,Ltd
First published in Great Britain in the English language by Penguin Books Ltd.
The author has asserted his moral rights
All rights reserved.

Copies of this translated edition sold without a Penguin sticker on the cover are unauthorized and illegal.
封底凡无企鹅防伪标识者均属未经授权之非法版本。

权力的钥匙：世界税收史

QUANLI DE YAOSHI：SHIJIE SHUISHOUSHI

[英] 多米尼克·弗里斯比 著 刘生孝 译

出版发行：浙江人民出版社（杭州市体育场路347号 邮编：310006）
市场部电话：（0571）85061682 85176516
责任编辑：潘海林
特约编辑：瑰 夏 涂继文
营销编辑：陈雯怡 赵 娜 陈芊如
责任校对：戴文英
责任印务：刘彭年
封面设计：北极星工作室
电脑制版：北京之江文化传媒有限公司
印　　刷：浙江临安曙光印务有限公司
开　　本：710毫米×1000毫米 1/16　印　张：19.5
字　　数：250千字　　　　　　　　插　页：1
版　　次：2023年1月第1版　　　　印　次：2023年1月第1次印刷
书　　号：ISBN 978-7-213-10763-4
定　　价：79.00元

如发现印装质量问题，影响阅读，请与市场部联系调换。

致塞缪尔（Samuel）、伊莉莎（Eliza）、洛拉（Lola）和费迪尔（Ferdie），我是如此地深爱着你们！

好　评

从《大宪章》到美国内战，再到今天的政治辩论，有多少历史可以通过税收争论来解释——多米尼克对此作了令人眼花缭乱却清晰明了的阐明。这本有趣、令人惊讶、逆势而为的书是一部绝妙的作品。

——马特·雷德利，《万物的进化》作者

这是一次引人入胜和信息丰富的税收历史之旅，对未来提出一些开创并富有建设性的建议。对于任何思考税收系统应该如何构建的人来说，这是一本必读的书。

——罗杰·布特尔，《人工智能经济》作者

《权力的钥匙：世界税收史》是一本引人入胜的书！多米尼克的历史解释和他的乌托邦思想将激怒一些人，但我觉得他们都应该读一读这本书！

——史蒂夫·贝克，英国下议院财政委员会成员

非常容易读懂的一本书。

——卢克·约翰逊，英国企业家、《星期日泰晤士报》专栏作家

在《权力的钥匙：世界税收史》一书中，多米尼克展示了税收是如何扭曲、阻挠人类进步的。对于那些认为提高税收是解决我们的弊病的人来说，这绝对是一本必读的书。对于任何有志于担任高级政治职务的人来说，这本书也是必读的。

——马克·利特尔伍德，英国经济事务研究所所长

这是一本揭露税收的政治和经济基础的书，其内容引人入胜。对于我们这些相信更简单、更低税率的人来说，这是一本必读的书。

——莉兹·特拉斯，英国西南诺福克郡议员、国际贸易国务秘书和贸易委员会主席

有人说，所得税创造的罪犯比政府的任何其他单一行为都多。多米尼克巧妙地深入研究了税收这一引人入胜的话题，生动地把它带到了人们的生活中。

——乔恩·马托尼斯，货币经济学家

这是一本关于税收对文明进程产生影响的书，这部作品从头到尾扣人心弦、发人深思。

——西蒙·埃文斯，喜剧演员

税收政策以惊人的方式塑造了人类的过去，并将影响我们的未来，这是一种奇妙的教育。

——罗杰·韦尔，首位比特币天使投资人

《权力的钥匙：世界税收史》是一本精彩的书，其中充满了政府如何在各个时代掠夺我们的见解。对于想了解技术如何最终有利于公民而不是国家的人来说，这是一本必读的书。

——道格拉斯·卡斯威尔，英国克拉克顿议员

这是一本关于税收的历史、现实和未来的书，可读性极强，很有研究价值，偶尔会引来笑声！它的信息量极大，提出了关于政府如何以及为什么要这样做的重要问题。

——詹姆斯·罗伯茨，英国税收联盟政治总监

无论你认为税收是公平还是不公平，你缴纳的税过高还是过低，你都需要阅读这本书。

——格雷格·莫菲特，英国《新思维》编辑

这本书既丰富又有趣，相信我，读完这本书你会对税收有更深刻的理解。

——比尔·邦纳，《Debt帝国》的作者

无论你的政治倾向哪一方，你都会从中找到很多乐趣和知识，这是一部关于税收历史、文化和教育的著作。

——《财税周刊》

我们如何以及在哪里纳税会影响一切——我们如何工作，在何处工作，如何储蓄，何时退休，是否结婚，是否住在自己的房子里，有时甚至影响到我们有多少孩子。我们很少有人正确地考虑是什么塑造了我们的生活和社会的。多米尼克通过这本写出了社会的现象和未来要发生的事情，以及我们要如何应对。

——梅林·萨默塞特·韦伯，英国《理财周刊》主编

这是一本关于税收的书，可读性强、引人入胜！听起来不可能，但我知道多米尼克就这样做到的。

——利亚姆·哈里根，《星期日电讯报》撰稿人

这本有趣、易读的书会让你开怀大笑，而且能为你辩论提供素材。

——希瑟·麦格雷戈，《星期日泰晤士报》记者

序言一
税收：必要之"恶"

多米尼克·弗里斯比先生的《权力的钥匙：世界税收史》汉译本，以通畅、生动和富有深度的语言，将原本专业、抽象、枯燥的税收学理论和实践的关键问题娓娓道来，成就了读者面前这本难得一见的通识性作品。在作者笔下，税收是政府的，也是大众的；是理论的，也是实践的；是历史的，也是现实的，同时还是未来的。现在已是疫情的第三个年头，生活中难免还有一些流动阻滞，却也是潜心阅读和思考的好时机。此书出版，正当其时。

"税之恶"视阈下的税收边界

作者在"光天化日之下的抢劫"中写道，税收侵犯了民众的私有财产，又支撑着政府的运作，所以温斯顿·丘吉尔（Winston Churchill）等人将税收视为"必要之恶"。作者据此提出了一个深奥难解的"最大问题"：税之恶，"恶"到什么程度才是必要的呢？

英国学者巴斯泰布尔说过："所谓税收，就是个人或群体为获得国家权力机构所提供的公共服务，依照法定程序制定的法律而做出的强制性贡献。"在中国税收专业教材中，一般将税收定义为政府为了满足社会公共需要，凭借政治权力，依法强制、无偿地取得财政收入的一种形式。

在历史上，统治者出于维护自身统治的需要，也常常将所征之税用于维护社会秩序和治水等公共服务方面，看起来他们也在用税收做"善"事。问题是，在历史上民众缴税只是出于无奈，或换取生存的机会，至于缴税之后是不是用于公共服务、是不是改善个体福利，是纳税者无权过问也不敢置喙的，反而常常受到作为征税一方的权力机构的管制和压迫，传世文献更多展示的也是税收强制、奴役和过度的一面。应当承认，税收在一些情况下是坏的、无理的，甚至是恶税。

税收与法律的关系也在人们的讨论之列。在理论上，税收法定主义的基本含义大致可概括为：无法则征税无据、纳税无凭，权利、义务无所依归，纳税人无从预期和设计未来；唯经正当程序，将各课税要素加以法律条文规定，所有主体皆依法奉行，才能形成良好的税收秩序。问题是，在人类历史上，法定程序应用于税收过程比较晚，一般认为是1215年英国《大宪章》签署以后，自此逐步建立起主政者须通过立法形式取得多数人同意后方可征税的制度，强调的是税收形式上的正义。然而在历史上和世界上更大范围内，税收都是统治者单方面说了算的客观存在，越过法律藩篱肆意征税（包括各种名目的税外加征）的现象比比皆是。在历史的某些情境中，恶法也是法，恶税也是税。

考虑"税之恶"因素的税收概念在侧重上是有些许不同的，至少应包含以下三个要素。第一，以国家、政府为主体，简称"国家主体"，且作为主体的国家只能为公共需要的目的而征税，凡不具有国家主体性和非公共需要而实施的征收，通为恶税，只是在对国家主体的内在含义上，人们的理解可能有不同意见，这个后面再加以讨论。第二，以事先确定的标准为依据，即税收具有合于法定程序的确定性，凡不合此要求者只能算作临时性征收甚至非法征敛，凡不能认定为正式的国家税收，亦可视之为恶税。第三，对于作为纳税者的个体来说，税收具有形式上的强制性，并且无对应回报，这是税收事物的基本特征，但这种强制性和无对应回报需建立在全体公民同意的法定程序之上，若无此条件前置，亦可视为恶税。若将此三要素合而为一成为现代税收的基准线，则这条线之上的征税就是现代文明的产物，线之下的税便是恶税。

我们回过头来再看税收第一要素——以国家为主体，是税收最基本特征，因其将税收与个人或某些群体、组织对民间的肆意征敛行为区别开来，所以不可或缺。只有以国家为主体征收的才是税收，其他组织或者个人无权组织征税活动，即使是地方政府的征收行为，也必须取得代表国家主体的中央政府事先同意和授权方可实施。从经济学原理上讲，公共产品的非排他性和非竞争性使得其没有办法由个人或其他组织机构来提供，只能由国家来提供，并且提供公共服务是国家的基本职能。而执行什么样的税制，提供什么样的公共服务，其决定权在于国家，往往体现在国家主权者的意志中。我国历史上的很多盛世都源于执政者持续性地实行了轻税政策，西汉的"文景之治"、唐代的"贞观之治""开元盛世"等皆是如此，但也不时可见因暴君暴政苛捐杂税、人民无法忍受从而揭竿而起，国家因此破败以致政权更迭的事例发生。

英国著名思想家埃德蒙·柏克在《法国大革命反思录》中有一句名言："国家的税收就是国家。"研究税收，实际上就是在研究国家本身，或者说，研究的是国家的一个侧面，如国家的基本职能和其税收行为的关系、国家税收支配权的来源和正当性、国家税收结构与经济社会发展的关系，以及什么样的税收制度、法律和政策才能推进市场的繁荣等等，都是国家治理需要直面的问题。不同的历史情境下对这些问题的回答不同，在很大程度上决定着国家政治经济体制的基本形态、结构、政策走向以及国家未来的命运。

"财政是国家治理的基础和重要支柱"已成为学界共识，问题在于，历来以经济学为基本的分析工具，并自我定位于"应用经济学"学科的财政学，在注重税收政策的工具属性之外，到目前为止，还没有把"国家"纳入自己的研究范围，而是习惯于将其隐含在既定的假设中。再者，从整个句式表达，虽号称前者是后者的基础和支柱，却对主语部分缺乏必要的分析论证，这种学理上的欠缺，是人们对税收事物基本性质的认知不尽确切的主要原因。

冯杨教授等学者曾应用"国家建制性权力"和"国家自主性"理论，对税收背后的国家问题做了探讨，认为现代国家的政府应当是一个强有力的政府，但政府的这种强大并不表现在权力的自我培植上，而应该表现在推进市场的兴起和社会的和谐发展上。国家建制性权力主要表现在三个维度上：第一是"渗透能力"，即国家与人民直接互动的能力；第二是"汲取能力"，即国家从社会汲取资源的能力；第三是"协商能力"，表现为政治主体和市场主体之间的制度化合作。这三个维度都跟税收有关，但都没有进入当下税收学的研究范围。建制性权力将现代国家的"治理"与传统国家的"统治"区别开来，是对国家和税收本质问题的一种更深入的思考。①

现代国家以实现公共利益至上为行动准则，追求国家长远稳固的秩序，整合全体社会成员的普遍诉求，超越社会主要利益集团对财政资源的控制。从税收的视角看国家自主性，就是维护纳税人的合法权益，从制度上避免对国家税收资源任何形式的巧取豪夺，防范分利集团对税收资源的截留、侵蚀和肆意错配。现代国家不允许政治权力仅仅代表部分社会成员的利益，或被某个或某些特殊利益集团所控制，任凭他们支配。

税收的第二要素——预先确定，来自亚当·斯密的税收第二原则——确定原则。以往教科书上表述为"固定性"，两者的一般解释没有太大的区别，都理解为国家对税收的课征对象、税目、税率或征收额等预先以法律的形式加以规定，未经国家相应法律程序的确认，任何人都不能加以变更等。作者尤为重视亚当·斯密第二原则，引用《国富论》对税收"确定性"的解释是："让纳税人明确、清晰地知晓缴纳的时间、方式和金额"，即国民应缴纳的赋税必须是事先确定的，所有纳税事项要求都必须让纳税者通彻了解，不得随意更改，否则纳税人就有可能由税吏滥用权力而导致利益受损。亚当·斯密说，许多国家的经验说明，税收不确定会诱使税吏腐败的事情发生，对人民构成危害，所以税的征收额度一定要十分确定。相对来说，税收负担的不平等对纳税的国民来说反倒是一种危害相对较小的损失。由于税收不确定比税收不平等对国民的危害更大，该原则的重要性应当位于平等、确定、便利和经济四原则之首。

从词汇上分析，固定性的英文表述是Fixity或stationary；确定性在《国富论》中用的是certain或Not Arbitrary，意为确实的事、事物的必然性。两者的共同含义是，缴税的事无论对纳税人自己还是政府一方，都清清楚楚，一目了然，不可含糊其词、朝令夕改。但无论从英语还是汉语的角度来看，它们之间

---

① 参见冯杨、李炜光：《跨学科与全球化视野下财政研究的多重面向》，马珺、高培勇主编：《国家治理与财政学基础理论创新》，北京：中国社会科学出版社2017年版。关于国家建制性权力的三个维度，主要引用了迈克尔·曼等西方学者的观点。

还是有细微差别的。确定性较为侧重事先沟通，重主体意志的体现和较强的可预见性，而不只是形式体现，而固定性则更倾向于"固定不变"的意思。所以"固定性"和"确定性"相比较，我比较认同在今后的教科书中使用亚当·斯密的"确定性"。以此为逻辑起点，也就有了以外部政治控制为特征的现代国家预算制度和税收的公共选择机制、现代社会面向社会大众的信息公开透明，以及完善的问责和纠错机制等纵深空间的浮现。

税收的第三要素——强制性和无对应回报性，适用于对传统社会税收的分析，同时现代社会也仍然有必要。税收的强制性不能理解为谁拥有暴力支配的能力，谁就可以强制性地征税，这样做不是不可以，而是在理论上很容易推导出某种强盗逻辑，那无疑便是恶税了。与强制性相伴的是无对应回报性。之所以将它们放在一起，是因为从逻辑上说，凡是可以感受到回报的，就无须强制进行了，而税收恰恰与市场上买东西有所不同，不是花多少钱就可以收回相对价值的东西，而是缴税较多的人并不比缴税较少的人享受更多的公共服务，他们享受的公共服务是相同的，只是收入越高缴税越高。即使在一个全民投票的社会中，每个人缴纳的与其获得的公共利益也不是完全对等的，这种情况并不因为现代税收取之于民、用之于民的特性而有所改变。

经济学中有个"林达尔均衡"，曾设想了一种每个人缴纳的与其从公共服务中的获得在边际上对等的状态，这种状态在现实中的可能性为零，它只可能是一种理想，或一种理论参照系。从社会公众整体而言，税收是有偿的，交了钱，获得了服务。交的钱越多，服务也就越多，或越好，但对于交钱者个人来说，付出与收获之间并不存在直接对应的关系，所以我们才把它视为税收区别于收费的关键点之一。

在国家征税的历史长河中，同样是国家强制征税，有的出现了盛世和经济社会的高速发展，有的出现了社会动乱和走向灭亡，只有在对恶税设定边界的前提下，方可进一步探究税收在现代国家中的性质和作用等相关的问题，这些问题并不是教科书和现有成果都解决的，这大概就是本书作者从梳理税收历史入手，提出并解答"税恶"之问的意义的所在了。

税收起源和人类文明

本书是一本税收史著作，在第三章和第四章中，作者对税收与人类文明的关系作出了阐释。他说："文明是由纳税方式决定的，一个国家的命运——它的人民是富裕还是贫穷，是自由还是居于从属地位，是幸福还是沮丧——很大程度上取决于它的税收制度。"在"税收的摇篮"中，作者写下一句教科书级的话："文明的发源地就是税收的发源地。从那以后，就没有一种无税收的文明存在。"

文明是个大概念，历史上的每一种税收，都与文明相伴相生，好的税收有助于文明的发源和进步。在新石器时代的晚期，应对气候、水患和安全的风险，是国家起源的重要催化剂。那时的人们需时刻面临着各种各样足以威胁到生命和生存的危机，于是自觉地聚拢在一起，组成共同体，以便更好地防范和对抗这些风险，共同体中一些最基础的条件或机制就此逐渐形成，如较高的组织和动员能力、互助合作能力以及一些必要的规则和秩序等。早期国家就是在这一过程中逐渐产生的，我在后面要说，税收的产生或许更先一步。

由这个逻辑推演下来，国家天生便具有一种最接近于其本质的功能，即庇护民众福利，这个词在教科书中很少用到，但《尚书》中早就创生了一个专有名词，叫作"养民"，应产生于3,000年到4,000年前早期国家的阶段。远古时代的民众福利，《周礼》上的说法是"以保息养万民"，即慈幼、养老、赈穷、恤贫、宽疾、安富，合称"保息六政"，体现的是远古时代聚落中延续下来的习俗，件件涉及民众基本福利的确认和维护。为达成缓解社会冲突与稳定社会秩序的目的，有些事是部落首领们是必须要做到的，否则会被问责。这在《尚书》的前几篇中也有体现。《虞书·益稷》中，大禹曾对着舜和伯益等人急切表白，说自己和助手是如何为处在水灾中的民众办事的，应当是最为久远的公共责任感的表现了。孔子的"敬事而信"（《论语·学而》）的说法，对所承担公共事务有着一种宗教般的虔诚心态，就是这种精神在后世的承袭和延续。

新石器晚期的农耕社会已经出现定居生活，其特点是出现了许多以前采集狩猎时代没有遇到过的风险，这使得生活在部落当中的人们开始担心未来。相较于农耕，采集狩猎的生活对风险的担忧并不十分严重，因为人们结成只有二三十人的小群体，游荡在广阔的田野中，而田野中蕴含着无限的希望，可选取的生活资料的来源较为丰富，而获取这些生活资料的时间也相对短暂，据考证，每天只要两个小时就可满足需求。而定居生活中的人们则要面临大得多的风险，在应对气候、水利、安全等生存风险中，形成了祭祀、治水、防卫、交通等公共物品和共享利益的需要。当出现某种力量支配着部分资源，比如谷物和集体劳动，被用于集体的公共事务上为共同体抗灾避险的时候，就实现了剩余产品向公共物品的转化。

剩余产品不是只有在农耕社会里才有的，在采集狩猎时代就已经有了。只不过那个时候剩余较少，而且行走之中也不需要那么多剩余产品，剩余产品多了也不好携带，多余的物品会被抛弃或浪费。所以剩余产品只有在定居生活开始后才会稳定存在，而且必须有个向公共物品转化的过程。只有在某种条件下完成了这种转换，剩余产品才会变成公共物品。

促使剩余产品完成转换过程的是权力，或称为支配性的权力。人类的聚落逐渐出现征税的权力、征税的权力主体和支配权力，也对应出现了权力的对象，即奉命纳税者和遵从者。当权力和公共资源相结合，而且以某种筹集和分配资源的外在形式和运动方式确定下来的时候，税收就产生了。税收一旦产生，便天生地自带一个重要特点，即强制性。在此之前，采集狩猎的部落里也有公共需要，但满足此种公共需要无需强制，靠部落成员的自愿即可，或许还有半自愿。而税收不一样，共同体内，利益共享，成本分摊，还要关照弱者，为了公平起见，也为了起码的征收效率，税收需要一定的强制性。为了实现强制性征税，就需要制定一系列的规则，还需要通过某种媒介把这种强制性落实到位，以便完成整个征收和分配的过程。

实现征税过程的技术和程序性媒介主要有三个方面，第一是必要的技术工具，算法、账簿、信息等；第二是一定的表达能力，否则征税和分配还是难以执行，比如楔形文字最早记载的内容就是关于征税与商业往来的文字；第三，是对违规者实施制裁的法律规定。由于税收是征收双方共同的事情，所以税收也可以看作是一种合作的行为,接下来需要进一步讨论的是,双方合作的标的物是什么。

在农耕社会里,合作双方共同标的物是谷物,如斯科特所说的,"谷物是收税官的最爱"。为了持续享用基本热量和保卫农耕和谷物的安全,人们逐渐学会了贮藏、筑城、治水和陶器制作。比如治水,一方面使人们的居住环境更加安全,同时也是为了保卫农耕与谷物的安全,如果谷物被水淹没,一年的收获丧失,人群将面临灭顶之灾。

人类的这些为了谋求生存而进行的活动,就促使资源调度和组织系统逐渐形成。以往教科书上写的是,剩余产品的出现是税收产生的前提,但是剩余产品出现的基础是食物的储藏与计量,并建立相应的分配机制。谷物颗粒小、品质均等、易于种植、成熟和收获期固定,便于储存、计量、分配与运输,恰好满足集中贮藏和再分配机制的模式。如果把谷物与税收的关系进一步引申,在明确产权与户籍管理的制度化过程中,谷物也适合于征收附加税和摊派劳动力。所以税收的重要缘由之一便是人类创生的谷物文明。

关于税收的起源,作者指出:"人类在大约一万年前开始定居时,首领们就已经在征用劳动力和农产品了。"他写道:"人类最早的文字记录就是一份税收档案:一块记录着什一税和贡品的石碑。那些掌握了这种新式书写和记录技艺的人——抄写员——成为收税员。早期的会计、货币、债务、税收和书写——它们都是同步进化的。"历史演化过程确实如此。楔形文字起源于美索不达米亚,苏美尔人最初是用这些文字来计数的。人们在交易时签订契约时会用早期的文字符号记录下来,而且必须确保这些文字的真实性和信用的可靠性,不能随意更改,所以要把文字用泥版固定下来。正如本书作者已经指出的,征用谷物和劳动力间接催生出了文字,可能许多人没想到,人类早期的文字原来是与征税有关的。

中国的考古发现也可以证明这一点。距今5,300年左右的良渚古城宫殿附近发现了两座炭化的谷仓,经推算得出一共储藏了20多万斤稻谷。关键是,这20万斤稻谷并非来自同一个地方,而是从各处征集所得,所以很有可能是当时早期税收的形式。另外,古城的外围有十几条水坝,最远的距离良渚古城十几公里，一方面是为了防范水患，解决风险的问题；还有一个就是为浇灌谷物，是集体劳动，可以看作早期国家赋税存在的证据。

中国的甲骨文和金文上面未发现税收相关的文字，但不见得从来没有过，只是尚未发现而已。早期的中国文字"税"由禾和兑组成（《左传》记载春秋时期鲁国"初税亩"），禾指谷物，右边的兑字在《周易》的第五十八卦中有兑换之意。《周易》的历史非常悠久，代表着中国最古老的一种精神。税字从禾从兑，其中可能蕴含着一种什么精神呢？你拿走我的东西，必须拿你的东西来换，如果你什么都没有，我干吗把我的东西给你？反过来也一样，要想得到别人生产的谷物，就得先向对方提供自己拥有土地的使用权。也就是说，任何人想获得别人的东西，必须先去创造和先提供别人需要的东西，这或许就是最早的关于税收的道德基础和税的本源意义，是一种被我们忽略了或遗忘的文化传统，但它却是纯正的税收本质。

这是古老部落遗留下而为现代人多所忽略的一个极为重要的税收观念，相同的思想轨迹也出现在《道德经》中，老子说"有德司契"，"契"就是把征税和缴税的过程看作征纳双方的一个契约；"无德司彻"，"彻"就是早期国家的税，用在此处有重敛之意。现代财政学中的"财政交换论"（霍布斯、米塞斯等），说明这一观念具有普适性，是这一观念的历史延伸。

国家和税收的出现并非生产工具和生产力出现了新突破的结果，因为新石器时代主要运用石器、骨器、木器，并没有新的生产工具出现。张光直认为中国考古学所表现的文明动力是政治跟财富的结合，我也认为是权力支配着资源，完成了剩余产品向公共产品的转换，或者说催生了公共产品，然后公共产品定向地用于社会共同体的公共事务，以防范风险、谋取福利，这就是税收。这是税收产生意义的第一点。

第二点，正如之前所提到的，当资源和权力相结合用于共同体共同事务的时候，税收就产生了，但是更需要强调的一点是，税收应该是先国家一步产生而为其奠基的，也就是税收的产生要比国家还要早一步，国家大厦是在税收的基础上奠基建立起来的。司马迁说"自虞夏时，贡赋备矣"（《史记·夏本纪》），他就是把税收和国家分开来说的。我理解中国历史上真正第一个王朝是在大禹到他儿子启建立王朝之间这个阶段,是国家形成的阶段,读《尚书》等文献,可以体会到是先有贡赋以后,才有第一个国家机器的产生这样一个过程,当然这还需要考古和历史学进一步地论证。

第三点,部落首领负责主持共同体的公共事务,除此之外对部落成员没有其他要求,不擅动民力是部落的古老传统。所以《尚书》的《大禹谟》里面专门有句话"政在养民",养的意思不是养活起来,而是更侧重于养护,有保护众人生命财产的意思,人的基本生活福利,亦可看作是后世轻徭薄赋思想的一个源头。

第四点,五服制,还有《禹贡》里讲的"任土作贡"、《礼记》中的"量入以为出"原则等,是最早的也是十分重要的财政制度安排与思想观念,其中蕴含着人类自发生成的差别意识、风险意识,生于对个体负担的关切和共同体的善意表示,也可以认为是中国最早的一种财政体制。

税收长期被学界解读为满足国家需要的工具,一直到现在许多人仍然不能正确地解释税收的本意,很是令人遗憾。税收最基础的价值,如马克思在《德意志意识形态》等著作中阐释过的,它应该是人的需要、个人的需要,这是税收起源的第五点意义。守护谷物安全和防范灾害风险是它最初的逻辑起点,应该也是它的归宿。

税收与人的自由有关

作者指出,税收的强制性无处不在,它渗透到人们生活中的每一个角落,而且流向不可逆转,"如果你不缴税,你就会面临牢狱之灾",人们所有的活动"或多或少地都涉及税收"。由于税收天生具有强制性,税收就与人的自由密切相关,"审查制度和税收都涉及对自由的限制——无论是经济方面还是其他方面。"统治者"将税收视为一种控制手段——影响民众的行为和决策"。作者还告诉我们,大屠杀就是从税收开始的:"他们从犹太人那里没收得来的财产,支付了德国大约1/3的战争费用。"

税收学中一直有个"三性"之说,即强制性、无偿性、固定性,被认为是税收的形式特征或本质特征。"三性"之中，强制性常常被特别强调，放在最前面。一直以来，在国家与纳税人这一对关系中，国家或政府是主导的一方，而纳税者，只负有及时、足额向政府缴税的义务，是服从的一方，历来被认为天经地义。既然税收是国家之所需，而国家垄断着政治权力，有权强制其境内的所有人缴税，于是政治权力就被视为征税权力的合法性来源，是税收具有强制性的法律依据。

后来有人提出了不同看法，认为政府之所以有权征税，民众之所以必须向政府缴税，并不是因为它拥有军队、警察、监狱这些政治性权力，而是因为它向你收了税。政府在征税的同时，也就同时承担起了一份责任，理应为社会提供公共产品和服务。这样说的理由是，纳税者需要的安全、秩序、公共设施等，属于公共物品，是纳税者自己生产不出来的，或者即使生产得出来，成本太高，最好的办法是大家各自出钱，把提供公共物品的责任交给某个大家信得过的机构，由它来承担。这个机构就是政府，交的这笔钱就是税收，所以税收实际上是政府与纳税者之间的一种交易行为。税收学上有这个理论，叫作"税收交易论"。

打个经济学的比方。某农户拥有100亩土地，他必须有能力保护这100亩土地的生产成果，否则自己到头来一无所获，关键是这种能力从何而来。农户自己建立一支保安队来保护地里的庄稼，这样做不是不可以，问题是养活这支队伍的成本太高，甚至高过他能获取到的所有收获物的程度。要是把全国农户用于自保的费用加起来，将是一个天文数字，因而不具有现实合理性。于是，通过缴税的方式来建立一支军队，创造出一个相对安全的大环境并加以日常维持，大家则各自"搭车"跟别人一起享用，共同生活在一种和平、有序的环境中，就是一种理性选择了。

这个逻辑用经济学语言来表达就是，由于政府保护每个农户生产成果所支付的成本，大大低于单个农户自费保护自己的成本，并且显然这种选择具有"规模效应"，可以为纳税人寻求更加廉价的公共服务，于是税收在这里就自然而然地变成了一种"价格"，需要由纳税者自己出钱从公共物品的提供者——政府的手中"买"过来。这就是1841年到1935年在任的美国联邦法院大法官奥利弗·温德尔·霍姆斯说过的那句名言——"税收是我们为文明社会支付的代价"的道理所在。从理论上说，公路、灯塔、航天、自然景观，还有政治、法律和社会秩序等等，都是人类生活所必需的公共物品，都需要大家出钱来购买，购买之后才能享用，从这个意义上说，纳税是公民的应尽义务，或者说责任，确实是天经地义、理所当然的。

可是这样一来，税收就不能被认为仅仅是征税者的需要了，它应该也是纳税者的需要，而且既然税是双方共同的需要，政治权力也就不应直接拿来作为国家征税的依据。因为既然税收是有偿的，那它就不应该是强制的，也就是说，强制性只是税收的一种表象而已，它仅属于税收征管实务或程序性层面的东西，应该还有比它更重要的东西存在。政治权力当然是必要的，但它只是国家行使其各项基本职能的条件，而不是取得税收的依据，自然也就不是税收具有强制性的依据了。

但既然税收并非强制征收，又跟现实生活中人们的亲身感受并不相符——明明纳税是法定的，违反者会受到法律制裁，严重的还会坐牢，强制性明明存在。这就有点不能自圆其说了。但是，第一，这种强制性的来源，不能简单地归结于国家强制力，还来自政府与国民在公共物品交换关系上的法律确认，来自国家与国民之间达成这种交易的契约，它的基本精神蕴含在国家的宪法之中，经全体国民一致同意后施行，这一点在国家的税收法律文件和税收教材中要写清楚；第二，这种强制性并不源自征税主体对纳税主体的政治性管制行为，而是源自国家作为行政管理者对市场主体和公民个体的管理行为——因为规则一旦形成，所有人都需遵照执行，一人逃税，会对其他人不公。而国家与纳税人这两个主体之间，在法律上应当是平等的关系，日常征纳只是一种技术层面的问题，这两层关系不能混在一起说。

就是为了说清楚这个道理，美国经济学家哈维·罗森在他的《财政学》教科书中开篇讲了一个故事。《圣经》中写到，在公元前1030年，当时犹太部落还处于散居状态，在一个没有王权统治的状态下生活，一天，一群犹太人找到他们尊敬的先知塞缪尔（Samuel），向他提出了一个要求。他们说："像所有的国家一样，请给我们一个能统治我们的君主吧。"塞缪尔听后想了一下，对着自己的同胞说了下面一段话："在国王统治你们的时候，事态就会这样：他会夺走你们的儿子，安排在他的身边，做他战车的马车夫，跑在战车的前面。……他会夺走你们的女儿，替她喷香水、做厨娘、烤面包。他会夺走你们的土地、你们的葡萄园和你们的橄榄园，甚至夺走你们最好的土地赏赐给他的仆人……他会强征你们1/10的羊群；你们将沦为他的奴仆。那时，你们将为自己有了国王而痛哭不已。"①

塞缪尔极力向族人描述君主统治下的生活是如何不堪，像是在试图打消人们"寻找国王"的念头。葡萄园、橄榄园、羊群，是人们拥有国王必须付出的代价——税收，他甚至提到了1/10税率，而人类历史上早期的税收，税率恰恰普遍是这个比率。不只是西方的什一税，传世文献记载古代早期国家的税收——贡、助、彻等，也是1/10。至于为什么都是这个比例，还真不太容易说清楚，它应该是人类文明发展过程中的某种共同阶段性特征，是长期实践探索出来的一个相对适宜的负担比率。

面对塞缪尔的告诫，犹太人的回答却是简单而坚定："我们愿意。"他们首先关注的不是国王可怕不可怕的问题，而是有了国王让他做什么的问题。在这群已经深思熟虑的人们看来，只要愿意且能够为大家服务，国王是可以接受的，税收也是可以接受的，在这里，国王就是国家的代称。"人们拒绝倾听塞缪尔的劝告，他们说：不，我们应该有一个国王，那样我们才能像其他国家一样，国王会统治我们，走在我们前面，带领我们去战斗。"②话说至此，纳税者俨然已经做好与未来的征税者——国王之间达成契约的心理准备了，双方将通过税收建立某种纽带关系。事实上，这以后3000年的人类历史发展已经证明了，无论哪个时代的哪一个国家，它的国民只有通过纳税才能与国家机器建立起实质性的联系。

罗森说："这个出自《圣经》的插曲，提出了一个古老的难题：政府是必

---

① ［美］哈维·S.罗森、特德·盖亚：《财政学》（第十版），郭庆旺译，北京：清华大学出版社2015年版，第1页。
② 《圣经·塞缪尔记》第8章。

需的，毕竟'所有国家'都有，但同时它也有令人不快的一面。对政府的这种混合感情不可避免地与政府的收支活动纠缠在一起。国王会提供给人民所需要的东西，但是要付出代价。政府全部开支的财源主要来自私人部门。正如塞缪尔解释的，'税收会是一种沉重负担'。"[1]罗森用了整整一本书来诠释这种关系，财政学理论之难，难在它既宏观，又微观；既有理论性，又有很高的技术性要求；既是经济的，也是政治的——契约论明明进入了它的视野。

挪威戏剧家亨利克·易卜生有一句名言："社会犹如一条船，每个人都要有掌舵的准备。"意思就是乘客们要合力把自己所乘坐的这艘公共之船打造得坚固可靠——共同体内，成本分摊，利益共享。罗森讲的犹太人故事，涉及的也是共同体内部政治权力的建构问题，而且那些最先提出此类要求的，也是共同体中的普通成员，这是罗森故事给我们思考税收本质问题的最大启示——人们愿意付出代价，得到公共产品和公共服务，这也应该大体合乎历史演变的真实逻辑。

我们说征税和纳税是一份国家与国民的契约，这一点至关重要。在历史上，这种契约的代表作是英国1215年6月15日金雀花王朝的国王约翰王与封建贵族签署的《大宪章》，然而，更多的其实只是一种隐性契约。由于税收主权者意志的效应，征纳双方在现实中并未实际签字画押，但数千年来的人类文明史能够证明它是真实的存在，双方都须遵照执行，违反约定的一方迟早会遭受惩罚，其中的因果定律尤其令拥有权力的征税者不能完全无视。

如果出现政府使用强制力不当，过度侵害国民利益的情形，国民出于保护自己产权和利益的需要会选择拒绝缴税，进而选择暴力对抗不合理征税，这样政府便会逐渐失去他的政治合法性，而纳税者则重新做一次自己的政治选择——在传统社会，就是发动一场革命，在现代社会，则是通过投票和既定的政治程序重新选择政府。从古至今，人民以各种方式寻求保护"为自己纳税"的权益，进而推动着人类文明的进程。正如本书作者指出的，税收"是所有人类决

---

[1] [美]哈维·S.罗森、特德·盖亚：《财政学》（第十版），郭庆旺译，北京：清华大学出版社2015年版，第1页。

定性事件的核心"，历史上的那些革命和起义之所以会爆发，"最根本的原因都是税收的不公平"，"历史上那些伟大的起义者们通常都是税收的反对者"。

想通了这层道理，就可大体明白，政府与纳税人之间的关系，就是一种互利和交换性质的关系，如果国家脱离了公共物品提供者的身份，而仅仅凭借政治权力获取收入来源，就很容易蜕变成横征暴敛的工具。当它成为这样的工具时，便与国民即纳税者站在相互对立的位置上了，罗森说的那种连接双方共同利益的纽带就会变得脆弱不堪，以致最终发生断裂。所以我们在讨论税收的强制性问题时，也就只能是来自对这种性质的关系的考量，而不能简单地说他来自国家的政治权力。

强调政治权力不能直接用来作为取得税收的依据，还因为如果谁拥有暴力机构就可以征税，很容易推导出某种强盗逻辑——谁拥有实施暴力的能力，谁就可以强制征税，那政府征税跟土匪拦路抢劫有什么区别呢？都是以强制力为特征的普遍命令，都可以对不服从者强力实施制裁。有人说，税收是国家征收的，抢劫是个人行为，这不可同日而语，可是在强制这一个点上，还是有很多相似之处。还有人用普遍性和个别性加以区分，政府征税是面对整个社会的，抢劫只是临时的和个体性质的行为。可是，抢劫者在某一区域内、某一段时间内、对某一类人进行普遍性的抢劫，还是完全可能的，如黑社会组织向直接控制区域内的商家和民户强制收取保护费的行为。所以用普遍性来解释税收问题，理由还是不够充分。

英国法理学家赫伯特·哈特在《法律的概念》一书中分析说，纳税可以是被迫的，也可以是积极自愿的，两种可能性都有，而强盗只有单一的可能性。有人说我爱国，我就喜欢纳税，这在现实中是可能的，但是决不会出现另外一种情景——面对拦路抢劫，没有谁会是"积极自愿"的，所以抢劫只属于单纯的"被迫行为"。人们可以说"我有义务纳税"，却不会有人说"我有义务被抢劫"。强制性缺乏说服力的关键是，他只是盯住了税收的"被迫行为"，而忽略了他同时也是一种"规则行为"。而规则，恰恰是通过纳税者与征税者议定的契约——宪法和法律体现出来的。本书作者对此的认识颇为到位，特别指出，《大宪章》是"有史以来最伟大的宪法文献"之一，"正是这份《大宪章》，塑造了美国的民族心态。直到现在，他仍然是这个国家的性格中不可分割的一部分"。而诞生于800多年前的《大宪章》，其最核心的条款和最基本的精神，就是为国王征税而设定的法律边界。

在当代社会中，愿意自觉遵守规则的公民越来越多，澳大利亚经济学家在这方面有着数十年的研究成果。所以，我们最好不把"强制性"归结为税收的基本特征，要说有这方面的特征，它应该也是"宪制性"——税收应该处在国家立宪的最高层次上，大家服从的是宪法和基本的税收法律。站在法律后面所有的人们，都是自由的，否则就是不自由的。

把税收的契约性和宪制性置于强制性之前，还因为这样做可以把税收和国家其他征收费用的形式区别开来，比如没收违法者的财产、对其处以罚金等，也是凭借政治权力强制进行的。这类的征收虽然也是强制进行的，但是它们不带有任何交换意义，而是一定的惩罚性，其所表达的是国家存在的另一层意义，即主持正义、维护秩序、消除违规和犯罪现象，这也是社会需要政府的理由。说起来，税收也含有这层意思，只是它不限于这层意思罢了。

征税者与纳税者之间的合作

国内税收教科书比较强调税收具有"无偿性"，而本书作者的想法却有所不同，认为"现在在任何一个发达国家，国家成本已经逐渐成为人们一生中最昂贵的消费"，"更多人感到自己被剥夺了权利，且没有代表权，所以又到了革命一触即发的时刻"。他的看法是，解决了税收问题，才能解决社会问题，"税收才是零号病人"。在"构建乌托邦"中，作者介绍了一种由17世纪的哲学家和19世纪的经济学家提出来的"地段使用税"的税种。他说，这是一种消费税，"你使用的土地越有价值，你缴纳的税就越多"，这是一种索要回报的对等精神，在以往的税收理论中罕见。作者甚至设想了一种"订阅模式"，将来若有可能实施，就更加接近于"市场上买东西"的模式了。

我本人赞同本书作者的看法，也认为以往的税收"无偿性"提法似乎已经过时，教科书上的说法该换换了。我们还是先回到税收强制性的问题上来。现实生活中，税收在形式上是强制征收的，但很少有人琢磨这个"强制性"的含义是什么，一般只理解到"警察、监狱"这个层次就停住了。但其实这只是强制性所具有的程序性意义，国家实际征税并不是时时拿出国家的政治强权做依据，而是更多地强调国家与国民在公共物品和公共服务方面的合作、互利关系。这种关系也可以解释为公共物品的一种有买有卖的交易关系，这就是我们一再强调的，税收不仅是国家的需要，也是纳税者的需要的道理所在。通过交换，纳税者获得公共物品的消费权，征税者获得财政资源的征收权和支配权，双方为此签订一份隐性契约来确认双方的权利义务关系，只有违反者才会受到追究和惩罚。实际上在被追究、惩罚之前，还是有一些救济渠道的，纳税人可以通过行政处置程序进行申诉，其权益将受到法律尽可能的保护。

问题的难点在于，如果把公共物品看成是一种交易、是国民获得公共物品成本的一种必要付出的话，就不能说税收是无偿征收的了，而是具有一定的有偿性和返还性。这样一来，税收"三性"的第二性——无偿性也就不能成立了。所以一直有人不同意这种说法。他们认为，说税收具有无偿性，是因为缴税跟在市场上购物不同，不是花多少钱就能买回多少东西，国家征税以后对具体的纳税人不负有直接报偿的责任。我们日常看到的税收情景似乎确实是这样：有的人纳税多，有的人纳税少；纳税多的人并不必然可以享受更多的公共服务，纳税少的人也并不必然享受更少的公共服务。这种纳税人从政府支出所获得的利益与他所支付的税款之间不存在一对一返还的现象，被解释为税收的无偿性特征，并被写在教科书中，认为是税收的形式特征之一。

可是如此强调税收的无偿性是有问题的。首先，市场经济社会的基本特征就是交换或者交易，市场上起主导作用的是价值规律和竞争规律，这就决定了任何代价的付出，都要以一定利益的获得为前提条件。对于什么是交易，大家都不陌生。你拿走我的东西，你能给我什么？如果你什么都不给我，我凭什么把我的东西给你呢？对方也是一样，任何人想得到别人的东西，都必须先要提供别人需要的东西。税收也是如此，直接税尤其如此。说税收具有无偿性，相当于说缴税是一种无收益支出，不能给自己的家庭或企业带来直接利益，问题是没有回报或回报不足，谁还愿意缴税呢？

马克思在《哥达纲领批判》里说过："从一个处于私人地位的生产者身上扣除的一切，又会直接或间接地用来为处于私人地位的生产者谋取福利。"天下没有拿人钱财不予回报的道理，纳税理所应当是有偿的，中国的税收宣传月经常把税收解释为"取之于民、用之于民"，其实已经承认了税收的有偿性了。

但政府跟每个纳税人之间的互利关系又确实是不完全对等的，这一点无偿论者没有说错。问题在于，这种不完全对等是税收征纳和使用中的某种表象，还是它的本质性特征呢？这派学者的看法是前者而非后者。纳税人在上述过程中获得的物质回报，在个体上确实有一定差异，但这其实并没有多重要，只要它们在总量上或整体上大致等价就可以了，数量上的差异并不反映任何税收的本质问题。比如富人缴税多，他所得到的公共服务表面上跟比他缴税少的人基本上是一样的，但是他得到了安全和秩序，这是富人比穷人更加需要的公共服务。所以，你可以说纳税和得到公共服务是一种"不完全对等"的回报，但不能说不存在回报，进而推导出税收具有无偿性。不对等的回报也是回报，这是由公共财政的运作特性所决定的。

其次，税收涉及的对等关系，是不能用数量多少来解释的，而是必须从法律的层面观察，它们之间是一种权利和义务或者责任相统一的关系。只要纳税人依法纳税了，他就拥有向政府部门索取公共物品的权利；只要政府依法获得了税收，他就必须承担起向纳税人提供公共产品和公共服务的责任。纳税人纳税的义务与他纳税之后拥有的公共物品消费权是一种对称的关系。政府履行向社会提供公共物品的责任与其所获取的征税权之间也是一种对称的关系，或者更准确地说，政府征税的权力是它承诺和履行公共物品的生产和提供责任"换"来的。这种人们尚不十分熟悉的对称关系应该被置于税收法律关系的中心位置，用国家的宪法和法律确定下来。如果这个国家的宪法和法律中没有相关内容，那说明该国在基本制度设计上还存在缺陷，应当予以立法方面的弥补。

实际生活中，纳税人在税收问题上也不会在所缴之税和获取多少公共服务的问题上提出所谓"对等"的要求，因为这样做没有实际意义。人们更为关注的是，自己纳了税之后相关的法定权利能否得到保障，能否得到大体相当的公共产品和公共服务，而不是花了多少钱拿回多少东西。无偿性的维护者们所关注的其实是个真实世界里本不存在的伪问题。所以说，归纳税收的特征，应该是有偿性之下的对称和不对称的问题，而不是无偿性下有回报和无回报的问题。撇开这些应该思辨清楚的问题而谬谈税收的有偿、无偿问题，只会离税收的基本特性越来越远。

说税收是一种受益的不对称性，还有第三个问题没有解决：为什么一个追求公平的制度要容忍税收的这种不对称现象存在呢？应该说，我们要关注的不是税收对称不对称的问题，而应该是公共物品能否共同受益的问题。社会共同体中，每个人付出之后都需要物质回报，所有的人，包括富有的人和穷得缴不起税的人都需要公共产品和公共服务，而纳税人支付费用所带来的好处，最终要由全体纳税人共同分享。也就是说，纳税人在纳税时，就知道这部分费用缴上去自己是会受益的，但费用的支配权由于公共物品的特性决定并不完全归于自己，所获得的回报也不一定跟自己所缴之税的数量完全匹配。这实际上是一个承认税收或财政资源共享性的问题。这样的认识可能更加符合税收的本质特征，而且在价值的高度上，也远远超过税收的无偿性。

税收的产生，是在人类共同体形成过程中，人们需要彼此合作，共同面对一些公共问题，比如战争、治水、祭祀等。在这个过程中，部分社会资源与政治权力相契合，逐渐形成了税收与公共支出的独特组合，其结果就是转化为公共物品，人们用它谋求社会的改善。

经济学知识告诉我们，公共物品的定义主要有两个标准，一个是非排他性，一个是非竞争性。非排他性是说，在公共物品的消费过程中，一些人从某物品中的收益不会影响另一些人从同一种物品中的受益，受益对象之间不存在利益冲突。也就是说，A的消费不会妨碍B的消费。比如路灯是公共物品，为所有的人照亮道路。一个人从路灯下面经过，不影响别人也获得路灯的好处，路灯的费用也不会增加。这就使利益的公共分享成为可能。

非竞争性是公共物品的另一个维度。公共物品在消费过程中产生的利益，不能为某个人或某些人所专有，而把他人排斥在消费过程之外。或者即使有可能排除，成本也太高。比如消除大气污染能为所有的人带来好处，但是让这项好处只归你自己独享是不可能的，你也做不到。只要这项服务存在，就会使所有人都能得到利益，常引的事例还包括灯塔导航、安全防卫等等。

公共物品这两个特征的同时存在，是不是看上去有点"较劲"？是的。非排他性要求公共物品免费供应，即谁都不愿去自己购买这一物品，非竞争性又意味着收费的不可能性，或者即使收费是正当的，成本也太高。于是难题出现了：既然收费是不必要的——因为非竞争性，又不具有可行性——因为非排他性，又如何保障它的有效供应呢？

人们不愿意购买公共物品，但又自相矛盾地希望别人买了公共物品自己"免费搭车"获得好处，这种心情可以理解，因为无法弥补成本，更别提利润了，但它导致了一个结果，即市场的失灵——公共物品的短缺，甚至完全消失。旧中国这样的例子很多，清末已经有影像传下来，照片中的北京街道，坑坑洼洼，污水横流，即使前门大街也好不了多少，就是公共物品缺失的表现。民国时期北平的城市街道改造，仍然长时期被财政资源短缺所困扰，我们从老舍的话剧《龙须沟》就可以体会到。我们天津黄家花园河北路上，交叉路口正中央，原来有个"圆茅房"，现在已经拆除了。很多外地人以为那是个碉堡，其实是个公共厕所，租界时期英国人投资盖的。据老人说，在没有这个厕所之前，附近的人就随地方便了，可想给当时的城市环境造成了多么严重的污染，这也是公共物品严重匮乏的表现。

怎么解决这个问题呢？最好的办法，就是把公共物品供应的责任移交给除生产者和消费者之外的另一个机构，大家各自出一部分钱，由它来负责生产和提供。最合适的角色就是政府，因为只有政府不以追求利润为行动目标，而税收依靠强制征收的合理性也是源于此。大家筹集的钱就是税收，简单来说，税收就是公共物品生产和服务的一种成本补偿方式。

政府征了税，它要履行哪些职能呢？安全、秩序、基础设施和社会保障等等，这一揽子的公共物品都是市场和私人部门无法提供或难以提供而社会又须臾离不了的，这就是国家用来换取税收征收权的"本钱"。如道格拉斯·诺斯在《经济史中的结构与变迁》中所说的："国家用一组被称为'保护和正义'的服务，来交换税收。"在此过程中，税收的最基本的性质逐步形成了：个人对共同体承担的纳税责任与个人的自由选择相比逐渐处于优先地位，税收的强制（履行义务）的合理性即源于此。获得税收的共同体有责任给每个成员提供安全和秩序保障，其纳税之后的基本权利不能被漠视或剥夺。纳税者和征税者在权利和责任上对等关系和交换关系和在数量上的非对称关系，就这么建立起来了。

这是一个完整的财政叙事：利益共享，成本共担。如我在前面引用过的易卜生的社会之船比喻，"乘客"们按照自己意愿选择缴税的方式与数量，使得税收与公共支出合理组合，促进财政资源与政治权力的有机契合，这艘船就有可能朝着符合乘客偏好的方向，实现公共物品的有效供给，于是大船扬帆出海——达成社会福利的总体改善。

在整个过程中，把稀缺的资源用在正确方向上比什么都重要，所以财政逻辑的第一链条是公共支出，必须首先确定公共支出的数量和结构，也就是你能为国民提供什么服务（法律允许），然后才是如何征税和征税之后的对称性问题。我们讨论税收问题的时候，千万不要忘记这个逻辑顺序，一定不要只是就税收而论税收，它在这个逻辑链条上只是属于第二层次的问题。而且，前者永远是后者的绝对必要之前提。如佐治亚州立大学安德鲁·杨政策研究院教授乔治·玛蒂纳兹-维斯奎兹（Joge Martinez Vazquez）所说的："在讨论税收时，千万不能忘记上述前提。仅仅讨论税收本身是无意义的。征税的意义和理由取决于我们希望公共机构提供什么样的公共产品和服务。"所以千万别小看我们上面说的政府活动的逻辑顺序问题，支出第一、征税第二，可是在现实中，这一对关系常常是被人们颠倒。

税收与不间断的经济增长

在第二章"非常情况催生非常办法"中，作者讲了郭伯伟的故事，他在香港地区的经济治理过程中，十分重视税收政策的效用，始终坚信税收是强加给每一个企业、每一个个体的负担，终归是经济增长的阻碍。在郭伯伟看来，"税收始终保持在较低水平，政府支出也降到最小限度"的政策是为了所有人的利益，而低税收意味着更大的利润，更大的利润则意味着更多的增长，更多的增长就意味着更多的就业机会、更高的工资和更多的财富。他说："我更关心财富的创造，而不是财富的分配。经济的快速增长以及随之而来对劳动力需求的压力，直接促成了快速而有效的收入再分配。"

本书推崇郭伯伟在税收政策和当地经济发展上的贡献，说明作者深刻理解这条现代世界形成中积累下来的重要经验，即轻税有利于经济保持不间断增长，这种持续不断的增长对于现代世界的诞生绝对意义非凡。英国著名学者艾伦·麦克法兰认为，农耕（agrarian）社会变成一个工业化（industrial）社会，是由一组相关联的因素共同发生作用的结果，这些因素涉及宗教、政治、科学、市场、社会等等，其中每一个因素都不可或缺，每一个因素又不能单独成为现代性形成的充分条件。问题是这一揽子相互关联的因素如何才能"同时出现"呢？要知道，人类社会向现代世界转型的过程中，这种连锁因素相互契合的概率是极低的。英格兰等国家的历史表明，只有在经济持续发展的过程中，现代性各要素"相互咬合"的几率才会增加，而一旦出现这样的情形，该社会就能够成功地脱离传统制度和体制的束缚，进入到现代世界的行列中。但是务必请注意，这里说的增长，必须是那种中途不间断的增长。这是旧制度无法达成的目标。

传统社会的经济增长是不能持续的，不能持续的增长无法聚集资本，投资和技术、组织管理的创新就失去了动力源，现代性自然也就无从生长，所以问题的关键是要找到一种与旧制度迥然不同的新的财富生产方式，以保障持续稳定的经济增长成为现实，如麦克法兰说的，这条通往现代世界的进路"表现在一部财富增长之条件的杰作中"。

接下来的问题是经济学上避不开的约束条件问题，如何才能确保社会财富实现不间断地增长呢？一个重要的历史经验是，必须确保私有产权和有效限制王权。17、18世纪有人访问英格兰时注意到一个细节，就是那里人人都是自己财产的主人，人人都可以过一种不受他人控制的生活，如伏尔泰说的："英格兰人是世界上唯一能够反抗国王，从而给国王权力设限的国民，是唯一通过一系列斗争而最终建立了一种英明政府的国民。在这种政府下，国王拥有做好事的一切权力，同时却被限制了一切做坏事的权力。"

相比较而言，商人之间的交易、劳动分工、货币流通之类的问题要简单得多，大都可以通过市场自发秩序的形成来解决。商人之间一般不会发生互相侵害的情形，他们更加希望对方的产权是明确和有保障的，因为只有这样的人才能成为自己选定的贸易伙伴。商人也不会任意剥夺对方的利益，因为他没有这个权力，而且就是剥夺了别人的利益自己也得不到什么好处，而没有任何好处的事情，以牟利为目的的商人怎么会有兴趣去做呢？显然，对商人的产权和利益真正能形成威胁的，只可能是来自公权力。英国人想明白了这个道理，所以《大宪章》以后800年历史演绎的是同一个故事：如何限制国王的权力（包括意识上的限制和行为上的限制），而且这种限制主要反映在税收制度、政策和民众的财政性负担上。

亚当·斯密在1755年的一次讲演中提出了一个重要论断，他指出："除了和平、便利的税收以及适度的司法之外，把一个落后国家变成繁荣的国家，就不再需要别的什么了。"他说这话的时间比《国富论》出版早了20年，所陈述的三点无一例外都是针对国家公权力而言的，而且这三点之中，税收最为基础，也更为重要。因为前后两点——战争和法律，都与税收直接相关，正是这三点，把新制度下的现代世界和旧制度下的旧世界区分开来。

斯密是古典自由主义税收思想的集大成者。《国富论》中提出的四大税收信条，是对便利的税收的进一步诠释。其中第一信条是平等。他认为每个国民都应当为维持政府的存在而纳税，但应当尽可能做到国民所纳之税与其各自的能力成正比，或者说，与人们在国家保护下所享有的收入成正比。与我们今天能够理解到的税负在纳税人之间的纵向和横向平等有所不同，斯密更重视的是另一层意思，即政府与纳税人之间在权利、义务上的平等。18世纪中叶，英国大约有5万名国债持有者，说明当时的纳税人对当时的政府是持基本信任态度的。

斯密信条的其他三条，分别是便利、确定和最少征收费原则。在斯密看来，每一笔税款都应当依据纳税人最为方便的时间和方式而征收，每一笔税款缴纳的时间、方式和数量都应当是明确和法定的，每一笔税款都应以高效率和低成本的方式征收，每一笔税款的实际负担和缴纳程序都清清楚楚，一目了然，决不含糊其词、朝令夕改。斯密认为只有这样的税收，纳税人才拥有较高的可预见性，在纳税的同时能对自己的经营活动和日常生活做出妥善安排，也就兼顾了政府需要、民生和市场各方面的关系，而这样的关系在传统社会里是极其复杂和难以处理妥当的。

斯密本人尤其重视第二原则，"哪怕税负本身相当不公正，与税收的不确定性相比，也是小得多的一种恶。当税是被随意课征的时候，每一个纳税人都被置于不受制约的权力的笼罩之下。不确定的税收怂恿蛮横无理，甚至原本不蛮横也不腐化的人也会变得腐化了。"以此为逻辑起点，也就有了后世的以外部控制为基本特征的现代国家预算制度和"公共选择机制"，以及现代社会面向社会大众的财政信息公开、问责和纠错机制。斯密四原则是人类文明的重要成果之一，接受了它，一个刚刚发展起步的经济体，就能避免税收过重而摧毁它的生产基础，经济就能长期保持稳定发展，也就能最终由传统社会迈进现代世界。

斯密的逻辑是，政府应该对非必需品课税，而不对与穷人生死攸关的必需品——比如面包课税，从而避免人们在生活困境中因纳税而陷入绝境。早就有学者指出，英格兰不对劳动阶级征收直接税，也不对他们征收欧洲其他国家的贸易税。在本书中，作者描述了英国历史上征收过的"壁炉税""烟囱税""窗户税"等，以及其他一些税收，如住房税、收入税、财产税、估定税等，其实这些税的负担主要不是落在劳动者头上，甚至不会波及零售商、手艺人、熟练工等。英格兰最早在欧洲建立了现代性质的税收征管体系，其专业性和高效率，使得税的征收不必再倚赖于包税人之类的私人机构，而后者恰恰是欧洲人民无尽苦难的根源。关于这一点，在巴尔扎克笔下的波旁王朝出卖外地收税权的情节中有生动的描述。

在英格兰，长期以来富人和穷人税负都不算很重，税负主要是由"下中产阶级"即中间阶级承担的。他们消费的物品常被课征高额的间接税。在18世纪的英格兰，中间阶级发展成为一个庞大的社会群体，以至于开始有能力支持国家一场昂贵的战争了。在当时，除了纳税，他们还有余力购买国债。这个税制和税负结构却是得到整个社会讨论和认可之后的结果。在当时的世界上，也就是英国，能率先做到税的征收事先得到主体纳税人群，即议会所代表的社会上层和中层阶级的同意，履行严格的法定授权程序，这便是斯密第二信条作用的结果，也是现代世界"进路"上最为核心的要素。

本书作者对斯密以来的税收思想和代表性国家的税收历史了如指掌，他总结道："大政府与小政府、威权主义与自由主义、旧商业惯例与新技术、增税与减税之间的意识形态斗争将继续下去，双方都不会自愿让步。但是，那些选择低水平、公平和简单的税收制度的国家将会逐渐走向繁荣。在税收最低的地方，也就是人们最自由的地方，我们将看到最多的发明、最多的创新和最大的财富创造。历史上一直如此，将来也会如此。"

所谓现代税收制度，说起来就是这么简单，但它却是现代新制度区别于传统旧制度的最基本的标志，没有之一。由于这种现代性质的税收制度的确立，英国人民幸运地避开了足以毁灭生产根基的沉重赋税，英国历史上才能长期保持经济的稳定增长，产业革命的发生正是与这种将政府征税置于私有产权和民众利益之后的税收制度的确立直接相关。没有后者，英国建构现代世界的故事可能完全不是现在的样子。

你如果读过英国的历史，就会发现在当时的英格兰农村很少有横征暴敛的事情发生。军队因有严格的纪律从不进入民舍骚扰，政府也因为有议会决议的约束而从不在国家的正税之外横征暴敛，王国的每一位居民都可以较为轻松地随意享用自己辛勤劳动或依靠雇佣劳动所创造的谷物产品、畜产品以及他们在水上或陆地的空间所获得的利润和商品。也许是受这样的历史事实的启发，斯密才会在他的演说中斩钉截铁地指出："法律和政府的目的，是保护那些积累了资金的人，使他们能够平安地享受劳动成果。总的来说，最好的政策，是那种听任事业自然发展，既不给予津贴，也不对货物课税的政策。"

数字经济时代的税收课题

现在的世界处于数字经济时代，许多互联网巨头的成功，在于它们能够以比竞争对手更低的价格提供更优质的产品或服务。本书作者以中国的阿里巴巴等世界著名零售商为例，说明它们之所以能做到这一点，是因为其商业模式完全避免了"传统"的成本，它们都只是"平台"而已。他关注的问题是，在一个没有边界的在线数字世界里，这些平台是如何运作的？它们的基地在哪里？知识产权在哪里？它们应该向谁纳税以及如何纳税呢？作者对此表示困惑，但通过引用马克思的一句话："当主导的生产方式发生变化时，政治和社会的结构也会发生变化"，得出了当今"税收制度没有跟上创新步伐"的判断。

作者指出的问题确实存在，并且近年来越发突出。我国历来实行以流转税为主体的税制结构，表现为生产和流通环节的成本费用较高，或资金占用过大，而与企业盈利水平的相关性却相对较低，很容易对企业形成刚性的成本压力，所以整个"十三五"时期的大规模减税就把政策重点放在了流转税方面，大力减轻企业的税收负担，并且确实取得了不小的成效。

流转税的主体是增值税，增值税是大工业时代的产物，企业税负不仅由税率高低来决定，还存在进项税额抵扣的因素，适应于那种产业链条较长，上游、下游各环节分得很清楚的生产结构。大工业时代盛行消费主义，厂商热衷于不断更新商品的款式和用途，以引诱消费者不断购买新的商品。这种需求是人为制造出来的，不是先有需求、厂商去生产什么的概念，而是反过来，厂商生产出什么东西，人们便消费什么东西，这便是人们常说的"制造业为王"。我们现在谈的增值税，是针对产品的新创价值征税，环环抵扣进项税额，在流转税里税收中性原则算是比较强的，有利于减少重复征税现象，但它在税制设计上仍存在一些问题。

问题在于现在已经不是传统工业时代了，已进入数字经济时代了，也有叫"消费商"时代的。在这个时代中，社会生产方式正在被重构，而不再是教科书中的生产决定消费、消费反作用生产那种简单的结构了，发生了相反的情形——在很大程度上变成了消费决定生产。以前是生产者在市场交易关系中处于主导地位，生产者决定着生产什么产品，消费者只能在现有产品中决定是否购买，不能参加到产品的研发和生产环节中去；现在是消费者在市场交易关系中越来越处于中心位置上，消费者需要什么，生产者就生产什么，这就是所谓的供需关系被颠倒、被重构的概念，消费者同时也是生产经营者。仿佛突然之间，我们所处的这个世界变了，人类的经济活动正在迅速凝聚于它的终端之上，谁能拥有并锁定消费者，谁就是获利者。

此时我们回过头来看增值税，其与正在形成的新型产业结构的契合就可能出问题。如今的企业运营，已经不再需要原先那么长的产业链，不再需要很多的购置和库存，甚至不需要很大的企业。企业小型化，甚至家庭化会逐渐地成为某种发展趋势。这样的变化，使得企业在将前期进项税额与本期销项税额相抵减，以便计算出本期应纳增值税额的政策优惠效应实难显现出来，继续实行增值税对这类企业的意义就有所削弱了，也对选择进入该领域的企业的税负上产生了不尽公平的问题。

增值税的税基是增加值，主要来自生产环节和劳务提供中的新创价值，在人工智能等高科技产业中表现尤为明显。由于这类企业在新型产业结构中对市场要素配置产生了越加重要的影响，进而涉及劳动力就业、GDP增长、政府正常运作等经济社会效应，政府与其关系的建构就与传统产业有所不同了，就是更加应当结成利益共同体，形成一种对等合作的关系。但是目前政府在这个环节上，考虑较多的依然是如何增加财政收入的问题，而较少考虑如何回报企业以互利共赢，增值税制度设计在近几年多有调整本身即已说明问题。以往那种有利于征税方而不利于纳税方的税制设计，使这个税种的优势在新型产业结构中的效果打了些许折扣，应当根据约束条件的变化而有所改进。

增值税的另一个问题是，企业支付员工工资在增值税征收规定中是不允许抵扣的，却要为员工缴纳社保，社保也不属于增值税抵扣范围，工资加社保却构成企业产品或服务的增加值，要一并缴纳增值税，而增值税的税率又不一样，这就会导致企业增值税负担加重或不平等。在大工业时代，人工成本占机器设备和原材料的比重不高，企业承担这部分税负还不是很大的问题，现在情况明显变了，市场分工不断细化，那些高科技企业需要的更多是数学建模、神经学、电子电力学、信息技术、网络编程等与人工智能开发等方面密切相关的高级人才，人数需求量可能不是太大，但企业的人工成本却会大大提高，这个情况下尽管增值税税率未变，企业的税负就可能已经很高、税痛感已经很深了。

此外的问题还有，税率层级多且较高，导致税制复杂；专用发票抵扣链条不完善，导致"走逃"和"连坐"之类的问题，都不同程度地给企业造成困扰，也提升了企业家或企业主的法律风险。我前几年曾发起连续两年的企业税负调研，不少企业的负责人表示，他们都曾遇到过企业"走逃"问题。企业间进行贸易合作，业务、合同、资金流均是真实的，但是当上游企业出现问题，即这个合作链条出现问题时，即使下游合作企业所提供的业务证据是真实的，也要负抵扣链条断裂的"连坐"责任，也在一定程度上增加了企业的负担。

增值税属于流转税制，天生就具有一定的累退性，且我国增值税的税制设计还有别于西方的价税分离模式，其所包含增值税的含税价格会成为市场交易的信号，容易出现供给方（进项税的负担者）需要提高价格以实现税负转嫁、需求方（销项税的负担者）要应对过高价格而导致需求量降低的情形，造成供给方实际收入水平下降、需求方的支出成本提高，从而导致交易量的减少，这便出现了微观经济学上说的"无谓损失"。无谓损失使得供求双方利益双双受损，对于高科技产业的发展尤为不利，而作为第三方的政府从中也捞不到什么好处——本来可以收上来的税如今也收不到了。

中国政府的税收大部分直接抽自于市场，这一点跟美国不同，其所产生的效应是，第一，政府承担较高的征收成本，包括税务系统监管和企业报税流程等，例如企业缴纳增值税需雇佣专职财务人员完成复杂的认证开票程序，俗称"磨皮鞋时间"，还有企业因上游企业发票走逃（俗称"连坐"）而支付制度成本等；第二，税收对市场有直接的抑制效应，不利于新创价值。古典经济学主张轻税主义，认为过度征税会扭曲经济行为，降低经济增速，当税率高过一定限度时，甚至会减少政府的收入。就像我们已经看见的一样，事实已经证明了拉弗曲线的存在。

我国目前还没有取消增值税的计划，只是承诺主体税制结构做比较大的改革或调整。如果尝试以企业所得税取代增值税，由双主体税制变成单一主体税制，那么比较理性的选择就是尽量把企业税负定位在一个适当偏轻的水平上。因为这样做可以在一定程度上提高投资收益率，刺激企业扩大投资、形成资本积累，当然又会导致雇佣增加和工薪上涨，而增长的这些就业还有工薪，变成消费能刺激其他企业扩张，形成乘数效应，变成租金或者按揭的话能更好地支撑资产价格和债务杠杆。这其实就是政府和市场的互利分工的道理，也是从光荣革命到第一次世界大战之前英美经济一直领跑全球的秘籍所在。熊彼特在《经济发展理论》中认为，只有当这种类型的市场机制稳住以后，企业家创新——包括技术创新和组织管理创新才是可能的。

税收终归是一种政治性权力

本书作者强调，税收终归是一种政治权力，"无论是国王、皇帝还是政府，如果他们失去了税收，他们就失去了权力。从古代苏美尔的第一位国王到现在的社会民主国家，这条规则一直适用。税收是国家运转的动力，限制税收就限制了统治权。"在书中，作者特别提到一件历史往事和它的意义："查理一世被判有罪并被判处死刑，于1649年1月30日下午2点被处决。就在那一记斩断他脑袋的重击下，君权神授就此终结。现在国王和其他人一样都要遵守法律。而这次的事件，让议会对税收的控制成为可能。"

议会控制税收，是用一整套公共预算制度来实现的。现代国家赋予国家税收以扩展职能——公共预算由数百年前的《大宪章》演化而来，具有明确的政治属性，被议会通过的公共预算报告就是国家正式的法律文件，在每个预算年度都必须依照程序履行。如果说税收是纳税人与政府之间的隐性契约，公共预算就是这种特殊关系的显性契约，这便是本书所强调的现代国家一定要为税收立宪的原因。

从性质上说，公共预算以人民同意在先、约束在先和协商合作为原则，通过法律程序建立国家财政权的外部控制机制，从根本上改变了国家财政以至国家本身的属性。公共预算还与强有力的政府、法治和负责制高度契合，体现着公众意志，抗拒特权，明确责任，提高效率、杜绝腐败，防止公共资源被任意错配、任意盗窃和任意挥霍，政治权力极易产生的腐败现象。在这样的制度面前也几乎无处遁形，所以公共预算归属于现代性质的事物，传统国家的财政记事本和会计账册之类的东西，称不上是国家预算。

莎士比亚戏剧《李尔王》中有一句台词说："你没看见那个法官，是怎么痛骂那个卑贱的小偷吗？侧过你的耳朵来，听我告诉你：让他们两人换个位置，你再看，还分得清他们两个谁是法官、谁是小偷吗？"这段话因涉及王权、法律、正义问题，被认为是莎士比亚对早期现代英国性质上发生变化的一种回应。为确保司法独立，英国议会通过了《1760年法官委任及薪金法》，立法保障法官收入来源的独立性，而不再受国王的制约。这里面就有公共预算制度的作用。《大宪章》以来无数国家历史经验证明，国家治理中最重要的问题，就是如何把国家征税的权力约束住，或者说，不约束征税的权力，等于什么权力都约束不住。而能够把政治权力"关进笼子"的，只有税收和公共预算的宪制约束这把"锁"。可能正是出于这个考虑，本书中文版起名为《权力的钥匙》，以立宪之"匙"开权力之"锁"，相得益彰。这种税收价值至今未曾过时，仍是许多国家任重道远的制度革新计划，但无论如何，正如作者所指出的，在21世纪的今日，"通过税收，我们可以为子孙后代塑造适合他们生活的世界"。

我们不应该忘记感谢本书译者刘生孝先生，译文流畅、生动、确切。作为一本优秀的译著，不仅要求译者有很高的外语水平和翻译能力，还需要有畅达的汉语表达能力，读来全无障碍，于阅读的快感中获取知识。这也是本人愿意将之推荐给广大读者的原因。

谨为序。

李炜光[*]

2022年9月1日 于天津梅江

---

[*] 李炜光，著名学者，中国财政学会财政史研究专业委员会顾问，天津财经大学教授，曾兼任中国财政学会理事、中国财税法研究会常务理事，出版和发表多种学术专著和论文。

序言二
轻松读懂的税收史

本书作者多米尼克·弗里斯比出生于伦敦、毕业于曼彻斯特大学，是一位多才多艺的戏剧家、财经作家。2013年，他出版了第一本财经类书籍《后国家时代的生活》（Life after the Sate）。该书分析了西方社会的运行方式，概述了西方各国政府无意中带给他们的民众的损害，并且提出了改善这种情况的建议。2014年，他又出版了《比特币：货币的未来？》（Bitcoin: the future of money?），解释了比特币的概念，分析了它产生的原因及过程。弗里斯比还给《理财周刊》投资专栏撰写文章，制作了大量有关财经知识的短视频和小电影；他还担任电视节目主持人、拳击赛报幕员和体育节目解说员。

了解弗里斯比的基本经历，有助于我们了解他的新书《权力的钥匙：世界税收史》。通观全书，我觉得它有以下几个特点。

第一，本书的内容比较丰富。它不仅论述了世界（尤其是西方）历史上的主要税种及其产生背景和影响，如所得税等，而且论述了税收与世界历史上的一些重大事件的关系，如黑死病与税收、美国内战、第二次世界大战等对相关国家和地区的影响等。大致说来，本书可以分为四个方面的内容：第1、2、3章主要探讨税收的性质；第4、5、9、10、12章主要叙述世界历史上的一些重要税种演变；第6、7、8、11、13、14章主要论述税收与政治的关系；第15—20章则展望未来税收发展的趋势。

第二，全书旁征博引，资料丰富，尤其是每一章的引言，常常起到了概括本章内容、又引人入胜的作用。如第3章"为什么征税"的引言："除了死亡和税收之外，任何事都不可能确定。"。这段引言不仅画龙点睛地揭示了税收的必要性，而且纠正了人们长期认为它是富兰克林所言的错误。

第三，语言活泼、可读性强是本书的一大特色，这也许与作者从事戏剧创作、专栏作者的经历有关。

毋庸讳言，本书也有其不足之处。第一，本书的一些结论为作者一家之言，有的甚至令人难以信服。如"由此可见，修长城也是为了对进出国家的货物尤其是丝绸之路沿线的货物征收关税。换言之，长城是为了保障政府收入，哈德良长城对罗马帝国也起到了同样的作用。"第二，本书内容虽然丰富，但并未严格地围绕一个主题加以论述。

正因为本书的学术专业不是特别强，所以广大专业和非专业人员，都可以通过它去了解更多的外国历史知识，尤其是外国经济史、财政史和税收史方面的知识。

首都师范大学历史学院　施诚[*]

2022年9月

---

[*] 施诚，首都师范大学历史学院教授，主要研究欧洲中世纪史、文艺复兴史、全球史。

目录 Contents

序言一　　1
税收：必要之"恶"

序言二　　31
轻松读懂的税收史

第一章　　001
光天化日下的抢劫

第二章　　007
非常情况催生非常办法

第三章　　016
为什么征税

第四章　　024
税收的摇篮

第五章　　035
犹太教、基督教与税收

第六章　　039
税收和伊斯兰教的兴起

第七章　　046
有史以来最伟大的宪法文献

第八章　　052
黑死病如何改变了欧洲的税收结构

066 第九章
税收如何塑造了当今的现代国家

084 第十章
战争、债务、通货膨胀、饥荒和所得税

096 第十一章
美国内战的真正原因

113 第十二章
大政府的诞生

125 第十三章
第二次世界大战的往事

134 第十四章
社会民主主义的演变

144 第十五章
非官方税收：债务和通货膨胀

154 第十六章
工作的未来

168 第十七章
加密货币：税务员的噩梦

182 第十八章
数字破局

192 第十九章
数据：税务员的新朋友

204 第二十章
体系瓦解

216 第二十一章
构建乌托邦

229 致　谢

231 参考资料

257 索　引

第一章
光天化日下的抢劫

> 征税的技巧在于,从鹅身上拔下最多的羽毛,而只让它发出最低哑的嘶鸣声。[1]
>
> ——让·巴普蒂斯特·柯尔贝特(Jean-Baptiste Colbert),
>   路易十四的财政大臣(1661—1683)

17世纪90年代早期,英国国王急需用钱。

威廉国王和议会也算是作茧自缚,为了收买人心,他们刚刚废除了一项让民众深恶痛绝的税收政策,结果却导致国王囊中羞涩。

怎么办?

在英国,家家户户都有壁炉,而且英国人一直以来都在以各种形式向教会缴纳壁炉税(hearth taxes)。这种税从1066年诺曼征服以来就一直存在,只不过那时被称作"烟火钱"(smoke-farthings)或"烟囱税"(fumage)。到了1662年,"壁炉税"正式成为英国法令:每一户

---

[1] 人们普遍认为,这句名言出现于1665年前后(参见詹姆斯),但不见于各出版物。因此,这句话最终只能被认定为让·巴普蒂斯特·柯尔贝特(Jean-Baptiste Colbert)所说。——作者注

拥有超过20先令①（约合今5,000美元）②财产的家庭，都必须为每个火炉、炉子或壁炉缴纳1先令的税款，一年两次。于是，那些一直以来不用直接缴纳税款的人们突然发现自己不得不缴纳一笔税款，而且就连贫民都无法幸免。因为，收税员从中榨取佣金，"利用职权巧取豪夺，直到榨干民众的最后一分钱"。每隔半年，他们不惜侵犯英格兰人神圣的隐私权，强行闯入民宅清点壁炉的数量。更糟的是，壁炉税的概念来源于法国，这更让英格兰人怀恨在心，这就为1688年的"光荣革命"③奠定了民意基础。

新君威廉和女王玛丽为了尽快收买民心，便废除了壁炉税，于是"王国内的壁炉成了一座座为他们歌功颂德的不朽丰碑"。

然而，隐患也就此埋下——新晋位的威廉原本出生于荷兰，当初为推翻前任国王詹姆斯二世，向荷兰王室借了不少钱；英格兰需要应对与爱尔兰的冲突以及在欧洲大陆的九年战争；詹姆斯二世在苏格兰尚有同

---

① 先令（Shilling）是英国的旧辅币单位，符号为"/-"，1英镑=20先令，1先令=12便士，在1971年英国货币改革时被废除。先令也是奥地利的旧货币单位和肯尼亚、索马里、乌干达、坦桑尼亚的货币单位。——译者注

② 我们根据世界货币价值研究网（Measuring Worth）的数据得出了这一换算结果。该网站计算了一段时间内的相对价值。20先令的历史生活标准价值为120.51英镑，劳动收入为2,010.10英镑，经济地位价值为3,431.00英镑，经济实力价值为24,040.00英镑，使用1英镑兑1美元的汇率为1.4，在适当的情况下取整数，使得是相对数更高。——作者注

③ "光荣革命"（Glorious Revolution）是1688年英国资产阶级和新贵族发动的推翻当时的国王詹姆士二世的统治，扶持他的女儿玛丽和女婿——当时的荷兰执政威廉即位，从而防止天主教复辟的非暴力政变。这场政变没有发生流血冲突，因此历史学家将其称之为"光荣革命"。詹姆士二世退位后，英国由威廉和玛丽夫妇共同执掌，称威廉国王和玛丽女王。1689年英国议会又通过了限制王权的《权利法案》，奠定了国王统而不治的宪政基础，国家权力由君主逐渐转移到议会。君主立宪制政体即起源于光荣革命。——译者注

党未根除；英国国内此时正在经历小规模的货币危机。

所有这一切，都需要钱，但钱从哪里来呢？

1696年，威廉国王终于找到了解决方案，一个新税种应运而生，它让所有人大跌眼镜——对房屋、光线和窗户征税，也称为窗户税。

这样一来，收税员不必再冒险进入民居，也不涉嫌侵犯隐私，他们只需在居民的房屋外面数数房子有几扇窗户即可。整个过程中，收税员不需要与纳税人接触，纳税人也无须进行任何申报。因为谁也无法隐藏窗户，所以纳税人压根不可能避税。更何况，此前的壁炉税早已为窗户税的征收打好了基础。表面上看，这个税种非常公平，因为一个人拥有的窗户越多，他就越富有，纳税能力也就越强。

窗户税最开始也只是作为一项临时性的税种出现的。起初，纳税人应缴纳的金额很低，政府采用均一税率，每幢不多于10扇窗户的房子只需缴纳两先令的税款。但随着时间的推移，应缴税款逐年攀升。

很快，英国的民众开始封窗避税。时至1718年，政府已经注意到窗户税并没有带来预期的财政收入。然而，政府不但没有减税反而开始增税，民众不得不采用更加极端的避税策略——新盖的房子少装窗户，有些新房的窗户干脆用砖砌住，将来房主可以根据需要再打通并安装玻璃。极端情况下，部分公寓所有楼层的卧室都没有窗户。当时的人们尚未发明电、气、油相关的照明设备，只能通过呛人的动物油脂或灯芯草蜡烛（蘸了油脂的芦苇）来照明。因此，隔绝阳光和新鲜空气对英国的民众来说是一个不小的牺牲。

1746年，当国王乔治二世的政府开始征收玻璃税时，后来被医学期刊《柳叶刀》称为"更荒诞的光线税"也随之而来。根据约翰·斯图尔特·密尔（John Stuart Mill）的说法，这两种税成为"建筑畸形的罪魁祸首"。它们影响建筑风格长达150年之久，决定了英国和法国所有村庄、城镇和都市的样貌。直到现在，英法两国的很多地方仍然能看到这种风格的建筑。税的起征点——或称为税的等级——决定了一栋建筑会有几扇窗户。威尔特郡有一些村民，甚至把房屋的外墙砖刷成黑白色，这样看起来就好像没有窗户在上面。1797年，首相威廉·皮特（William Pitt）将税收增加了3倍，当时有位木匠向议会报告说，一整条街的居民都求他用砖块或木板把他们的窗户封起来。

玻璃税抑制了英国整个玻璃行业的发展。1801—1851年，英国人口从1,100万增长到2,700万。仅伦敦的人口就从100万增长到270万，上升了170%。伴随着人口的急剧增长，英国出现了一场建设热潮。然而，受到税收的影响，玻璃生产水平在那期间却基本维持不变。

窗户成了财富的象征，甚至在小说中也有描述。简·奥斯汀（Jane Austen）在《傲慢与偏见》里写道："伊丽莎白（Elizabeth）纵目观赏，心旷神怡，可是并不如柯林斯先生（Mr. Collins）所预期的那样会被眼前的景色陶醉得乐而忘形。尽管他数着屋子的一扇扇窗户说，光是这些玻璃，当初一共花了好大一笔钱，可她并不为这些话动心。"

虽然窗户税并没有波及美国，但在1798年，美国国内因为对它的恐惧爆发了一场涉及全体国民的反抗——弗莱斯叛乱。当宾夕法尼亚州的估税员骑着马到处调查民众的财产为征收直接房屋税做准备时，德国和荷兰移民以为他们将要征收的是窗户税。于是，他们发动了一场席卷全州的武装起义。当时，约翰·亚当斯总统（President John Adams）的联邦军队用了足足两年才平息这场叛乱。

事实证明，窗户税并不先进。亚当·斯密（Adam Smith）写道："乡下10镑租金的房屋比伦敦500镑租金的房屋的窗户还要多。"然而，居住条件较差的乡下房屋却因此需要缴纳更多的税费，这无疑让乡村的居民们受到了重创。但是城市里的穷人才是最大的受害者，他们住在大型的廉租房里，而这些廉租房往往有很多窗户，极易受到税收的影响。于是本该缴税的房东只好用木板把廉租房的窗户封起来，以降低成本。而这种情况又导致了税收最致命的后果——人们很容易生病。第一次工业革命期间，城市里很多传染病——尤其是斑疹、伤寒、天花和霍乱因狭窄、潮湿和无窗的居住环境而越发严重。《柳叶刀》将这种税收称为"疾病的直接诱因"。一项官方的科学调查得出的结论是：急于避税的房东封闭了很多窗户，这种做法大大加剧了问题的严重性，甚至是疾病和死亡的主因。

尽管如此，税收也从未中断过。

到了19世纪，英国到处都在反对窗户税。查尔斯·狄更斯（Charles Dickens）愤愤不平地说道："'像空气一样自由'这句谚语已经过时，自窗户税开征以来，空气和光线都再也不曾免费过。"

反对税收的运动持续了数十年。在此期间，人们分发宣传册，传唱相关歌曲并发表各种演讲。1845年，在重征所得税后不久，罗伯特·皮尔爵士（Sir Robert Peel）废除了玻璃税，但窗户税得以保留。直到1850年，一项废除窗户税的议案才终于呈到议会。传说议员们在讨论这件事时，直呼"这是光天化日下的抢劫"！此后，这句习语流传了下来，意指荒诞至极的收费。[①]然而，这份议案并没有通过，直到经历了另一场全国性的运动之后，窗户税在英国才终于在1851年被废止，而法国的窗户税却多存活了75年。

窗户税仅是一个税种，而且在历史上存在的时间并不长，但它是一个很好的例子，可以用来说明一个税种的产生过程及相应的后果。在窗户税的演变过程中，我们看到了一个税种典型的生命周期。

---

① 1916年出版的夏劳特·贝力吉侯斯（Harold Brighouse）戏剧《女大不中留》（*Hobson's Choice*）首次使用了"光天化日下的抢劫"这一表达。贝力吉侯斯借剧中人物艾达·费金斯之口喊道："这是光天化日下的抢劫。"这一表达的意思是：如此离谱的收费，相当于厚颜无耻的盗窃。另一种说法认为，这一表达来源于胆大包天的土匪，因为他们敢在光天化日之下采取行动。——作者注

在需要的时候，通常在为某场战争筹集经费时，统治者会制定税收政策。刚开始是临时性税种，但最终都会变成永久性税种；起初应缴金额很少，但随着时间的推移会逐渐增加。税收侵犯了民众的基本自由，在上述案例中，侵犯的是民众享有光线和新鲜空气的权利。很多民众因此千方百计避税，而税收扭曲了人们的行为和他们所做的决定，随之而来的就是各种意想不到的后果，这些后果又随着税收制度的完善而变得越来越糟。通过税收得来的大部分资金，都以纳税人并不赞成的方式浪费或者花光了。最后，民众忍无可忍，就会发起某种运动——一场军事行动、抗议示威甚至革命——废除这种政府不情愿也不舍得废除的税收。

很难简单地说窗户税是好是坏。有一段时间，窗户税确实取得了很好的效果，但后继乏力。除了其他方面，筹集的资金还有力地支持了英国的国防。问题的本质在于，如此多的税收所带来的道德困境。一方面，税收侵犯了民众的私有财产权，导致了严重的意外后果。另一方面，一些人认为，税收是那个时代支撑政府运作最实用的办法。这就是温斯顿·丘吉尔（Winston Churchill）等人将税收称为"必要之恶"的原因。那么最大的问题是，恶到什么程度才是必要的呢？

第二章
非常情况催生非常办法

世事艰难，我们必须先赚后花。

——郭伯伟（John James Cowperthwaite）

现在让我告诉你一个截然不同的故事。

香港是位于中国南海珠江口的崎岖岛屿群，既没有矿产可以开采，也没有石油可以钻探，大部分地区还因为岩石太多而无法耕种。但是，它有一个重大的可取之处——一个较大的岛屿与大陆之间的深水处是大型的天然海港。

16世纪的葡萄牙探险家在那里建立了一个据点，希望与当时的大明王朝进行贸易，但这个据点随着明朝海禁政策的出台而消失。19世纪时，英国商人重新"发现"了这个群岛。此后，从19世纪中叶到第二次世界大战为止，这个群岛一直处于英国的控制之下。

香港意为"芳香的海港"，因为码头附近曾有许多熏香工厂而得名。对伦敦当局而言，这个地方是大英帝国一个具有重要战略意义的贸易前哨。但是，当第二次世界大战来临时，伦敦当局又认为此地难以防守。丘吉尔曾写道："我们必须避免在守不住的地方浪费资源。"1941

年，香港被日军占领，随之而来长达4年的军事管制，其严酷程度使得这里饿殍遍野，满目疮痍。

直到日本攻入香港的两天前，詹逊（Franklin Gimson）还在担任辅政司司长。战争期间，他一直被关押在战俘集中营。1945年8月，日本投降，詹逊刚走出集中营就立刻宣称自己是香港的署理总督，他的办事机构在两周内就建立起来并开始运转。在中国或美国尚未决定任何战略之前，他这一快速而果断的行为对香港的命运产生了深远的影响——香港在当时的管辖权依然属于英国。

战后的那几年，英国不得不放弃了对香港很多的治权，却又唯恐这些权力产生对英国不好的后果。因此，他们派出了一队公务员，来帮助这里恢复元气，其中有一位稳重、果敢、有原则的苏格兰人，名叫郭伯伟。

郭伯伟在爱丁堡大学和剑桥大学学过古典文学，但他也在圣安德鲁斯大学学过经济学。在圣安德鲁斯，他对启蒙运动的思想，尤其是亚当·斯密的学说深谙于心。1951年，他升任香港财政司副司长，1961年任财政司司长。他的传记作者尼尔·莫内瑞（Neil Monnery）曾说："在大约25年的时间里，他是香港经济政策的核心人物。"

在那期间，香港经历了不寻常的经济扩张，正是税收政策让这一切成为可能。

郭伯伟和他的团队于1945年底到达香港。他们的首要任务是让重点产业重新运转起来。总督宣布全香港为自由港，除少数商品外，其他货物一概不收关税，没有出口补贴，也几乎没有进口限制。

进出口重启，加上许多逃避战祸的人都回来了，所以贸易快速地增长。郭伯伟心里明白，商业正在自行恢复。

郭伯伟是一个善于观察的人。他走街串巷，视察工厂和港口，密切关注各种动态。他观察得越仔细，越能看到商贸取得进展的原因——这些进展根本不需要行政机构的参与。他坚定地认为,这座城市不需要经济规划,只要整体框架不出错,它就能自愈,而且这里的民众和企业都能挑起重担。郭伯伟沉浸在亚当·斯密的理论中,这是身为古典自由主义者的他乐于得出的结论。

郭伯伟的第二项任务是管理一个负责为港岛运送必需品的部门——买卖并分配食品和燃料以及实行价格管控。这个部门遇到很多难题。莫内瑞说:"郭伯伟看到一群公务员管理一家贸易公司有多么困难,这对他产生了深远的影响。"郭伯伟对官僚的评价越来越低。他说:"我只相信那些自己承担风险的人的商业判断[①]。当政府介入一家企业时,往往会让它对其他任何人来说感觉都不划算。"

他开始构想一种后来被他称为"积极不干预"的理论。他的观点是:政府对开放经济的干预往往弊大于利,除非经过深思熟虑认为有充分的理由来干预,否则默认的立场应该是不干预。他说:"'笨拙的官僚主义之手'应该远离经济的'敏感机制',经济的发展最好是依赖'隐形之手'。商人和实业家做出了多种多样的个体决策……它们将会产生更好更明智的结果。相比之下,政府或理事会做出的决策往往比较单一也不够灵活,因为它们对所涉及的众多因素缺乏充分的了解。"

香港的税收政策与英国同期的税收政策截然相反。英国和大多数西方国家的税收、政府支出、财政赤字、产业规划和经济干预水平都很高,而香港则反其道而行之。大多数人——"富人以外的所有人"——根本不用缴纳所得税,即使是高收入者也只用缴纳收入的

[①] 香港立法会会议过程正式记录,1968年3月27日。——作者注

15%。香港没有关税、销售税或增值税，也没有资本利得税①、利息税或海外收益税，倒是有一种地价税，而香港总体的税负从未超过GDP的14%。

香港特区政府对经济的干预和变革被控制在最低限度，其原则是"税收在很长一段时间内应该保持不变（前提是税收既不过重也不有失公平）"。同时，税费的征收也不能过于激进。郭伯伟曾提及："调查性的税收制度必然与全额所得税挂钩。不采用这种制度，对我们的经济是有好处的，尤其是对境内外的投资和企业。"

对香港来说，西方政府为提振经济而追求的凯恩斯式赤字财政是不必要的。

"它完全不适用于我们的经济形势……我们的产出不会也不可能超出我们的消费，一丁点儿也没有。增加消费只意味着增加进口而不增加出口，这必然导致严重的国际收支平衡危机。这种危机会摧毁香港的信誉和外界对港币的信心。如果想要解除这种危机，那我们几乎是自取灭亡，凯恩斯在写作时并没有考虑到我们的处境。"

与此同时，政府举债也不可接受——"高额国债……必然导致高额税收，"郭伯伟说，"有一种理论认为，如果可能的话，我们有权将我们的资本负担留给子孙后代。对此，我持怀疑态度……我们的前辈们就从未将任何重大的负担转嫁给我们。"

香港没有产业规划，没有补贴，也没有经济干预。"有人提议使用公款来支持那些被选中的并因此享有特权的实业家。我必须承认，我讨

---

① 利得税亦称"战时利益税"。政府对个人、企业或团体超过资本额15%以上的纯利所征收的税。1938年10月28日公布的《非常时期过分利得税条例》规定，凡公司、商号、行栈、工厂或个人，其资本在2,000元以上的营利事业，其利得额超过资本额20%的，财产租赁超过财产价额15%的，除征所得税外，再按6级超额累进税率（10%—15%）加征非常时期过分利得税。——译者注

厌这样的提议。如果该提议仅仅是基于官僚的好坏标准,我会更加讨厌它。"郭伯伟在一次立法会预算案辩论中说道,"我相信没有人足够了解过去、现在和未来,并以此来确定'发展的优先顺序'……我早该想到,理想的产业,顾名思义,是指在没有特殊援助的普通市场条件下就能自力更生并茁壮成长的产业。"

香港的简政放权达到了仅凭一页纸的表格就能注册一家新公司的程度。税则本身也简洁明了,即使在今天,国际税务律师也经常认为它是世界上最高效的存在。它只有300页,不到15万字,篇幅仅为英国税则的1.5%。

同时,港币与英镑挂钩,从而(至少在香港)消除了因通货膨胀而征税的可能性。1963年,经济学家米尔顿·弗里德曼（Milton Friedman）要求郭伯伟说明港币与英镑挂钩的机制,但郭伯伟拒绝了。他表示,就连操作挂钩业务的汇丰银行也不懂这个机制。"他们最好别懂,否则他们会把事情搞砸。"

郭伯伟是对的,他辞职后,港府放弃了这种勾连,汇丰银行在货币事务上获得了更大的话语权。1983年,港币遭遇了一场货币危机,一度在两天内贬值13%。为避免崩溃,港币不得不与美元挂钩。

香港也没有任何资本管制。郭伯伟说:"资金来到这里并待在这里,因为它想走就能走。如果政府想通过禁令来限制它,它就会走。我们无法阻止它,否则以后没有资金会来。"

1997年7月之前,香港被英国殖民统治。根据立法会的章程,总督拥有广泛的权力来制定和执行法律。如果他用人不当,整个系统很容易滋生腐败。但是,香港的多数公务员们(有很多与郭伯伟志同道合的人)将为香港民众争取最大利益视为己任。郭伯伟对此也有话说:"如果民众想要协商型的政府,其代价是增加决策的复杂性和延时性。如果他们希望政府提速,那么他们必须接受更大程度的独裁。我猜真正的答案是：只要政府的决策与他们的观点一致，大多数人更倾向于后者。"

香港是远离凯恩斯意识形态主导政府决策的社会，无须向任何人负责。而郭伯伟只能做他所做的事，英国人在很大程度上听之任之，当他们真正参与进来时，却往往受到冷遇。英国国防大臣丹尼斯·希利（Denis Healey）说："在与令人敬畏的财政司司长的多次交锋中，我总是因伤退场。"正如他在香港立法机构的演讲稿中所表述的那样，郭伯伟是一名可怕的辩手。

郭伯伟绝不是孤军奋战。他的成功建立在前任财政司长们搭建起来的框架之上。他的继任者菲利普·哈顿-凯夫（Philip Haddon-Cave）延续了这些成功。他们全都坚定地信奉积极不干预的经济政策，并且获得了各届总督的支持。但是，只有郭伯伟才是主要的缔造者。

不同的税收政策对英国和香港地区的经济产生了巨大的影响。但是，郭伯伟另行规定了无须编制统计报告，所以很难用数字来形容这个港口究竟有多成功。他认为这些数字会让官员们对经济进行干预，纠正那些不必纠正的弊端，从而妨碍市场上"无形之手"的工作。（他经常以这样的方式提及亚当·斯密。）他向弗里德曼解释说："如果我让官员们计算那些统计数据，他们肯定会想用这些数据来编制规划。"因此，他拒绝了一个又一个来自各方的请求。

当英国官员来查问为什么没有收集失业数据时，郭伯伟用最早的航班将他们送回英国。当立法机构成员要求他公布GDP数据时，郭伯伟一贯的答复是：即使在最发达的国家和地区，这些数字也非常不准确。它们没有太大的意义。他认为，虽然其他国家和地区利用这些数字，但并不表示他们也需要它们。他不清楚这些数据在这里有什么实际用途……其他国家和地区之所以有需求，是因为高税收和政府对经济细致入微的干预使得这种需求对于评判（或者希望能够评判）政策的效果来说至关重要……他们很幸运，因为政府对经济施加的杠杆作用非常小——所以他们在制定政策时没必要掌握这些数据，它们甚至没有任何特殊的价值。

后来有人问郭伯伟，贫困国家应该如何扭转经济形势。他提到的第一件事就是"废除国家统计局"。

1962年，郭伯伟迫于压力终于开始提供GDP数据和其他统计数据。为此，他聘请了一位教授来进行必要的研究。然后，他就对外宣布已经开启了一项研究，用来评估收集信息的可行性。但是，在长达7年的时间里，郭伯伟把这位可怜教授的草稿一次次退了回去，理由是：某些信息，要么需要进一步澄清，要么需要调查或开发。到了1969年，他还是没有提供任何数据。他解释说，教授在完成数据整理方面遇到了困难。

那位不幸的学者成了替罪羊，我们都知道是怎么回事。

1945年，经过多年的战争和日军的占领，这里一贫如洗、支离破碎，很多人食不果腹。战前，它的人口超过100万，战后只剩下60万。但是，在不到一代人的时间里，这个没有任何重要自然资源的弹丸之地就成了世界上最繁忙的港口以及国际制造业与金融中心，其人口增长了10多倍。

诺贝尔经济学奖获得者弗里德曼描述过他1955年到访香港的情形。他说："政府为难民搭建的临时住所，是一幢前面开着门的多层建筑。里面有很多小单间，分配原则是'一个家庭，一个房间'。"

香港的财富也以惊人的速度增长。当然，我们没有20世纪40年代官方的人均GDP数据，但它很可能低于300美元，与非洲大部分国家不相上下。1960年，香港的人均GDP为429美元（数据来源于经济合作与发展组织，而不是郭伯伟）。相比之下，英国为1380美元，美国为3,007美元。在33年内，香港的人均GDP超过了英国。不到50年，它赶超了美国。现在，它是世界上最富有的10个地区之一，人均GDP高出英国40%。

在这段时间里，香港的税收始终保持在较低水平，政府支出也降到最小限度。1946年以后，政府每年都有预算盈余，仅有一年除外。政府通常保持一年的支出储备，从不创造任何地方债务。郭伯伟说："我一直相信，我们的经济在现行税制下充满活力，但我还是对现行税率下的财政收入增长感到惊讶。"如今，财政司司长低估预算盈余已成为一年一度的盛事。

每年，华盛顿特区的经济智库——传统基金会都会为全球186个国家和地区编制一份详细的经济自由度指数。传统基金会将经济自由度定义为民众对自身劳动和财产的控制程度，并设定"12项定量和定性因素"来衡量经济自由度。自1995年传统基金会开始编制该指数以来，香港每年都位居第一——世界上经济最自由的地区。

在供给方面，香港的服务业似乎没有任何短板。培生集团的数据显示，它的教育体系在全球排名第四，而且医疗在彭博医疗保健指数中也名列前茅。它的公共交通曾排名世界第一，在其他地方一直被当作典范，其准点率通常能达到99.9%且94%的人口居住在距离轨道交通站一公里的范围内，也是世界上最赚钱的公共交通系统之一。

经常有人说自由放任的经济冷酷无情，但郭伯伟坚信他的政策是为了所有人的利益。在他看来，税收是强加的负担，是经济增长的阻碍。低税收意味着更大的利润，更大的利润则意味着更多的增长，更多的增长就意味着更多的就业机会、更高的工资和更多的财富。他说："我更关心财富的创造，而不是财富的分配。经济的快速增长以及随之而来对劳动力需求的压力，直接促成了快速而有效的收入再分配。"

但对郭伯伟来说，这里有一个关键点："有些人因为暂时的或永久的不幸而无法分享全面发展的成果，再分配让我们更慷慨地援助这些人。"底层民众的利益与郭伯伟密切相关，而蓬勃发展的经济使政府处于帮助他们的最佳位置。正如郭伯伟所说："由于我们的低税收政策……财政收入增加了。"香港经济的增长证实了他的论点。郭伯伟说，最终"公众的资金会进入政府的金库，但是政府会付给他们利息"。

香港应对了每一个挑战，但在所有的危机中，除公共住房危机之外，政府的默认立场不是干预，而是"积极的不干预"。1950年，香港的主要产业源于其在内地货物进出的角色——仓储、航运、造船、保险等。其后的4年中，它与内地的贸易暴跌了约90%。此时它本该停滞不前，但却没有。内地带来的棉纺技术让它逐渐成为国际纺织品市场的主导，以至于英国和美国都采取激进的保护主义措施来支持本国的纺织业。随后的岁月中，香港又拓展了其他形式的制造业——尤其是电子产品和塑料制品。1967年，英镑的贬值意味着香港的外汇储备损失了大约3,000万英镑，但它依然大踏步地前进。

亚洲的其他国家和地区也都注意到了香港的成功，并纷纷效仿。1959年，李光耀在成为新加坡首任总理后不久，就采用了低税收、不干预主义模式，同样取得了成功。韩国和日本也都根据自身情况采取了低税收、高出口的模式，获得了巨大的经济增长。

1980年，中国深圳被列为"经济特区"——实行较轻的税收和监管。深圳那时只有3万人。后来，去那里淘金的人越来越多，现在的人口已经增长到1,300万左右。它的增长率一度达到了惊人的40%。现在的它就是另一个香港。

毫无疑问，香港的低税收和积极不干预模式是亚洲经济奇迹的开端。香港的成就不在于它做了什么，而在于它没有做什么。

第三章
为什么征税

> 除了死亡和税收之外，任何事都不可能确定。①
>
> ——克里斯多夫·布洛克（Christopher Bullock），
>
> 《普雷斯顿的鞋匠》（1716）

税收和文明本身一样古老。

即使在早期的狩猎采集社会中，也存在着对更大集体的责任感。所以，当人类在大约1万年前开始定居时，首领们就已经在征用劳动力和农产品了。从那以后，每一种文明都与税收相伴相生。

然而，我们真正思考或者谈论过多少关于税收的事呢？在启蒙运动时期，税收的道德性和实用性曾被激烈而广泛地讨论过，但是现在，不知何故，这些争论已经消失了，税收成了会计师和经济学家们专属的领域。我们听任那些政客征收苛捐杂税，而他们却似乎很少能跳出"这

---

① 1789年，83岁的本杰明·富兰克林（Benjamin Franklin）给科学家让-巴蒂斯特·勒罗伊（Jean-Baptiste Leroy）写了一封信。其中，他用法语写下了这句话。他因这句话而流芳百世。但事实上，这句话首次出现于1716年出版的那部鲜为人知的滑稽剧《普雷斯顿的鞋匠》中，比本杰明·富兰克林早了整整73年。——作者注

里增加一点或者那里拿走一点"的思维局限。很多税收尤其是所得税的道德问题很少受到质疑。我写这本书的目的是让人们重新思考和讨论税收。当你通过税收的棱镜来看我们现在的、过去的和将来的这个世界时，很多事变得明朗起来：事物为什么是现在这样，为什么事件会以这样的方式发生，未来将会如何发展以及必须要做些什么才能改变它。文明是由纳税方式决定的，一个国家的命运——它的人民是富裕还是贫穷，是自由还是居于从属地位，是幸福还是沮丧——很大程度上取决于它的税收制度。

税收就是权力，无论是国王、皇帝还是政府，如果他们失去了税收，他们就失去了权力。从古代苏美尔[①]的第一位国王到现在的社会民主国家，这条规则一直适用。[②]税收是国家运转的动力，限制税收，就限制了统治权。

从古代美索不达米亚到现代，人类历史上每一场战争都是由某种税收来支撑的。税收让战争成为可能，如果你想结束战争，那就结束税收。世界上的每一位征服者，从亚历山大大帝到拿破仑，其目的都是为了控制税收的基础：土地、劳动力、农产品和收益。征服者先是劫掠，然后征税。乔治·萧伯纳（George Bernard Shaw）笔下的恺撒（Caesar）说："税收是世界上所有征服者的首要任务。"蒙古帝国征讨四方时曾经也只想过征服和杀戮，但是成吉思汗的一位鲜为人知的名叫耶律楚材的谋士指出，死去的农民比活着的农民缴纳的税费要少得多。于是成吉思汗恍然大悟，就这样，成千上万的生命从屠刀下得以生存。

[①] 苏美尔（公元前4100年至前2000年）位于美索不达米亚南部，是苏美尔人创造的文明。美索不达米亚是已知世界最早文明诞生地，也是最早出现可考证的文明之一。——译者注

[②] 有一位名叫阿鲁利姆（Alulim）的国王，据说与亚当和夏娃生活在同一时期，他在上古时代统治苏美尔达28800年之久，令人印象深刻。——作者注

革命和起义也是如此。它们之所以会爆发，最根本的原因都是税收的不公平。例如，"无代表不纳税"是美国革命分子的口号。沙皇对农民征收的重税引发了俄国革命。也许最明显的例子是菲律宾革命始于普盖德·劳因（Pugad Lawin）的呐喊，其主要内容是敦促起义者们撕毁税单。从斯巴达克斯（Spartacus）到布狄卡（Boudicca），再从罗宾汉（Robin Hood）到圣雄甘地（Mahatma Gandhi），历史上那些伟大的起义者们通常都是税收的反对者。

但从税收的角度来看，历史就不同了。有一个税收故事——这是一个被忽略的故事——是所有人类决定性事件的核心。耶稣（Jesus）之所以出生在伯利恒，是因为玛利亚（Mary）和约瑟（Joseph）要去那缴纳税费。以妇女的选举权为例：妇女在第一次世界大战期间参加工作并缴纳所得税是她们获得选举权的一个主要因素。通常，税收的故事还发生在灾后的重建工作中。伦敦大火灾以后，重建这座城市的资金主要来自煤炭税（实际上，甚至有人暗示大火灾是因偷税漏税而起——通过与隔壁的烟囱互相打通这一常见的诡计来逃避壁炉税）。

我们许多伟大的建筑，从埃及金字塔到美国白宫，都是以这样或那样的方式建立在税收的基础之上。甚至有些建筑就是为了收税而建造的。我们认为，古代中国的长城是为了抵御入侵——它确实有这个功能——但是，在它的鼎盛时期曾有多达100万人来把守。由此可见，古代中国修长城也是为了对进出国家的货物尤其是丝绸之路沿线的货物征收关税。换言之，长城是为了保障政府收入，哈德良长城对罗马帝国也起到了同样的作用。

甚至我们的名字，也跟税收有关。13世纪以前，不列颠群岛和欧洲（少部分地区）的普通人没有姓氏。到了14世纪末，他们才拥有姓氏，而这些姓氏通常来源于他们的职业，例如：史密斯（Smith）；杰克逊（Jackson）、马修斯（Matthews）、麦克唐纳（MacDonald）；居住地的地理特征希尔（Hill）或福特（Ford）；或者，像我一样，姓氏来源于他们所在的村庄（弗里斯比）。有时候，尤其是在盖尔（Gaelic）文化中，名字来源于身体特征——例如：卡梅隆（Cameron）的意思是"鹰钩鼻"，肯尼迪（Kennedy）的意思是"乱蓬蓬的头"，康诺利（Connolly）的意思是"勇士"。姓氏产生的原因是什么呢？是为了区分民众从而征收人头税。

在中国，姓氏由来已久。据说，它们的历史可以追溯到公元前2852年和华夏始祖伏羲。但是，它们存在的原因同样是为了便于征税。

"税收（Tax）"一词直到14世纪初期才出现在英语中，当时新造字词越来越普遍。在此之前，我们使用古法语中的"任务（Task）"一词来指代税收，而且税收通常用实物来缴纳——统治者拿走一部分收成，债务也用劳动来偿还。但是，不管我们叫它税收、税负、关税、贡物、什一税[①]、费用、徭役、通行费、税款还是进口税，原理都是一样的。税收和自由之间的密切关系，甚至在语言的演变中也表现得很明显。审查制度和征税估值（如人口普查）都起源于同一个拉丁词。审查官是古罗马的地方长官，负责人口普查，监督公共道德以及监管部分财政。审查制度和税收都涉及对自由的限制——无论是经济方面还是其他方面的自由。

首领们将税收视为一种控制手段——影响民众的行为和决策。彼得

---

① 什一税是欧洲基督教会向居民征收的宗教捐税。公元6世纪，教会利用《圣经》中农牧产品的1/10"属于上帝"的说法，开始向基督教信徒征收此税。公元779年法兰克国王查理大帝规定：缴纳什一税是每个法兰克王国居民的义务。10世纪中叶，西欧各国相继仿行。所征实物按产品性质分为大什一税（粮食）、小什一税（蔬菜、水果）、血什一税（牲畜）等。税额往往超过纳税人收入的1/10，负担主要落在农民身上。宗教改革和德国农民战争期间，废除什一税是农民的基本要求之一。西欧大多数国家直到18—19世纪才先后废除。英国一直征收到1936年。——译者注

大帝想要实现国家的现代化。他觉得留胡须不够时尚，于是对留胡须的人征税。俄国人必须刮胡须，否则就要缴税。为了证明他们已经缴税，民众必须在他们的胡须上悬挂一枚铜牌，上面写着"胡须是多余的负担"。这类税收确实会改变人们的行为，尽管并不总是以预期的方式。如果你征收香烟税，有些人选择不吸烟，但另一些人则开始走私。如果征收燃料税，有些人会改变他们的出行方式，而有些人则根本不出行。如果对劳务征收重税，有些人会更加努力地工作，另一些人会移居海外，还有一部分人则懒于工作。正如我想说的那样，税收甚至会影响人们生孩子的数量。所有这些税收都有一个根本的道德论点：国家机关的作用是什么？有人认为这是明智的计划，但在其他人眼中，它则是政府职权范围以外的保姆式的干预。

现在，人们无权选择是否缴税，因为税收通常由政府暗中从源头上强制征收了。我的经纪人讨厌我这么说——"政府并没有用武力来强制收税"。她坚持自己的观点。我必须承认她是对的，因为确实不是武装卫队在收税。这里的"强制"是指，如果你不缴税，你就会面临牢狱之灾。很多情况下，人们甚至无法选择不缴税或坐牢，因为税款从源头上就扣除了。正如喜剧演员克里斯·洛克（Chris Rock）所怒斥的那样："你甚至不用缴税，他们会直接拿走。你收到支票时，税费就已经扣除了。那不是付款，而是在抢劫。"

在古希腊，很多税费是人们自愿缴纳的。另一个极端是，历史上一些王朝或国家，人们事实上对他们的劳动力、农产品或收益没有所有权——政府拿走了一切。现在的发达国家处在这两种极端的中间位置。倘若不考虑通货膨胀（它本身也是一种税，我会在下文中进行说明），如果你是一个典型的美国人，你的收入中有大约38%会用来缴税；在英国，这一比例为45%①；在法国，这一数字高达57%，这真的令人难以置信。这种高税率是最近才出现的。20世纪初，税收在我们生活中没有起到太突出的作用。政府支出（大部分来源于税收）要低很多。在美国，这一比例仅为GPD的7%左右；在英国，这个数字是9%；在法国为13%。近代国家中，瑞典在1870年的支出是最低的，仅为GDP的5.7%。但这种低税率在第一次世界大战结束后就再也没有出现过。

如今，税收渗透到我们所做的一切。所有活动或多或少地都涉及税收。思考和某种程度上的性行为是少数几项具有免疫力的活动。古罗马甚至还对尿液征税②，不过幸好现在没有这项税收了。

对一个典型的英国中产阶级专业人士来说，他一生的税收账单总计为360万英镑（约相当于500万美元）③——比普通的房子贵得多。你将用一生中的整整20年或者更多时间来为国家服务④。从时间的角度来说，国家控制你劳动的时间和封建领主控制中世纪农奴劳动的时间不相上下。农奴每周有一半的工作时间为领主耕种土地，以换取领主的保护。而你通过劳动换来的是国家的保护和服务：国防、医疗保健、教育

---

① 我们无法得出精确的数字。布思和伯恩认为这一比例达到44%。前国会议员道格拉斯·卡斯韦尔（Douglas Carswell）认为英国的这一比例为46%。而简约财务方案（Simple Financial Solutions）网站则宣称这一数字接近65%。（详见2018年6月3日题为《我收入100英镑应缴纳多少税费呢？》的文章，出处如下：http://www.simplefs.co.uk/press-release/how-much-taxon-100-pounds.asp）。——作者注

② 尿液被用于制革、洗涤，甚至刷牙。因此，尼禄（Nero）对其横征暴敛，借此搜刮民脂民膏。——作者注

③ 詹姆斯·康宁顿（James Connington）《中产阶级专业人士？你一生的税单高达360万英镑》。——作者注

④ 英国将6月24日定为亚当·斯密研究所（Adam Smith Institute）的"政府成本日"（这一天是一年的中间点），而免税日则提前三周。假设一个人的工作年限为45年，那么他为税务部门服务的时间就超过了20年。这一数字仅为估算，具体数字并不精确。——作者注

等。有些人对现状感到满意，有些人则不然。但无论你的政治倾向如何，你都别无选择。如果你想通过工作来谋生，你就必须为国家工作，也为你自己工作。所以我们并不像自己以为的那样自由。

如果你反对国家把你缴纳的税收用于某场战争、某个耗资巨大的基础设施工程或实施某项你认为不道德的法律，结果会怎么样呢？这毫无意义。除了每四五年一次的那张影响力存疑的选票，你在如何使用税收方面几乎没有发言权。"税收是我们为文明社会付出的代价[①]"这行字被镌刻在华盛顿特区美国国税局大厦的外墙上，但那种为了某些你从道德上反对的事物而被迫劳动的形式，真是文明的吗？

没有税收，就不可能有政府：一件事引发另一件事。因此，尽管常常不显山露水，但税收却是所有政治争论的焦点：政府应该把钱花在哪些地方？应该花多少钱？谁来埋单？以什么方式埋单？

我们现在面临的很多问题，尤其是贫富之间、代际之间巨大的财富差距都可以归咎于我们的税收制度。税收改革是政客们能够真正改变世界的少数几种方法之一。如果我们想过未来，想过要给子孙后代创造一个什么样的世界，那么我们必须考虑如何向民众征税。

在这本书中，我们将回顾历史，仔细琢磨一些税收演变的故事；我们将思考很多政府当前所面临的困境；我们也会展望税收的未来。

世界上很多政府的财政都陷入了困境，他们欠下的债务大到无法偿还，但是在日益全球化、数字化的世界里，国家的边界变得越来越模糊，征税将变得更加困难。筹集资金以满足消费需求的压力越来越大，但是当民众已经被课以重税，并迅速对领导人失去信心时，他们会有多大的概率接受更高的税收呢——尤其是在科技的进步让现有的很多政府

[①] 通常认为，这句名言来源于美国最高法院大法官小奥利弗·温德尔·霍姆斯（Oliver Wendell Holmes）。——作者注

服务显得多余的情况下！

我们现在赖以生存的大国社会民主模式——政府是福利、教育、医疗保健和其他基本服务的主要提供者——已经岌岌可危，甚至可能将来一些我们现在所知的民族和国家都会不复存在，税收将是这种可能性能否成真的关键，将决定接下来的一切。

除了可能发生的事情，我还会概述"应该"发生的事情。我将提出一些关于我们在21世纪应该如何征税的想法，它们是否可行以及将来的社会是否确实是你想要的，这些都是你自己可以决定的事情。

第四章
税收的摇篮

你可以有一个上帝,你可以有一个国王,但收税员才是可怕的人。①

——古苏美尔谚语

文明"开始"于大约10000至7000年前,当时游牧部落定居在底格里斯河和幼发拉底河之间的肥沃平原上,是泥浆"说服"他们留下来的。粮食产量达到了前所未有的水平,他们发现泥浆可以制成好用的工具——容器(包含了锅和盆),甚至镰刀、斧头、锤子和钉子……我们后来用金属来制作这些工具。如果你把泥浆和稻草混合在一起,在太阳下晒干,就可以制成砖块。这些砖块建成的房屋最终聚集成为人类最早的城市。

埃利都(Eridu)是第一座城市,但其他部落——乌鲁克(Ukuk)、基什(Kish)、乌尔(Ur)、乌玛(Umma)和拉格什(Lagash)很快也建立了自己的城市。这是人类历史上第一次生产出超

---

① 科特雷尔和戴维森(Cottrell and Davidson)。——作者注

过实际需求的东西。埃利都人开始用他们的农产品换取他们缺乏的所有物品——金属、木材、石头和其他种类的食物。因此，泥浆有了其他用途：货币。人们将泥浆铸成代币——圆锥体代表少量大麦、圆盘代表绵羊——这样就可以记账了。贸易商把这些代币放在泥球里烘干，然后在泥球表面印上代表他们签名的标记。泥球会一直保存到债务还清以后再砸开。税收是最常见的债务，有一种古老的被称为"esretu"的什一税——政府收走某人十分之一的劳动报酬或农产品——是历史上第一个正式的税收制度[1]。

随着时间的推移，埃利都人不再在泥球中烘烤那些信物，而是开始在黏土上刻画，从而发展出第一套书写系统。人类最早的文字记录就是一份税收档案：一块记录着什一税和贡品的石碑。那些掌握了这种新式书写和记录技艺的人——抄写员——成为收税员。早期的会计、货币、债务、税收和书写——它们都是同步进化的。

古代美索不达米亚的定居点日渐繁荣，并逐渐发展成为城市。随后，争夺资源的战争开始在城市之间爆发。乌玛和拉格什似乎是最容易闹翻的两座城市，而那些战争的费用是怎么来的呢？当然是通过税收。

有一场关于水资源的战争持续了四代人。最终，拉格什胜出，乌玛不得不向拉格什人缴纳税款，以便使用那些有争议的水资源。但是，即使在战争结束以后，拉格什的国王仍然继续向民众征税。当时的一位抄写员在日记中写道："从拉格什的一端到另一端，到处都有收税员。"[2]男子若离开他的妻子，则必须缴纳5谢克尔银币；牧民剪羊毛，也必须缴纳5谢克尔银币；丈夫去世了，遗孀必须从遗产中拿出部

---

[1] 《芝加哥大学东方学院亚述词典》第四卷，第369页至370页。——作者注

[2] 宾夕法尼亚大学亚述学荣休教授塞缪尔·诺亚·克莱默（Samuel Noah Kramer），《总督乌鲁卡基那给里根先生的口信》，致《纽约时报》的信，1981年1月30日。——作者注

分银币上缴。一位苏美尔抄写员也写道:"船夫首领侵吞船只,畜牧官员将驴和羊据为己有,渔场巡视员擅自捕鱼。"

随之而来的是历史上最早有记载的起义之一。在这次起义中,乌鲁卡基那(Urukagina)——史上最早的税制改革家之一,他废黜了国王,更换了旧制。他解雇了收税员,减轻了赋税,免除了寡妇的遗产税,并立法保护公民免受横征暴敛之苦。

文明的发源地就是税收的发源地。从那以后,就没有一种无税收的文明存在。

26 所得税的古老起源

你们的粮食和葡萄园所产出的,他必取十分之一给他的长官和臣仆,又必取你们的仆人、婢女、健壮的少年人和你们的驴供他差役。你们的羊群,他必取十分之一,你们也必做他的仆人。那时你必须哀求……

《撒母耳记》上8:15-18

上贡或上缴你收入或收成的十分之一,这种做法不仅流行于美索不达米亚,并且在中国、埃及、印度、希腊、罗马、迦太基、腓尼基或阿拉伯等所有的古代文明中也广为流传。我们倾向于认为什一税是一种缴纳给教会的税,但上帝、国王、统治者、教会和政府之间的区别并不是很清楚。很多时候,他们是统一的整体。有些学者认为,古代文明之所以得出"十分之一"这个数字,是因为我们有十根手指,而且经常用手指来进行计算,它是一个自然数。

像现在的税收一样,什一税不仅用于战争和国防、基础设施以及首领奢靡的生活,还用于布施。布施是几乎所有宗教的基本特征——其实，我想说它是人性的一部分——历史上教会的主要作用之一是提供当时的福利、医疗保健和教育的等价物——现在这些责任已经大部分移交给政府了。锡克教的什一税叫"dawandh"。佛教虽然没有明确提到10%这个数字，但布施是佛教徒通往极乐世界的起点。在印度教中，布施或"dana"——是一种义务（内修）。另一种义务是遵守神圣的誓言或"vratas"，其中之一是：dashama bhaga vrata。从梵文翻译过来，这句话的意思是"十分之一份誓言"。

至于犹太人的基督教，早在《旧约全书》的《创世纪》一章中就反复提到了什一奉献。在上帝帮亚伯拉罕（Abraham）在战争中取得完胜后，他把"一切事物的十分之一"奉献给上帝以示感谢[①]，"凡你所赐给我的，我必将十分之一献给你"，这是雅各（Jacob）向上帝许下的誓言。[②]作为对他们政治和宗教服务的回报，拥有大量土地的以色列部落被要求给予利未人"一切事物的十分之一……世世代代直到永远"。[③]基督教遵循犹太的什一税原则，这一做法在公元585年被写入了教会法。

在货币普及以前，什一税通常以实物形式收取。农民可以上缴10%的农产品——谷物、羊毛、肉或者牛奶；工匠上缴10%的产品，而工人则付出10%的劳动力。在许多宗教中，人们收获的第一批果实也会赠予教会。用劳动或劳动产品来缴纳的什一税，实际上是一种所得税。税收将巨大的财富和权力赋予了收集这些财富的人，特别是考虑到累积效应时。

在法国，什一税随着法国大革命的爆发才消亡。在英格兰，什一税

---

① 耶路撒冷王麦基洗德（Melchizedek）代表上帝接受了捐赠，彰显了自己的大公无私。（创世纪14：20，英文标准版圣经。）——作者注

② 《创世纪》28：22，英王詹姆斯一世钦定版圣经。——作者注

③ 《民数记》18：21-23，英王詹姆斯一世钦定版圣经。——作者注

的终结则更为缓慢。在16世纪至17世纪，宗教改革之后，英格兰的大量土地从教会转入世俗地主手中。有了土地，地主们就有了收税的权力。但是，到了19世纪初，在工业化、宗教异议、农业萧条、所得税和货币更加普及的背景下，以实物支付的什一税已经过时，也不得人心了。无力缴税是迫使农民们在工业革命期间从农村进入城市的众多因素之一。1836年，议会通过了一项法案，要求将什一税的实物缴纳形式转变为更加便利的货币支付形式，被称为"什一税租金"。①久而久之，农民们上缴给地主的什一税实际上变成了租金。

不过，许多人仍然把他们收入的一部分捐给了教会。德国仍在征收教会税，但远低于总收入的10%，达不到过去"什一税"的标准。随着国家最终接管很多以前由教会提供的服务，什一税终于消失了。

政治意识形态或许已经取代了宗教，但布施的原则依然存在。不论你是否有信仰，一种狂热的主张已经盛行开来：政府应该拿出大笔资金用于现代社会中的医疗保健、教育和福利——这些曾是什一税应该覆盖的领域。事实上，有些人已经把英国人对国民医疗保健服务制度（NHS）的虔诚崇拜比作一种信仰。《卫报》的波利·托因比（Polly Toynbee）说"国民医疗保健服务制度是我们的宗教信仰"，它的诞生是"我们历史上最值得骄傲的社会民主时刻"。前财政大臣尼吉尔·劳森（Nigel Lawson）说，国民医疗保健服务制度是"英国人拥有的最接近宗教信仰的事物"。我认为，许多人之所以对它的保护怀有热情，是因为布施、怜悯和那种知道被人关心的需求都在我们心中根深蒂固，而税收正是强化这种意识形态的手段。

---

① 1836年《什一税代偿法令》（Tithe Commutation Act）。——作者注

有史以来最重要的考古发现之一是一份税务文件

罗塞塔石碑被认为是有史以来最重要的考古发现之一。1799年，拿破仑的一名军官在埃及北部城镇罗塞塔（现在的拉希德）发现了它。当时，法国士兵正在洗劫古埃及墓穴并将相关文物运回法国。现在，令埃及当局大为震惊的是，这块石碑被保存在大英博物馆中，而且它成为大英博物馆的镇馆之宝。

这块著名的黑色花岗石碑可以追溯到公元前196年的希腊化时期。当时，埃及处于希腊人建立的托勒密王朝统治之下。该石碑的重要性在于它上面刻有三种不同的古文字——古希腊文（统治者的语言）、世俗体（人民的语言）和象形文字（圣书体，神庙的语言）。三种文字集于一身，意味着学者们终于能够破译这些古老的语言，尤其是迄今为止一直困扰他们的象形文字——从而终于解锁4000年前的古老文化。

因为当时的统治者们决定把文字刻在石板上而不是莎草纸①上，所以我们知道这块石碑一定是记载了一件重要的事情——刻在石头上，它会经久不变。我们知道这件事的重要性，还因为统治者费了很大的精力才把它刻成三种不同的语言。这样，会有尽可能多的人理解它。那么，他们到底想向世

---

① 莎草纸：又称纸莎草、莎草片，是古埃及人广泛采用的书写载体，它用当时盛产于尼罗河三角洲的纸莎草的茎制成。大约在公元前3000年，古埃及人就开始使用莎草纸，并将这种特产出口到古希腊等古代地中海文明的地区甚至遥远的欧洲内陆和西亚地区。对古代写在莎草纸上的手稿的研究称为纸莎草学，是古希腊古罗马历史学家的基本技能。莎草纸不是现代概念的纸，只是对纸莎草这种植物做一定处理而做成的书写介质，类似于竹简的概念，但比竹简的制作过程复杂。——译者注

界和后人述说什么重要的事呢？

　　这是一块残碑，上面刻着幼年国王托勒密五世①在一次起义后颁布的法令。这似乎是在战胜分裂主义者之后达成和平的一种尝试——恢复"人类的文明生活"。和平的形式似乎是对分裂主义者的大赦，尤其是税收上。

　　据法令所写，托勒密五世已经"将货币和谷物收入捐给了神庙，并承担了大量开支来让埃及走向繁荣"②。"在埃及征收的税收中，有些他已经全部免除，其余的他也已经减轻，为的是让百姓和万民在他统治期间都能安享太平。"他免除"他们在埃及和王国的其他地方所欠的债务"，他宣布"众神将继续享受神庙里的供奉"且"祭司为获得神职身份而缴纳的税费应不多于"他父亲在位时的税费。

　　简言之，他概述了一项通货再膨胀的政策，而罗塞塔石碑就是一份税收计划。

　　如果史学家想了解一个时代，税收文件往往是最富成效的途径。它们往往保存得很好——如果考虑到税收收入对统治者的重要性，那么这并不奇怪。而且，一个社会的纳税方式反映了这个社会的很多情况。

---

① 托勒密五世（神显者）（希腊语：Πτολεμαῖος ο Επιφανης）：埃及托勒密王朝国王（前204—前181年在位）。他是托勒密四世（笃爱父亲的人）之子。在他父亲死后，两名大臣谋杀了他的母亲阿西诺亚三世，当时托勒密五世年仅5岁。亚历山大的市民驱逐了这两个阴谋者。然而另一群有野心的大臣成为托勒密五世的摄政，这使得上埃及陷入无政府状态。——译者注

② 《罗塞塔石碑：希腊文部分的译文》，详见https://sourcebooks.fordham.edu/ancient/rosetta-stone-translation.asp。——作者注

古希腊人：税收怎么能是自愿的呢

> 我们现在没有，以前没有，且将来也不会有一种"自愿的"税收制度。
>
> ——唐纳德·C.亚历山大，美国税务局长（1973—1977）

想象一下，税收如果只落在那些最有能力缴纳的人身上会怎样？在这种情况下，富人们自愿缴纳比规定更多的税费，是自愿，而不是试图逃税、避税或减税，得来的税款按照纳税人的意愿来支配，并且整个过程不涉及官僚机构。你会认为这不可能，但历史不会这么说。无论是数学、科学、戏剧还是哲学，古希腊人有太多值得我们尊敬的地方。此外，我们还应该尊敬他们早期的税收制度。

像启蒙运动时期的哲学家一样，希腊人把税收归入伦理范畴：社会的自由度或专制度——社会有多自由或多压迫——可以通过税收制度来衡量。亚里士多德说："拥有很多财富的人，缴税应该也很多，反之亦然。这才是公平。"[①] 我们应该尊敬的，不是他们征税的方式，而是他们不征税的方式。他们不征收所得税，而富人的财富也不是通过税收来分享给民众的。相反，这种分享是通过一种自愿的选择来实现的：捐献。

"捐献（liturgy）"一词——来源于古希腊词汇"leitourgia"——意思是"公共服务"或"民众的工作"，而善行、公共服务和舍己为人的理念，源于希腊神话，植根于古希腊人的内心深处。泰坦巨人普罗米修斯创造了人类，但当宙斯拒绝把火种作为礼物送给人类时，普罗米修斯就从上帝那里偷走一道闪电，由此将火传到了人间。就这样，普罗米

---

① 亚里士多德，《大伦理学》，1194a。——作者注

修斯成了人类最大的恩人——尽管这次罪过让他被宙斯判刑,遭受永无休止的折磨。而女神雅典娜则将橄榄树赐给市民,象征和平与繁荣,因此雅典城就以她的名字命名。

亚里士多德拓展了这一主题的内涵。他的"杰出人物"给社区捐献了大笔钱财。根据亚里士多德的定义,穷人永远不可能成为"伟人",因为他们没有这样的经济能力。他在《修辞学》一书中指出,真正的财富包括行善、分派资金、赠送稀有而昂贵的礼物以及帮助他人维持生计。① "医学之父"希波克拉底(Hippocrates)也是一位信奉这种社会责任的人,他建议医生们"回想以前的捐赠或当前的满足,从而时不时地提供无偿服务。如果有机会为一位有经济困难的陌生人服务,请对所有这样的人给予充分的帮助"。②

也许这座城市需要对它的基础设施进行某种改进——例如新建一座桥梁;也许一场战争即将爆发,需要军费开支;也许某种庆典被认为是必要的。然后,富人们站了出来,他们的理由是:鉴于他们享有不平等的财富份额,他们应该承担城市的所有开支。他们不仅为这项工程埋单,而且还负责工程的实施:监督工程找出问题是他们的责任。这样,城市的各项事业都能得到很好的执行,这位捐献者的声誉也直线上升了。

根据需要(在战争时期,这一数字会增加),雅典在不同时期有300名到1,200名大大小小的捐献者。大部分情况下,他们都是自愿的。捐献不是由法律或官僚机构强制执行,而是取决于传统和公众意见。志愿服务的动机以及善行和公共责任感,都将为捐献者带来荣誉和威望。如果任务完成得好,赞助人在其他精英和普通人中的地位就会上升。在

---

① 亚里士多德,《修辞学》,1361a 28-43。——作者注
② 希波克拉底,《誓词》,第六部分。——作者注

古希腊早期，只有战士才能成为"英雄"。后来，捐献者也可以通过为他人谋福利的行为来获得英雄称号。结果就是：许多人的捐赠超出了预期，多达三四倍——这与现在的文化——在法律允许的范围内尽可能少地缴税——相去甚远，捐献者的私利被用来为整座城市谋取利益。

最负盛名和最重要的捐献——也是迄今为止最昂贵的捐献——对象是海军，被称为"三层桨（座）战船司令官"。有维修三层桨（座）战船义务的公民必须建造、维护和操作一艘战船——三层桨（座）战船。这种做法保证了雅典海军的强大——曾经是世界上最强大的海军——使航道免受海盗侵扰。他们在保护贸易中心雅典方面的作用至关重要。古希腊的许多建筑都是由了赢得荣誉的捐献者建造的，泛雅典运动会和酒神节的戏剧活动也是出于同样的原因而产生的，这些"捐献者"负责选拔、资助和训练队伍参加雅典众多节日中的体育、戏剧和音乐比赛。[1]如果他的选手赢得了比赛，该捐献者的威望就会上升。城市里的一些青铜鼎和纪念碑就是为了纪念那些捐献者而建设的，他们赞助了最好的作品，我们至今仍然可以看到这些作品。

毫无疑问，这项制度被用来谋取个人利益，尤其是政治利益。在成为军事指挥官之前，年轻的伯里克利（Pericles）在雅典社会上留下了自己的名声，其中一种方式就是在大酒神节期间呈现了埃斯库罗斯（Aeschylus）的戏剧《波斯人》以示他的善行。他的主要政敌，西门（Cimon）也做出了类似的回应，慷慨地将可观的个人财富分给居民们，赢得了公众的好感。

无论出于何种原因，捐献者都不愿意承担被公众鄙视的风险，但总有些人拥有豁免权，尤其是那些曾经为城市服务过的人，还有正在进

---

[1] 古典教师联合会（Joint Association of Classical Teachers），第228页。——作者注

行捐献的人。古希腊还有"财产交换程序"①。一位捐献者可以提出异议：另一位捐献者——公民B——更加富有，因此公民B更有能力承担捐献的经济负担。那么，公民B有三种选择：接受捐献义务；在一个月内接受审判由陪审团来判定谁更富有；交换资产。这是一项非常有效的制度，可以判定一个人实际的富有程度，而不是片面地相信他自己的申报。

然而，伯罗奔尼撒战争（公元前431至公元前404年）②的成本不断上升，这意味着雅典人不得不缴纳战争税和战时特别税，由政府直接对他们的财富征税。古雅典遵循着许多伟大社会的发展模式：在这些社会的早期，低税收和自由支撑着它们的存在与发展，但随着社会的发展，这些支撑物逐渐消失了，而政府的义务（尤其是战争形式的政府义务）却增加了，于是，自愿捐献渐渐消亡。

---

① 尽管德摩斯梯尼（Demosthenes）和色诺芬（Xenophon）都提到过财产交换程序，但一些历史学家认为它实际上并不存在。——作者注

② 伯罗奔尼撒战争，是以雅典为首的提洛同盟和以斯巴达为首的伯罗奔尼撒联盟之间的一场战争。第二次伯罗奔尼撒战争于公元前431年一直持续到公元前404年，其间双方曾几度停战，最终斯巴达获得胜利。这场战争结束了雅典的古典时代，也结束了希腊的民主时代，强烈地改变了希腊的国家。战争给繁荣的古希腊带来了前所未有的破坏，导致了战后希腊奴隶制城邦的危机，整个希腊开始由盛转衰。所有希腊的城邦都参加了这场战争，其战场波及当时的整个希腊。在现代研究中也有人称这场战争为"古代世界大战"。——译者注

第五章
犹太教、基督教与税收

犹太人的经济和政治故事就是一场又一场不断反抗横征暴敛的斗争。

——查尔斯·亚当斯（Charles Adams），《善与恶》（1993）

如果古代美索不达米亚是文明的一个摇篮，那么古埃及则是另一个。

到公元前1300年，希伯来人已经在埃及定居了450年左右。但是，他们不断增长的财富和人数意味着他们被视为一种威胁。公元1世纪，罗马犹太学者提图斯·约瑟夫斯（Titus Josephus）说，埃及人对希伯来人变得"不太友善"，并"对他们的繁荣感到嫉妒"。《圣经》引用法老（可能是拉美西斯二世）的话说："看，以色列人的子孙比我们更强大。我们不如用巧计来对待他们，以免他们繁衍得越来越多。"①

用巧计对待希伯来人就是对他们征税。海因里希·格雷茨（Heinrich Graetz）在他的《犹太人历史》一书中解释道：那时候，只有当某人是战俘、罪犯或者他无法偿还债务或缴纳税费时，才有被奴役

---

① 《出埃及记》1：9-10，英王詹姆斯一世钦定版圣经。——作者注

的可能。正如历史上常见的案例那样，压迫始于税收。当埃及人"派工头来监督他们（希伯来人），用重担来折磨他们"时[1]，税收也增加到了惩罚性的水平。后来，事态逐渐升级。《出埃及记》继续写道："埃及人残酷地迫使以色列人做苦工。他们被迫和泥、制砖或者下地干活，生活苦不堪言。"[2]当摩西带领他们离开埃及时，曾经自由的希伯来人已经变成了奴隶。奴隶制——在这种制度下，你对自己的劳动的主动意愿，甚至整个自我，都没有所有权——从很多方面来说，税收是终极形式。

摩西带领希伯来人进入西奈半岛，以逃避他们的奴役，从而使他们成为历史上第一批税收逃亡者。从那以后，我们有了《十诫》，这是犹太基督教得以建立的信仰体系，犹太教的核心其实就是一个税收故事。

耶稣和收税员

犹太教不是唯一一个以税收故事为核心的宗教。

据圣路加（St Luke）福音记载："那时候，恺撒·奥古斯都（Caesar Augustus）下旨，叫天下的人民都缴税（报名上册）。众人各归各城，全员缴税。约瑟也从加利利的拿撒勒前往犹太，到了伯利恒城……却要和他所娶之妻玛利亚一同缴税。那时，玛利亚已经怀孕了。"[3]

耶稣基督出生时，玛利亚和约瑟留在伯利恒的原因是为了缴税。有一些版本说，他们去伯利恒是为了人口普查（恺撒·奥古斯都下令进行

---

[1] 《出埃及记》1：11-14，英王詹姆斯一世钦定版圣经。——作者注
[2] 《出埃及记》1：11-14，英王詹姆斯一世钦定版圣经。——作者注
[3] 《路加福音》2：1-5，英王詹姆斯一世钦定版圣经。——作者注

人口普查，这是他大规模税收改革的一部分）。但考虑到这次人口普查是为了征税，论点也是一样的。不管怎样，是税收把玛利亚和约瑟带到了伯利恒。如果没有征税，基督教可能就不会发展成现在这样。

税收是耶稣一生中反复出现的主题，这一点不足为奇。耶稣是一个革命家，他对罗马税收制度的不满——像他所感知的那样——颇有微词。他对神庙税，也就是罗马对任何不崇拜罗马众神的庙宇所征收的税尤其感到不满。他抱怨说，罗马的"世上列王"对某些宗教征税，但对他们自己的宗教却免税。然而，他还是建议民众把税费付清，"以免得罪他们"。①无论赋税有多么不公平，不缴税的后果——死亡或奴役都是不值得的。

还有一个关于耶稣和法利赛人的著名故事。到达耶路撒冷的圣殿后，耶稣惊恐地发现有商人在里面做买卖。于是他"开始赶走那些做买卖的人"。②他清空圣殿以后，就开始布道。不出所料，这让法利赛人和他们的文士大为恼火——他们的商业秩序被打乱了，这必然危及他们为本丢·彼拉多（Pontius Pilate）③收集的税收收入。本丢·彼拉多是负责在犹太人中代表罗马收税的人。因此，他们与耶稣的关系开始恶化。他们想除掉耶稣，问题是耶稣很受欢迎。于是，他们策划了一个计谋来骗他认罪：他们将"用他的话来陷害他"。④首先，他们奉承耶稣，赞美他对真理的忠诚，称赞他的正直和公正。然后，他们问耶稣，犹太人

---

① 《马太福音》17：27，英王詹姆斯一世钦定版圣经。——作者注
② 《路加福音》19：45，英王詹姆斯一世钦定版圣经。——作者注
③ 本丢·彼拉多（圣经）：（Pontius Pilate，1世纪）也译"般雀·比拉多"，简称"彼拉多"。罗马帝国总督（26—36年在任）。监管犹太、该撒利亚和以土米亚。曾在耶路撒冷悬挂罗马皇帝像，铸刻有异教象征的钱币，负责平定犹太人的骚动。据《新约》载，耶稣由他判决被钉于十字架。——译者注
④ 《马太福音》22：21，新国际版圣经。——作者注

按恺撒的要求缴税是否正确，指望他说不——这样他们就有理由把耶稣交给本丢·彼拉多。路加写道："他们打发奸细装作义士，要在他的言语中找到把柄，好将他交到当权者和执政者手中。"①

然而，耶稣似乎识破了这个诡计。"假冒为善的人哪，你们为什么试探我？"他说，"把税款给我看看。"其中一人递给他1便士（古罗马货币），耶稣问道："这是谁的图像和题字？"他们回答："是恺撒的。"耶稣反驳道："恺撒的物当归给恺撒，神的物当归给神。"②他们无言以对。

耶稣当时逃脱了惩罚，但税法最终还是导致了他的陨落。

有些宗教是罗马人允许的，犹太教就是这样一个"合法的宗教"，它并没有像凯尔特宗教、德鲁伊教或周期性爆发的酒神崇拜那样遭到野蛮镇压或彻底消灭。酒神崇拜被认为只是一种迷信，然而罗马人无法容忍"非罗马国王"，这些国王对罗马的权威和税收都构成了威胁。罗马法律很久以前就规定：任何自称为国王的人都犯了煽动叛乱罪。

此外，罗马公民不能被钉死在十字架上，只有非罗马公民才能处以十字架刑，而且只能因以下罪行中的一种才会被钉死：企图逃避奴役、拦路抢劫、海盗行为和煽动叛乱。那些把耶稣带到本丢·彼拉多面前的暴徒们叫喊着："我们查出这人煽惑我们的人民，还禁止给恺撒进贡（即缴税），说他自己是基督，是王。"③

耶稣鼓励民众不缴税，从而煽动叛乱，这些罪名导致他被钉死在十字架上。这就是为什么在基督诞生、死亡以及他的一生中，都有一个关于税收的故事。

---

① 《路加福音》20：20，新国际版圣经。——作者注
② 《马太福音》18：18-21，英王詹姆斯一世钦定版圣经。——作者注
③ 《路加福音》23：2，英王詹姆斯一世钦定版圣经。——作者注

第六章
税收和伊斯兰教的兴起

人民的贫困是一个国家遭到破坏和毁灭的直接原因;人民贫困的主要原因是统治者和官员聚敛财富的欲望。

——阿里·伊本·阿比·塔里布(Ali ibn Abi Talib),

第四任哈里发(656-661)

伊斯兰教始于先知穆罕默德,在他632年去世之前,由于战争的胜利,对贸易路线的敏锐以及对所有人平等相待的承诺,他已经统一了阿拉伯半岛的所有部落。在他死后不到30年的时间里,伊斯兰教成为世界上最大的宗教之一,并且还在持续增长。历史学家对于它在7世纪和8世纪传播得如此迅速和成功的原因和方式争论不休,穆斯林的税收政策解释了一切。

阿布·巴克尔(Abu Bakr),穆罕默德的亲密伙伴和岳父,是他的继任者——第一任哈里发。就像罗马共和国早期极其忠诚和高度组织化的军队一样,巴克尔的军队完全由志愿军组成。在他的东北方向,波斯

38　萨珊帝国①在政治、社会、经济和军事上都很薄弱。萨珊帝国曾经是一个世界大国，但在与西北部的拜占庭人经历数十年的战争后已经精疲力竭，而拜占庭也消耗殆尽。无论波斯人、拜占庭人还是罗马人，他们都饱受重税之苦。巴克尔相信，如果减轻税负，他的事业就会得到广泛的支持。于是他宣布，那些"接受穆罕默德的宗教并为他祈祷的人"将被免除税收。

在巴克尔的命令下，他的大将哈立德·伊本·瓦立德（Khalid ibn al-Walid）攻占了波斯。被征服的人大部分是索罗亚斯德教徒（拜火教徒），他们被要求缴纳人头税，称为"吉兹亚税"。但是，遵照巴克尔的指示，皈依伊斯兰教的人被免除了税收并获得了自由。即使那些没有皈依的人也没有受到如此恶劣的对待——只要他们付清税款。这位得胜的将军劝诫道："以仁慈和慈悲的上帝之名，愿你们成为穆斯林并得到救赎吧。否则，你们就必须接受我们的保护并缴纳人头税。不然，我将与那些像你们热爱红酒一样热爱死亡的人一起来攻击你们。"

征服、缴税或者伊斯兰教——这是他们面临的选择，许多人选择了伊斯兰教。

---

①　又称萨珊王朝（英语：Sasanid Empire）是最后一个前伊斯兰时期的波斯帝国，国祚始自公元224年，公元651年亡。萨珊王朝的居民称萨珊王朝为埃兰沙赫尔或埃兰 。萨珊王朝取代了被视为西亚及欧洲两大势力之一的安息帝国，与罗马帝国及后继的拜占庭帝国共存了超过400年。阿尔达希尔一世建立了萨珊王朝。萨珊王朝一直统治到阿拉伯帝国入侵，伊嗣俟三世被迫逃亡为止。萨珊王朝统治时期的领土包括当今伊朗、阿富汗、伊拉克、叙利亚、高加索地区、中亚西南部、土耳其部分地区、阿拉伯半岛海岸部分地区、波斯湾地区、巴基斯坦西南部，控制范围甚至延伸到印度。古典时代晚期的萨珊王朝被认为是伊朗或波斯其中一个最重要及最有影响力的历史时期。萨珊王朝统治时期见证了古波斯文化发展至巅峰状态，影响力遍及各地，对欧洲及亚洲中世纪艺术的形成起着显著的作用。——译者注

巴克尔的继任者们，欧麦尔①奥斯曼以及后来的阿里，都采取了类似的做法。穆罕默德的军队横扫北非，最终进入西班牙。

伊斯兰教的成功与明智的税收政策有很大关系，正如它与刀剑或《古兰经》有很大关系一样。被征服的土地没有抵抗，当地人民在前几任政权的统治下背负着沉重的税收负担，他们不情愿，但也没办法。一位当时的历史学家写道："负担是如此沉重，许多富人和穷人都否认对弥赛亚的信仰。"——皈依者中最大的群体是基督徒。

即使是那些没有皈依伊斯兰教的人，也常常为征服者带来的救济感到高兴。犹太的一个故事讲述了扩张的穆斯林军队从来自安提阿的罗马大军中撤退的事。在他们撤离时，首席收税官奉命偿还被征服人民的人头税，因为穆斯林无法确保他们的安全，而人头税"只是保护的代价"。

基督徒被这个姿态感动得热泪盈眶，哭喊着："愿上帝把你们带回我们身边。"而被征服的犹太人则发誓说："只要我们的身体里还闪烁着生命的火花，罗马皇帝就不会占领这座城市。"

就像此前早期罗马共和国的入侵者一样，穆斯林倾向于在被征服的领土上保留现有的地方税收基础设施。但是，为了讨好刚被征服的那些民族，他们采用不那么咄咄逼人的手段征收较低的税收。例如在埃及，第四任哈里发阿里写信给他的总督，指示他谨慎行事，"确保那些纳税地的繁荣"。他建议："合理维护耕地比收税更重要，因为除非土地具

---

① 欧麦尔·伊本·哈塔卜（Umar ibn al-Khattab，586—644年），被称为欧麦尔一世，阿拉伯哈里发（634—644年在位）。来自穆罕默德所在的古莱氏部落哈希姆族，是早期追随穆罕默德的重要人物之一，也是穆罕默德最忠实的信徒。欧麦尔拥有铁一般的意志，与先知共同经历过"出走麦地那""壕沟之战"等重要考验，常常在战役的关键时刻扭转局势。他和第一任哈里发阿布·伯克尔被称为"先知的两大辅弼"。——译者注

有生产力，否则无法获得税收收入。"

阿里还说："要求税收收入而不帮助耕种者改善土地的人，是在给耕种者带来不应有的苦难，是在破坏国家，这种人的统治不会持久。如果耕种者因遭受瘟疫、干旱、淫雨、土壤贫瘠和损害土壤肥力或导致作物减产的洪水而要求减少土地税，则政府需减少相应的税费，这样他们的状况就会改善。不要介意因此而损失税收收入，因为总有一天，当这片土地更加繁荣的时候，你会得到更多的税收收入，使你能改善城镇的状况，并提升国家的威望。"

类似的情况也出现在伊斯兰征服西班牙的过程中。12世纪的阿拉伯-安达卢西亚哲学家阿布·巴克尔·穆罕默德·图尔图希（Abu Bakr Muhammad at-Turtushi）说："只要对纳税的农民友善，穆斯林就能战胜他们的敌人……穆斯林关心那些农民，就像商人关心他的货物一样。正因如此，他们所到之处土地繁荣，金钱充裕，军队供应充足。"

伊斯兰教的军事策略可以归功于最初的四大哈里发[①]（632-661）——正统哈里发（The Rashidun），但是在倭马亚王朝（661-750）和阿巴斯王朝（750-1258）的统治下，伊斯兰帝国才得以巩固。它后来发展成为历史上最伟大的帝国之一，对数学、化学、光学、外科手术、音乐、建筑和艺术的发展作出了巨大贡献。它的贸易路线第一次把咖啡（源自埃塞俄比亚）和火药（源自中国）带到了欧洲。

然而，随着时间的推移，宗教对人头税的豁免成为过去，因为大

[①] 四大哈里发时期：四大哈里发或正统哈里发（阿拉伯文：الخلفاء الراشدون）是指伊斯兰教创始人穆罕默德逝世后自公元632年至661年相继执掌阿拉伯伊斯兰国家政教大权的四位继承人（即哈里发），他们分别是阿布·伯克尔、欧麦尔·本·赫塔卜、奥斯曼·本·阿凡和阿里·本·阿比·塔利卜。由于四大哈里发都是通过民主选举或推举而产生的，他们的继位获得了大多数穆斯林的认可，故称这一时期为哈里发国家的"神权共和时期"。——译者注

部分人都皈依了。埃及的一位统治者请求哈里发恢复对皈依者征收人头税，然后他照做了。税收收入通常优先于原则，有些人没有皈依伊斯兰教，而是签订了一项名为"安全保护"的协议，该协议规定：非信徒只要缴纳税款，不打击穆斯林男性，不触碰穆斯林女性，就能得到保护。税率是一年1到2个第纳尔（货币单位），不过，就像所有税种一样，它最终会上涨。事实证明，对非信徒征税是有利可图的，欧洲的基督教开始效仿这种做法，而犹太人则表示反对。

伊斯兰教从来不是早期罗马那样的共和政体，更像罗马帝国时代的专制政体。遥远的哈里发几乎没有审计控制权，而当地的苏丹则保留了越来越多他们收集到的东西。随着时间的推移，伊斯兰军队不再将人们从压迫性的税收中解放出来，而是实行压迫性税收。以前，每年只需缴纳1个第纳尔，现在却翻了4倍。25%的庄稼税更是成了家常便饭。许多报告提及，在到收税员面前缴税时，纳税人被殴打或羞辱。有些人甚至在脖子上纹了收据，以防止重复缴税。一位部长主张征收人们所拥有资产价值的2/3的资本税。另一位在埃及的部长，试图增加土地税的同一天，他的一位妻子穿着一条3万第纳尔的裙子，引发了一场叛乱。一位勇敢的顾问指出了这一行动的不明智之处，并补充道："这还只是一条裙子和一位妻子。"在西班牙，用当时的话说，收税员们"吞噬臣民，侵吞他们的钱财，并把他们榨干，致使臣民逃亡而无法耕种土地。苏丹的税收收入减少了，军队变得虚弱，敌人变得越来越强大，并占领了许多穆斯林的土地。穆斯林处于劣势，而敌人获得胜利"。

也许，阻止伊斯兰教进入欧洲的并不是比利牛斯山，而是过度的税收。

第一任哈里发，阿布·巴克尔去世时，把他在任期间提取的全部款项退还给了国库。而这种无私已经是过去的事。到了15世纪甚至更早的时候，伊斯兰教的黄金时代来临，提高税收成为当时的主流。

14世纪的突尼斯人伊本·赫勒敦（Ibn Khaldun）是伊斯兰帝国最伟大的哲学家之一。在他的代表作《历史绪论》中，描述了一种常见的税收循环：

在帝国的早期阶段，虽然税收负担很轻，但能带来大量收入。随着时间的推移，国王们相继继任，他们的部落习惯被更文明的国家习惯所取代。他们的需求和紧迫感增加了……因为他们在奢华的环境中成长起来。因此，他们向臣民征收新税……并大幅度提高税率以增加他们的收益……税收的增加对商业的影响是显而易见的。商人们很快就会泄气，因为他们的利润甚至抵不上税收负担……结果产量下降，税收也随之下降。

他的描述，其实也包括了以前的罗马或希腊及后来的英国或美国。低税收和小政府伴随着那些伟大文明的崛起，而高税收和大政府则伴随着它们的消亡。

高税率并不意味着更多的收入

这种说法与直觉不符，但这一发现可以追溯到几个世纪以前。低税率往往带来更多收入，而高税率带来的收入则更少。

赫勒敦并不是第一个注意到这一点的人。这其实是第四任哈里发阿里的指导思想。如我们所见，阿里想不惜一切代价保护纳税人的繁荣。18世纪的苏格兰哲学家大卫·休谟（David Hume）和亚当·斯密以及20世纪的约翰·梅纳德·凯恩斯（John Maynard Keynes）、J.F.肯尼迪（J. F. Kennedy）和罗纳德·里根（Ronald Reagan）——还有很多其他人——

都得出了同样的结论。1924年，美国财政部长安德鲁·梅隆（Andrew Mellon）写道："高税率并不一定意味着政府的收入更多，而低税率往往可以获得更多的收入。这似乎让一些人难以理解。"但是，这一观点最著名的支持者或许要数美国经济学家阿瑟·拉弗（Arthur Laffer）了。

1974年，拉弗在华盛顿特区与理查德·尼克松总统的两位前顾问迪克·切尼（Dick Cheney）和唐纳德·拉姆斯菲尔德（Donald Rumsfeld）以及《华尔街日报》的作家裘德·万尼斯基（Jude Wanniski）共进晚餐。拉弗争辩说，现任总统杰拉尔德·福特（Gerald Ford）最近的增税是有缺陷的，它不会导致政府的收入增加。据说，为了说明他的论点，拉弗在餐巾纸上画了一条曲线，表示税率和收入之间的关系。在税率非常低的情况下，政府收入很低；但在高税率时政府收入也很低（因为经济疲软，利润下降，收益下降，逃税行为增多等等），因此曲线呈钟形。钟的顶端是收入最大化的点——换言之，如果你的目标是使政府收入最大化，这是设定税率的最佳点。拉弗的论点激发了在场的人的想象力，万尼斯基后来将其称为"拉弗曲线"，尽管拉弗后来强调："顺便说一下，拉弗曲线并不是我发明的。"他还提到了更多的人，从凯恩斯到赫勒敦，他们都观察到了同样的现象（也许我们应该称它为第四任哈里发曲线）。

正如美国前总统肯尼迪曾经说过的话："如今税率太高，税收收入太低。而从长远来看，提高税收最合理的方式是降低税率，这是一个自相矛盾的事实。"这是一个人类似乎不断忘记的教训，一门不断需要重新教授的课程。

第七章
有史以来最伟大的宪法文献

44　　税金，哈哈哈！税金！漂亮、可爱的税金！啊哈！啊哈！

——迪士尼《罗宾汉》中的约翰王（1973）[①]

长期以来，统治者们都以道德为依据来证明税收的合理性，甚至在有关税收的语言中，这种粉饰也很明显——税收是你的"责任"、你的"贡品"、你的"义务"。

中世纪的英格兰就有这样一个例子，那些不愿跟随国王出征的骑士们必须缴纳一种特别税——"兵役免除税"，它也被称为懦弱税。在当时的社会条件下，这种税也许并非毫无道理。对中世纪的英国国王来说，征收这种特别税绝对是有利可图的。

公元1187年，伟大的领袖萨拉丁（Saladin）击败十字军，占领了耶路撒冷。此时基督教事业的核心受到了动摇，英格兰和法国的国王都说，必须要进行一次新的十字军东征。为此，亨利二世（Henry II）征

[①] 电影《罗宾汉》（1973年版），由沃夫冈·雷瑟曼（W. Reitherman）执导。——作者注

收了一项特别的什一税，专门针对此次东征而设。该税种对收入和动产征收10%的税，对"骑士的武器、马匹和服装"及"神职人员使用的所有附属物、马匹、书籍、服装和法衣"实行特别豁免。其他人都需要缴税——但是，如果你加入十字军，就可以免缴。事实证明，这是一种非常有效的招募手段。这个税也成为英格兰有史以来征收数额最大的税种。当然不用说，它并不得人心。由于教会深度参与了税捐稽征，坎特伯雷大主教，埃克塞特的鲍德温（Baldwin）受到了多方指责。他当年很识趣地躲到威尔士去了。

但是，亨利从未发起十字军东征。相反，他先后与法国的菲利普（Philip）以及自己的儿子开战。一年后，也就是1189年，一场出血性溃疡夺走了他的生命，他的儿子理查（Richard）继承了王位。理查被称为"狮心王"，视英格兰为收税之地，而非统治之地（他在位10年，却只在英格兰待了不到6个月）。加冕后，理查发现国库充盈，便立即开始了第三次十字军东征，但他没能夺回耶路撒冷。在回国途中，他被抓了起来，然后交给了神圣罗马帝国皇帝，后者随即要求他支付10万镑白银的赎金，大约是他父亲颁布的那个特别税种那年一年的数额。于是，为了救他出来，英格兰又征收了另一项什一税。这次的税率不是10%，而是25%且神职人员也不能幸免。此外，英格兰还征收了兵役免除税，并实施了新的土地税。①

5年后，也就是1199年，理查去世，他的弟弟约翰（John）继位。约翰曾试图贿赂神圣罗马帝国皇帝，想把理查关押得更久一些。而且更是继承了他哥哥的遗志，成为历史上最臭名昭著的收税员之一。在他执政的17年间，他征收兵役免除税达11次之多且通常

---

① 这种土地税按照卡勒凯特（Carucate，旧时英国的土地丈量和估税单位，约合100英亩，但常据土质而不同）来征收。卡勒凯特是指8头牛一年可以耕种的土地数量。——作者注

都是在没有实际军事行动的情况下。他根据理查的制度来征收新的土地税，如果有人拒绝缴税，他们的土地就会被没收。约翰征收了王室什一税以及新的进出口关税；此外他还提出了一种税率很高的遗产税。因为这种遗产税通常超出了贵族们的支付能力，贵族们在继承财产和城堡时会要求减免；更有甚者，约翰以高价卖官鬻爵，而新上任的官员们则会努力通过罚款和处罚来收回他们的投资，特别是在森林方面。这样，我们就有了罗宾汉和诺丁汉郡长的传说；约翰出售了建立新城镇的权力——利物浦就是在这样一份皇家特许状中建立起来的；约翰还为犹太人设立了一种特别税，后来称为"1210年地租"。早在理查征收特别什一税期间，犹太人就已经成为征税目标，而这次的特别税使他们损失了4.4万磅白银；约翰甚至对那些希望保持单身的寡妇征税，这对因约翰的战争而失去丈夫的女人们来说，是特别大的伤害。

还有更糟的情况，连续的粮食歉收导致了食品短缺，随后物价上涨。尽管约翰试图在1204—1205年间重新铸造货币以稳定通货膨胀，但社会动荡还是不可避免地发生了。

英国人终于忍无可忍，北部和东部的贵族们宣布放弃与国王的封建联系，宣称自己是上帝之军，并向伦敦进军，最终占领了伦敦。坎特伯雷大主教史蒂芬·兰顿（Stephen Langton）试图促成他们与国王的和谈。在伦敦以西约32公里的兰尼米德的泰晤士河岸边，和谈双方通过了一份包含广泛政治改革提案的《宪章》。其中规定：只有得到贵族们的同意，国王才能征收新税。同时，该宪章对兵役免除税和其他封建税费加以限制。宪章还规定：贵族们受到保护，不被非法监禁，并能迅速得到公正的审判，以免受到长期关押。此外，该宪章不仅保护了教会的权利，而且在一定程度上也保护了自由人的权利。因此，贵族们同意放弃伦敦，并遣散他们的军队。

但是，贵族们随后食言了，因为他们不相信约翰会遵守诺言。不出所料的是，约翰果然背信弃义。他向教皇求助，教皇随即宣布《宪章》是"可耻的、有辱人格的、不公正的"，并将反叛的贵族们逐出了教会。

接下来的战争使约翰命悬一线。但是，他并没有倒在战场上，而是死于痢疾。他9岁的儿子，亨利三世在威廉伯爵的保护下继位。

大主教兰顿称威廉为"世上最好的骑士"，他的说法是对的。

威廉伯爵是四朝元老。约翰去世以后，威廉成为护国公，迫使许多叛乱的贵族改弦更张。威廉虽然已是70岁高龄，但仍在冲锋陷阵。在他的带领下，保皇派最终赢得了胜利。但在随后的《朗伯斯条约》中，威廉需要确保叛军彻底归顺，因为他年事已高，知道自己的时代即将结束，希望在生前为9岁的君主带来和平与稳定。威廉对国王忠心耿耿，但他见识过前三位国王可恶的赋税所带来的后果。因此，那份两年前在泰晤士河边制定的，现在已失效的《宪章》是他最好的机会。有人批评他对失败的一方太过仁慈，他不予理睬，毅然重启了那份《宪章》。他自己就是见证这一切的贵族之一，而重新生效的《宪章》也将成为未来政府的基础。它被称为《大宪章》，用拉丁语来说就是"Magna Carta"。

1225年，亨利三世重新颁布了宪章，以换取征税许可。他的儿子爱德华一世在1297年也做了同样的事情。就这样，《大宪章》成了英格兰的成文法。

当神话比事实更强大时

> 国王和贵族们来到草地上。他们的谈判最终形成有史以来最伟大的宪法文件。
>
> ——托马斯·丹宁勋爵（Lord Thomas Denning），英国法官（1957）

著名的英国法官丹宁勋爵只是《大宪章》[①]的众多崇拜者之一。但是，《大宪章》神话般的问世过程以及它对神圣的古代自由的保护，也许比《大宪章》本身更加伟大。丹宁将其称为"个体自由对抗君主专制权威的基础"。尽管如此，《大宪章》实际上更关心的是贵族和国王之间的关系，而不是普通人的权利。在它的许多条款中，只有三条现在仍然是法律，其余的早在两三百年前就已经废除了。

然而，这个神话仍然是强大的和具有标志性的，是自由的伟大象征。这种情况一直持续到英国内战期间，当时有人认为，《大宪章》使国王和普通公民一样都受英国普通法的约束，被视为陪审团审判制度的起源，它对1688年光荣革命时期的政治思想产生了重大影响。也许最重

---

① 《大宪章》也称《自由大宪章》。英国封建时期的重要宪法性文件之一。1215年6月15日金雀花王朝国王约翰王（1199—1216年在位）在大封建领主、教士、骑士和城市市民的联合压力下被迫签署。全文共63条。主要内容是保障封建贵族和教会的特权及骑士、市民的某些利益，限制王权。规定非经贵族会议的决定，不得征收额外税金；保障贵族和骑士的采邑继承权；承认教会自由不受侵犯；归还原侵占的领主土地、抵押物和契据；尊重领主法庭的管辖权，国王官吏不得任意受理诉讼，对任何自由人非经合法判决，不得逮捕、监禁、没收财产或放逐出境；承认伦敦和其他自治城市的自由；统一度量衡，保护商业自由等。同时规定由领主推举25人负责监督宪章的实施。宪章主要是封建阶级内部权力再分配的文件，并未改变广大农民的地位，而且不久被即位的亨利三世撕毁，失去效力。英国资产阶级革命时期，《大宪章》被利用作为争取权利的法律依据，并被确定为英国宪法性文件之一。2018年10月25日发生《大宪章》原件遭遇盗窃未遂事件。——译者注

要的是，当英国殖民者出发前往新世界时，他们带上了皇家特许状，强调他们将拥有与出生在英格兰的人一样的"自由、特许权和豁免权"。殖民者们认为《大宪章》是一项基本法律，在反抗英国领主的美国独立战争中，他们相信自己不是为新的自由而战，而是为了保护那些已经被庄严载入《大宪章》的自由而战。

美国国家档案馆告诉我们："在美国独立战争期间，《大宪章》激励了捍卫自由的行动，并证明该行动是正当的。殖民者认为他们有权享有与英国人相同的权利，这些权利在《大宪章》中得到保障。他们把这些权利写入了各州的法律，后来又写入了宪法和权利法案。"

美国宪法第五修正案中有这样一句话："未经正当法律程序，任何人不得被剥夺生命、自由和财产。"《大宪章》中有三个条款至今仍是英国普通法的一部分，而前面的这句话正是源于这三个条款的其中之一："不得拘留或监禁自由人，不得没收其永久产权、剥夺其自由权或蔑视其自由习俗，不得被宣告非法、被放逐或以任何其他方式予以摧毁。除经贵族依法判决或遵照国内法律之规定外，我们不能加害于他，也不得定他有罪。"

富兰克林·德拉诺·罗斯福（Franklin Delano Roosevelt）总统在1941年就职演讲中对美国人民说："历史上，人类并不是近期才渴望民主，这种渴望早就写在《大宪章》里了。"

大约700年前，为了应对约翰王和他的前任们可恶的税收政策，英国制定了《大宪章》。后来又正是这份《大宪章》塑造了美利坚合众国的民族心态。直到现在，它仍然是这个国家的性格中不可分割的一部分。

第八章
黑死病如何改变了欧洲的税收结构

> 这一次我要御驾亲征。由于庞大的宫廷支出和巨量的赏赉,我们的金库已不大充裕,不得不提高王家租税,用收到的款项来补充这次出征的费用。
>
> ——威廉·莎士比亚(William Shakespeare),
>
> 《理查二世》(第一幕,第四场)

中世纪的统治体系,即现在所说的封建制度,本质上是一种税收结构。站在这种结构顶端的是国王,因为他从上帝那里获得了统治的权力,所以他拥有了所有的土地,这正是他财富的主要来源。这些财富中,他把大约四分之一留给自己,把另一些给了教会,把其余的给了贵族。作为交换,贵族们向国王上缴部分农产品、收入、骑士和士兵,并在必要时效忠和服务国王。

同样的情形——用土地和保护来换取农作物、利润和劳动力——像食物链一样,也适用于底层的佃农和农奴。农奴是罗马奴隶的后代,跟他们的祖辈相比,他们的地位也好不到哪里去。农奴必须为他们的领主——骑士、男爵、教会或国王提供劳动,每周大约有一半的时间在领主的土地上劳作，其余时间则用来耕种那些分给他们的土地。每到收获季节，他们就得上缴一部分收成，而且必须在贵族的谷仓里碾磨自家的粮食。事成之后，贵族会直接拿走属于自己的份额。如果某位农奴宰杀了一只动物，则需要向领主上缴一些肉。农奴依附于土地，如果土地的所有权改变了，他们的所有权也随之改变。未经领主许可，农奴不得离开——否则，他们会被视为不法之徒。就像地位在他们之上的骑士和男爵一样，农奴的地位也是代代相传的，这就使得他们世世代代处于奴隶的地位。

所以，封建制度本质上就是一种税收结构：一种由军事力量实施的控制和统治体系。

14世纪中期，黑死病出现了。

黑死病夺去了大约5,000万人的生命，占欧洲总人口的60%。农村地区受灾尤其严重，那里有90%的人口。估算会有差异，但现今，人们普遍认为当时英格兰的人口减少了约2/3，从600万左右减少到200万。

黑死病对整个欧洲的封建制度产生了巨大影响。当时的一位编年史学家说："各种各样的仆役空前短缺。"佃农供不应求，无人管理或被遗弃的土地到处都是。佃农的工资上涨了，而地主的利润下降了。从1340年至1380年，农村劳动者的购买力上升了40%。

许多农奴发现自己没有了领主，因而获得了无须花钱去购买的自由。而为了鼓励幸存者留下来，活着的领主赋予农奴自由，甚至付钱让他们在自己的土地上干活。这样，农奴们第一次拥有了可供自己支配的钱。

但统治阶级希望通过立法来遏制这种讨厌的、向上流动的趋势。1349年，黑死病刚传入英国一年多，政府便立法通过了限制工资和物价的规定。但是，该规定并未奏效。两年后，《劳工法案》出台，规定所有工作的最高日工资——农民、马具商、裁缝、鱼贩、屠夫、酿酒商、面包师等都在此列。人们被禁止对他们的商品或劳动收取比瘟疫前更高的酬劳，如果他们违反了这条法律，将会受到烙印或监禁的惩罚。法律是由法官执行的，而法官通常就是当地的地主。1359年，政府颁布了惩罚移民的法令。1361年，政府进一步立法强化了《劳工法案》。可以说，英国政府从未以如此不得人心的方式与当地的地主结盟。但是，立法并不能阻止这一趋势。下层阶级开始穿更好的衣服，通常是和他们的上层阶级相似的衣服。同时，他们的饮食也改善了。作为回应，政府在1363年通过了一项衣食节制法，这项法令限制了人们的饮食，并详细规定了不同社会阶层的人可以穿的衣服的质量和颜色。

与此同时，英国和法国正处于被后世称为"百年战争"①的时期。1377年，理查二世②尚未成年，他的叔叔，军事指挥官冈特的约翰（John of Gaunt）③是英国政府实际的首脑。同时身为兰开斯特公爵（Duke of Lancaster），他更是英国首富。随着战争费用不断上升，约翰开始征收人头税，农民和地主都需要缴纳这种税。

贵族们支持这项税收，因为他们能从收税过程中获得提成。人头税的新奇之处在于，下层阶级用货币而不是实物来缴税——税率为每人4

---

① 百年战争（Hundred Years' War；法语：Guerre de Cent Ans），是1337年至1453年期间，发生在金雀花王朝治下的英格兰王国和瓦卢瓦王朝治下的法兰西王国之间，针对法兰西统治权的战争。百年战争中，发展出不少新战术和武器。战争胜利使法兰西完成民族统一，为日后在欧洲大陆扩张打下基础；英格兰丧失所有的法兰西领地，但也使英格兰的民族主义兴起。——译者注

② 理查二世（Richard II，1367年1月6日至1400年2月14日），金雀花王朝的最后一位英格兰国王（1377—1399年在位，1399年被废）。理查二世出生于波尔多，是黑太子爱德华最小的儿子。其父及兄长昂古莱姆的爱德华先后早于祖父爱德华三世逝世，1377年爱德华三世逝世后，由年仅10岁的理查继承英格兰国王王位，冈特的约翰摄政。——译者注

③ 冈特的约翰（John of Gaunt，1340—1399年），兰开斯特公爵、英格兰爱德华三世三子。1362年继承爵位。1367—1374年在英法百年战争中任司令官。因父王年老，约翰于1371年主持朝政。在其侄儿理查二世继位后，仍能保持其地位。1386—1388年前往西班牙索取因同卡斯蒂利亚的康斯坦丝结婚而获得的卡斯蒂利亚和莱昂王位，未获成功。1389年回国后帮助理查二世平息了与贵族之间的纠纷。1396年与凯瑟琳·斯福德结婚，其后代就是著名的博福特家族。——译者注

便士。这种情况反映了因劳动力短缺而导致的经济的巨大变化——下层阶级现在可以支配现金了。

人头税本来是一次性的,但两年后又卷土重来,因为它并没有像预期的那样增加税收收入,所以政府又一次调整了税率:按照均一税率,15岁以上的人,每人缴纳12便士(整整1个先令)。这几乎是下层阶级一个星期的工资,但富人也只缴这么多。因此,它被视为针对劳动阶级的一种税。

人们开始寻找避税的方法,许多人拒绝在政府那里登记注册。约翰在检查收益时,发现收集的税款如此之少,感到非常愤怒。他任命专员调查当地社区,试图找出那些拒绝缴税的人,治安法官托马斯·班普顿(Thomas Bampton)就是这样一位专员。

1381年5月30日,班普顿来到埃塞克斯的福宾村,召集村民开会。[52] 没想到,村民们带着弓箭和棍棒来了。班普顿说,村民必须再缴一次税,而且还要为那些没来的人缴税。面包师托马斯代表福宾村村民说,他所在的村庄已经缴纳了税款,不会再缴。于是班普顿下令把托马斯抓起来,却遭到了村民们的反抗。在随后的战斗中,班普顿的3名办事员被打死,他自己设法逃跑了。

第二天,首席大法官罗伯特·贝尔纳普(Robert Belknap)爵士带着几名士兵来到了村庄,打算行使一条简单的法令:处决那些闹事的头目。他想以此来胁迫其他人缴纳税款,结果不出意外地他也遭到了攻击,并且他的部下也被打得四散奔逃。村民们"让他对着《圣经》发誓,他再也不会举行这样的会议,也不会在这样的调查中扮演正义的角色"。

罗伯特爵士一被释放,"就仓皇赶回了家中"。

农民起义就这样开始了。

向国王吐口水的砖瓦匠

> 现在时候到了,你们可以摆脱奴役的枷锁,重获自由。①
> ——约翰·保尔(John Ball),传教士(1338—1381)

历史对这场农民起义颇有嘲讽意味,把它描绘成一场组织涣散甚至是滑稽可笑的事件。其实不然,甚至历史记载中使用本身带有贬义的"农民"一词也是不准确的。虽然起义者们被称为农民,但他们当中还包括普通劳动者、手工业者和小商人。现在,我们甚至可以称他们中的许多人为中产阶级。此外,这并不是村民们自发的起义,而是一次精心策划的行动,有着清晰的、在许多方面都相当出色的战略,其目的就是为了废除税收制度。

它几乎改变了英格兰的权力结构。

这场运动的精神领袖是一位名叫约翰·保尔的牧师,他与当权者尤其是坎特伯雷大主教发生过冲突,曾数次被逐出教会并入狱。他已经宣扬经济不公平至少20年了。当主教禁止他"在教区和教堂布道"时,保尔开始"在街道、广场和开阔的田野上演讲"。在那里,他会滔滔不绝地发表激烈的言论。保尔的布道吸引了大批群众,当时,许多编年史学家对他非常反感,其中一位说,保尔在"无知的人中间很受欢迎",他有许多听众,"他总是用甜言蜜语引诱那些人听他布道,并诽谤那些高级教士"。保尔像一位中世纪的社会主义者,宣称"除非一切都是共有的,否则英国的一切都会进展不顺"。保尔高喊:"他们穿着毛绒皮衣,我们却只能穿布衣。他们有葡萄酒、香料和上好的面包,我们却只

---

① 这段话来自约翰·保尔于1381年6月12日在布莱克希思(Blackheath)的布道,让·傅华萨(Jean Froissart)在1395年前后成书的《闻见录》中引用了这段话。——作者注

有黑麦面包和水。他们在漂亮的房子和庄园里享乐，我们却冒着风雨在田间辛苦劳作，正是我们眉宇间的汗水维持着他们高人一等的生活。我们被称为农奴，如果完不成任务，就会挨打。"①

因为征收苛捐杂税，坎特伯雷大主教本来就已经遭人唾弃，保尔的言论更使他的处境雪上加霜。于是保尔成了大主教的眼中钉，大主教下令说，要让所有听保尔布道的人都受到惩罚。事情败露后，大主教只好把保尔关进了梅德斯通城堡里。保尔对他预言道，会有两万人来解救自己。

福宾暴乱的消息很快就传开了。只要收税员一到，整个埃塞克斯郡、肯特郡、赫特福德郡和萨福克郡的人们就联合起来抵抗并殴打他们。收税员被打死后，他们的头被挂在柱子上，在附近的村庄里示众。埃塞克斯首次暴乱的一周内，肯特郡的起义者已经动员起来，占领了梅德斯通城堡并释放了保尔。

保尔的预言成真了，看得出来，这次起义是有预谋的。不仅如此，保尔一直在敦促他的追随者们从一开始就不要纳税，现在他获得了自由，说明这场起义得到了先知的庇佑：它也就合法了。

人们对肯特起义军推选的领导人知之甚少，只知道他叫沃尔特（Walter），曾在法国的军队中服役，是一个"维修屋顶的砖瓦匠，出身卑微"。为了便于收税，政府将他的身份定为"砖瓦匠沃尔特"。我们现在才知道他叫瓦特·泰勒（Wat Tyler）。

肯特起义军得到的指示是杀死"所有的律师、大法官和财政大臣"。队伍从梅德斯通开始，先后向罗彻斯特和坎特伯雷进军。他们把所有存放税务文件的建筑都烧毁了。这样，所有的档案，包括人们的名字、应缴的租金和签署的文件就都销毁了，因为律师和法律档案是他们

---

① 这段话来自约翰·保尔于1381年6月12日在布莱克希思的布道。——作者注

专门针对的对象。他们很清楚坎特伯雷大主教与人头税有所牵连，于是他们赶往大教堂，想要废黜大主教。尽管大主教当时很幸运，身在伦敦，但起义军还是宣布他被废黜。随后，起义军打开了城里的监牢，释放了所有的囚犯，试图摧毁封建制度。

第二天，起义军向伦敦进军。根据安排，他们与泰晤士河口以北的兄弟部队联合行动。来自埃塞克斯郡、赫特福德郡、萨福克郡和诺福克郡的人驻扎在麦尔安德，来自肯特郡的人驻扎在布莱克希思。托马斯·班普顿被赶出福宾还不到两个星期，这里就有了一支协调一致、整装待发、数量达几千人的军队。编年史学家托马斯·沃尔辛厄姆（Thomas Walsingham）说："有20万人聚集在一起。"虽然真实的人数只有5万，但那也不能说明这次起义是自发的。人们之所以会发动这次起义，是因为他们知道皇家军队不在伦敦，离伦敦最近的军队正在北方竭力抵抗苏格兰的入侵，而其他军队则游弋在海外。

反叛者的不满与其说是针对国王，不如说是针对那些给国王出谋划策的人。当起义的消息传到国王理查耳中时，他正在温莎。随后，他乘坐皇家游艇前往伦敦。和谈会议定于6月13日在罗瑟希德举行，那里靠近起义军的布莱克希思营地。当游艇快要抵达伦敦时，谋士们看到了庞大的军队，害怕得不敢让理查上岸。于是，又气又恼的起义军包围了伦敦。

伦敦人对起义表示同情。虽然国王理查下令关闭城门，但伦敦桥仍为南方的肯特叛军敞开，阿尔德门则被埃塞克斯叛军打开。叛乱者暴动了，他们复制了在坎特伯雷的故事，打开监狱，释放了囚徒。随后，他们当街烧毁了教堂里所有的法律文件，有组织地拆除大量建筑，杀死了许多律师，任何与税收相关的人都成为他们攻击的目标。

为了找到约翰，农民们向他所在的萨伏伊宫进军，破门而入。但是，约翰当时正在北方抵御苏格兰人的入侵，找寻未果的起义军烧毁了公爵的家具，砸碎了他贵重的金属制品，碾碎了他的珠宝。同时，他们焚毁了约翰的档案，还把他们破坏不了的东西都扔进了下水道或泰晤士河。据说，他们没偷走任何东西，因为他们自称是"真理和正义的狂热者，而不是小偷和强盗"。

在伦敦的第一天结束时，起义军聚集在伦敦塔外，而国王理查在那里惊恐地看着整座城市陷入火海。只靠城堡的守备部队和他的直接护卫——最多几百名士兵——根本无法对抗成千上万的暴徒。尽管理查手中没有军队，但他必须把暴徒赶出城去。为此，他同意第二天早上8点在城外的麦尔安德与起义军会面。

像许多中世纪的谈判一样，欺骗是当时的惯例。起义军的首领泰勒提出了农民的诉求。他们希望终止人头税，并废除农奴制和终身制——人们应该被雇用而不是被强迫去工作。此外，起义军要求政府实行自由贸易——这样他们能够随心所欲地买卖商品；将地租限制为每公顷10便士；结束经庄园法庭批准的封建罚款。而且，他们想通过特许状来保证自己享有自由人的权利和特权，所有参与起义的人得到赦免。最后，他们还列出了一份"卖国贼"的名单——那些为了征税而迫害他们的可恶法律官员们，他们希望这些官员能自首，然后被处决，名单上有坎特伯雷大主教和冈特的约翰。

由于缺乏军事力量，理查束手无策，很快就同意了上述的大部分要求，条件是起义军就地解散，返回农村。但是，他拒绝交出那些官员，只是承诺他将亲自实现任何必要的正义。与此同时，30名文职人员开始准备特许状。

拿到特许状后，许多来自赫特福德郡、东安格利亚和埃塞克斯郡的起义者认为他们的要求得到了满足，开始返回家园。然而，肯特起义军那天并没有得到特许状，他们似乎起了疑心。为了迎接理查归来，伦敦塔的大门敞开着，大约400名起义军率先到达了那里。在里面，他们发现了许多"卖国贼"——坎特伯雷大主教、西蒙·萨德伯里（Simon

Sudbury）、国王的司库罗伯特·黑尔斯（Robert Hales）爵士以及税务专员约翰·莱格（John Legge）。

起义军把他们都拖到塔山上，然后斩首。那天晚上，起义军继续在伦敦肆虐，他们找到并杀死了很多与法律体系有关的人。

第二天，泰勒和理查又见面了。这次会面的地点是在城内的史密斯菲尔德。农民的人数又一次达到了临界数量，不过比前一天少了很多。泰勒似乎被胜利冲昏了头脑，据一部编年史记载，"他骑着一匹小马，满怀信心地来到国王面前，想让老百姓看到他耀武扬威的样子"。下马时，他只是"半弯膝盖"，也没有摘下兜帽（这在国王面前是一种无礼的表现）。然后他"拉住国王的手，用力地摇他的胳膊"，称他为"兄弟"。

泰勒对理查说："你应该感到舒适和快乐，因为在未来的两周内，你将会得到比现在更多来自老百姓的赞美，而且我们将成为好搭档。"

该编年史继续写道："国王对泰勒说：'你为什么不回到自己的故乡呢？'泰勒信誓旦旦地大声回答说，他和他的伙伴们在没有得到想要的特许状之前，是不会离开的。"

泰勒要求英格兰只能有一位主教……而且（教会）所有的土地和财产都要没收，然后分给老百姓……他希望英格兰不再有佃农，不再有农奴制……所有人都应该是自由的。

理查同意了泰勒的要求，但从泰勒当时的行为来看，他似乎并不相信国王。泰勒觉得很热，便叫人拿一壶水来漱口。拿到水后，他在国王面前极其粗鲁、恶心地漱口。随后，泰勒让国王的随从拿来一壶啤酒，自己喝了一大口。之后，他当着国王的面又骑上了马。

大概就在这时，国王或他的谋士们就开始实施阴谋了。据《佚名编年史》记载："有位来自肯特郡的贴身男仆是国王的侍从之一，他要求把所谓的百姓首领泰勒指给他看。当他看到泰勒时，便大声说泰勒是全肯特郡最厉害的小偷和强盗。听了这话，泰勒想用短剑去刺杀那位仆人。但是，泰勒在国王面前的行为非常不得体，这给了身着盔甲的伦敦市长一个借口来强行逮捕他。当泰勒试图击退他时，市长在他脖子上深深地砍了一刀，随后又在他头上重重地砍了一刀。然后，国王的一位家人拔剑刺了泰勒两三下，给他造成了致命的伤害。"

泰勒试图骑马回到他的手下那里，大声地喊着让老百姓为他报仇，但他只走了几步就倒下了。他的手下拉弓射箭——这是他们最后的机会，但他们犹豫了，因为他们不太清楚到底发生了什么事。年轻的国王表现得非常镇定，骑马来到老百姓面前，大喊着他们的要求都会得到满足。随后，国王要求民众跟着他来到城外的克勒肯威尔田野，说他会在那里给他们颁发特许状。

相信国王是民众犯下的致命错误。泰勒死后，他的头被挂在柱子上，招摇过市，最后放在伦敦桥上示众。农民起义就这样被镇压了。

随后，统治者开始围捕闹事者，皇家军队横扫赫特福德郡、埃塞克斯郡和肯特郡。当军队逼近时，起义者们高高举起赦免状和特许状，但还是被残忍地杀死。实际上，特许状反而变成了死刑判决书，理查随后赦免了那些未经正当程序就处决起义军的人。村民们得到承诺，只要供出那些怂恿他们参加起义的人，就不会受到伤害。这样，被点名的人很快都被处决了，理查对他们说："你们现在是农奴，将来仍然是农奴。"他早已忘记了他许下的诺言。

统治者在考文垂找到了保尔，然后把他送去受审。保尔骄傲地站着，没有为他"不可接受的"信仰道歉，最终被判处死刑。伦敦主教推迟了死刑的执行，希望保尔能忏悔自己的叛国罪从而拯救自己的灵魂，但保尔始终没有这么做。7月15日，在第一次福宾起义爆发6个多星期后，约翰·保尔死在了绞刑架下。

对贬低农民起义的人来说，这群农民失败了。但这次起义实际上产生了深远的影响——议会不再试图限制工资；越来越多的领主开始向农奴出售自由；租赁协议逐渐替代了终身制。此后的300年里，英格兰没有再征收人头税。议会决定减少军事行动，而不是提高税收来支付百年战争的军费，亨利七世上台前的100多年里，政府一直不愿为海外军事开支而增加税收。结果，英格兰输掉了这场战争。

英国人始终厌恶人头税。600年后，反税收者再次利用这一优势将英国战后最著名的首相玛格丽特·撒切尔（Margaret Thatcher）拉下马。

农民起义是如何把撒切尔赶下台的

玛格丽特·撒切尔一直希望改革英国的地方税，也就是众所周知的税率。她觉得这些地方税已经过时了，她想让地方议会尤其是城市议会有更多的责任感，因为它们在不必要的计划上花费了太多资金。在这一点上，她是有道理的。

早在1990年，撒切尔就引入了社区税。这是一种均一税率的人头税——换言之，每个人都缴纳同样的费用（对学生和失业者给予80%的折扣）以支付当地的公共服务费用。由于各个议会提供的服务不同，收费也不同。撒切尔的初衷是，这将为地方政府支出带来更大的透明度和责任感。但是，它却严重地事与愿违。

税收带来了太多的责任纠纷。在议会开支失控的地方，居民们发现自己背负着巨额债务。人们普遍对均一费率的不公平感到愤怒，《卫报》怒吼道："威斯敏斯特公爵过去要为自己的地产支付10,255英镑的税，而他目前的人头税仅为417英镑，他的管家和常驻司机也面临同样的情形。"

执政10年后，撒切尔的支持率即使在她的支持者中也在下降。但是，对与她政见不一的敌人来说，这是一种把她拉下马的手段——他们很快将社区税改名,以1381年引发农民起义的人头税命名。撒切尔想把这个名字甩掉,但最终还是失败了。就像1381年一样,一场浩大的不缴税运动——不能缴纳,也不愿意缴纳——迅速兴起,鼓励人们抵制这项税收。由此,英国发生了很多骚乱和抗议。人们找了各种各样的方法来避税。他们没有填写选民登记册,所以议会弄不清谁住在规定的住宅里。承租人在租约到期时就直接搬走了,留下很多未缴的税收账单。事实证明,地方议会在征收税款方面无能为力,而且随着违约人数的增加,它们无力承担追缴税款的责任。反对者会通过对抗纳税义务的命令来阻止法庭程序,然后缺席因不守规定而引起的庭审,从而导致诉讼成本迅速增加。这样一来,应付的税款总额开始上升。他们确实这样做了,而地方议会在强制追缴方面的无能也越发明显,所以越来越多的人拒绝缴税,至少有1/5的人以各种理由避税。不到6个月的时间里,撒切尔就辞职了。

亨利七世的商业头脑和封建制度的终结

农民起义并没有结束英格兰的封建制度,这种嵌入式的规则系统不会在一夜之间崩塌,直到100年后亨利七世的金融改革,它才寿终正寝。

一位避免战争的统治者对国家有多大的价值?如果曾经有人讲过这方面的课程,那么讲师一定是亨利七世。亨利从1485年到1509年执政24年,他在位期间只发生过一次海外冲突。他追求海外联姻和结盟,而不是战争。他对贵族的策略性税收和立法有效地终结了贵族的权力,进而终结了封建制度本身。这些立法还确立了王权的至高无上和商业阶级的自由，为都铎王朝时期英格兰的非凡扩张奠定了基础，亨利本人也成为几个世纪以来第一位让国库拥有盈余的英国国王。

　　亨利的统治始于1485年博斯沃思战役的胜利，正是这次胜利结束了红白玫瑰战争。战后他迅速地宽恕了敌人，并与敌对家族的伊丽莎白成婚，以便把约克家族和兰开斯特家族通过都铎王朝统一起来。此后，他控制了这两个家族以及其他势力的土地。

　　亨利决心打破贵族的势力，维护王权的至高无上，并且他通过获取财富做到了这一点。税收、罚款和特赦成为亨利的主要收入来源。他制定了一种遗产税：如果一个人死后没有继承人，他们的土地就会转给国王。此外，亨利颁布了这样一条法令——任何因叛国罪入狱的人都可以不经审判而受到惩罚，要么被判死刑，要么把自己的土地上交国王。人口的减少意味着许多庄园土地的荒废，但很快亨利又颁布了一种效率税，对造成这种情况的地主处以罚款。与此同时，他非常小心地提高效率，使所有皇家土地和他获得的其他土地的收益能达到最大的效果。

　　经过英法百年战争和红白玫瑰战争，英国贵族们的实力越来越弱，几乎没有抵抗能力。除了对他们征税，亨利还通过禁止私人军队进一步削弱了他们的权力。没有军队，贵族们就无法强制征收什一税。与此同时，激增的羊毛贸易意味着圈地放羊取代了英格兰封建时期的敞田制。所谓敞田制，就是一位农奴负责一块条状土地。而现在农奴制的地位正在下降，农奴越来越少，导致领主们几乎无从收取什一税，英国开始向货币经济而不是土地经济转变。

　　为了得到盟友，亨利将目光转向了日益强大的商业阶级。亨利与勃艮第的菲利普四世签订了被后世称为"大交流条约"的贸易协议。随后，他开始对羊毛、皮革、布料和红酒征收关税。为了鼓励国内布料制造业的发展，他对未加工的羊毛征收了高额的出口关税，通常高达70%。他发展了海军和商船队——后者作为小型皇家海军的补充力量，使英国能控制自己的贸易。

在目睹了百年战争中法国大炮对英国的毁灭性打击后，亨利开始着手制造炮弹来抵御苏格兰的入侵。1496年，英国建成国内第一座高炉，它的钢铁工业就这样亮相了。

亨利的财政改革使皇室的开支从国家的收入中分离出来。他发行了新的钱币来确保本位货币的地位。度量衡制也标准化了。而且，他通过司法改革，制定了保护穷人免受不公正待遇的法规，并惩罚了不诚实的陪审团，让一套法律体系开始取代贵族们的随心所欲。

亨利的众多成就取决于他的商业头脑。他没有抵制经济变革和新技术，而是鼓励它们发展。此外，亨利没有主动发起战争，而是尽量避免。这些举措让他积累了大量的财富，就这样，封建主义消亡了。

尽管如此，他的儿子亨利八世在加冕两天后的第一件事，就是逮捕了负责为他父亲收税的两个人。理查德·爱普生（Richard Empson）爵士和埃德蒙·达德利（Edmund Dudley）被控叛国罪，如期处决。

第九章
税收如何塑造了当今的现代国家

虽然都铎时期的英格兰相对稳定，但它很快又陷入了内战，税收一如既往成了一切的核心。

17世纪初，国王的财政收入很大程度上取决于议会，议会大多由贵族组成，只有他们有能力和权力在地方层面征收各种最有意义的税收。

国王和议会之间关系的好坏对任何君主来说都至关重要，但1603年詹姆斯一世成为国王——来自斯图亚特家族的第一位国王——之后，两者之间的关系却越来越紧张。因为通货膨胀和挥霍无度，国王负债累累。最重要的是，随着欧洲三十年战争的迫近，英国很快就会需要大量的军费开支应付海外冲突。詹姆斯一世急需大笔资金，他特别关注关税和消费税，但议会出于各种原因却拒绝上交这部分收入。

国王和议会在税收问题上的紧张关系也蔓延至詹姆斯一世的儿子查理一世的统治时期。1626年，查理继位，他娶了一位天主教徒，这进一步加剧了他与议会的矛盾——议会拒绝授予他征收关税的权力。由于急需资金，查理解散了原来的议会，同时组建了一个新的议会。随后，他再次解散了议会，并在接下来的11年里再未组建新的议会。这一时期被称为"十一年暴政期"。而这一切的玄妙之处在于：虽然国王好战，但他缺钱，因此他不得不在欧洲维持和平，避免战争。

查理采取了其他方法来增加收入，例如罚款。他出售各种头衔——如果你拒绝购买，就会被罚款。当时，有一种税不需要议会批准——造船税。于是查理试图征收这种税，但造船税只应在战争时期征收。一位名叫约翰·汉普登（John Hampden）的政客拒绝缴纳造船税，结果他于1637年受审。虽然他输了官司，但是这次审判却让他声名鹊起，让国家开始思考税收和议会代表之间的关系。汉普登说："英国国王无权要求的东西，英国臣民有权拒绝。"

1639年苏格兰人入侵英格兰时，查理不得不重新组建议会，以便筹集资金来击退外敌。议会给了他资金，但前提是他必须处决他的高级顾问。但查理认为他的权威来自上帝，而如今议会竟敢追究他的责任？于是他试图逮捕5位批评他的人，其中一位就是拒绝缴纳造船税的约翰·汉普登。

内战很快就爆发了，这场内战实际上就是一系列持续多年的武装冲突，通常分为三场战争。在第二场战争之后，苏格兰人将查理一世交给了英格兰人——作为交换，他们得到了10万英镑。

国王接受审判，这本身就是一个先例。查理坚持认为审判是非法的，他的权威是上帝赐予的，没有任何法庭对君主有审判权。起诉律师约翰·库克（John Cooke）是一名副检察长，他不顾无数死亡威胁，提出了自己的指控。他认为，查理利用自己的权力追求个人利益，而不是国家的利益。因此，查理犯了叛国罪，国王被"委以有限的权力，根据国法而不是其他事物来治理国家"。

查理一世被判有罪并被判处死刑[①]，于1649年1月30日下午2点被处决。就在那一记斩断他脑袋的重击下，君权神授就此终结。现在国王和

[①] 查理一世（Charles I，1600年11月19日至1649年1月30日），又译查尔斯一世。斯图亚特王朝的第十位苏格兰国王、第二位英格兰及爱尔兰国王（1625年3月27日至1649年1月30日在位）。——译者注

其他人一样都要遵守法律。而这次的事件，让议会对税收的控制成为可能。

查理的儿子查理二世①短暂继承了王位。议会军在伍斯特战役中取得胜利后，查理二世于1651年逃离了英国。英国内战结束时，大约30万人——占总人口的6%——死于这场冲突。

英格兰进入清教军事领袖奥利弗·克伦威尔（Oliver Cromwell）摄政的时期。克伦威尔的年薪高达10万英镑，与英格兰为查理一世支付给苏格兰人的赎金相同。摄政政体并没有持续多久。1658年克伦威尔去世时，他的儿子理查无法维持在军中的威信，不久便放弃了权力。随之而来的权力真空实际上意味着君主制的复辟，查理二世——被称为"快活王"——成为国王。在经历了这么多年的清教徒压迫后，他似乎正是这个国家所需要的人选。除此之外，克伦威尔曾经关闭剧院，取消了圣诞节，查理二世则恢复了两者，并首次允许女性登上舞台。

查理二世被称为"快活王"的确名副其实。他和7个情妇至少生了12个孩子。然而，这些孩子都是不合法的。因此，当他在1685年说"很抱歉，先生们，我快要死了"时，合法的继承人是他那个不怎么活泼的弟弟詹姆斯二世。

詹姆斯二世皈依了罗马天主教，以新教徒为主的议会不信任新国王，人们怀疑詹姆斯二世是亲法国和亲天主教的，并怀疑他企图在英国恢复君主专制。当詹姆斯二世有了继承人后，议会迅速采取行动消除了隐患——他们与荷兰国王奥兰治的威廉结盟，废黜了麻烦不断的新国王。

詹姆斯二世很快就被打败，议会随后邀请威廉和他的妻子玛丽（也

---

① 查理二世（Charles II，1630年5月29日至1685年2月6日），斯图亚特王朝第三位苏格兰国王（1650年至1685年2月6日在位）、复辟后的首位英格兰及爱尔兰国王（1661年4月至1685年2月6日在位）。——译者注

是詹姆斯的女儿，合法的王位继承人）成为联合君主——条件是他们同意《权利法案》，其中规定，如果他们想征税，必须获得议会的同意。这实际上是议会正在执行它已经争取到的权利，通过剥夺国王的征税能力限制了国王的权力。《权利法案》还规定了定期议会、自由选举和议会的言论自由，保障了公民的基本权利，对个人的生命、自由和财产给予了更多的法律保护。

这就是"光荣革命"。

英国的权力结构发生了变化。现在，"没有议会的同意，英国君主不能支配或增加税收"已经成为法律，至今仍然如此。税收是国王的财产，但只有议会才能确定税收在何处以及以何种方式征收和使用。这给英国留下了一个匪夷所思的时代错误——虽然税收属于国王，但负责征税的机构，英国税务海关总署（HMRC），女王陛下的税收和海关，直接向议会负责。

拒绝向查理一世缴纳造船税的政客约翰·汉普登的雕像如今矗立在威斯敏斯特大厦的大厅里，这里是上议院和下议院集会的地方。他的雕像是议会权力的象征和捍卫者。在英国国会开幕大典上，议员们每年都会纪念查理一世曾试图逮捕的5名议员——约翰·汉普登、阿瑟·哈塞里格（Arthur Haselrig）、登齐尔·霍勒斯（Denzil Holles）、约翰·皮姆（John Pym）和威廉·斯特罗德（William Strode）。下议院会议厅的门当着国王信使的面砰然关上，象征着议会的权力和它脱离王权的独立，为税收而战的英国内战，奠定了英国现在的政治体系。

美国：只征税却不给参政代表权就是暴政

约翰·汉普登反对查理一世的理由成为美国革命者的口号。他们的战斗口号至今仍在回响："无代表不纳税。"在该口号的指引下，13个州奋起反抗英国领主的税收。他们的胜利导致了地球上最强大的国家之一——美利坚合众国的成立。

然而，具有讽刺意味的是，美国人并没有达成像《权利法案》那样糟糕的协议。殖民者有英国的军事保护。英国增加的税收大部分都用在了美国，美国用这些税收取得的军事胜利消除了法国军队的威胁并开辟了西部边境。美国的土地很肥沃，商业很发达。欧洲的等级性社会阶层结构束缚了许多人，而美国人摆脱了这种结构，他们的子孙不能被征召到与自己生活无关的偏远地区去打仗。所以起义并不是由征税的数量而是由征税的方式引起的。美国从革命中获得的关于税收的教训是：如果立法时对形势产生了误判，则必然会带来危险。

英国面临的困境似乎都始于海外冲突。1756年至1763年的七年战争虽然发生在欧洲国家之间，但跨越了五大洲，使得英国债台高筑。于是英国人不无道理地认为，他们的美国同胞应该承担将法国人赶出美国的部分费用。1764年，英国开始对糖征税（大部分税收来自关税和消费税，通常是为了保护英国商人）。

后来的美国总统约翰·亚当斯①说，《食糖法》征收了"巨额的、沉重的、压迫性的、毁灭性的、无法忍受的税款"，但新英格兰的6个州最难过，因为他们的商人受到的打击最大。其他州基本上安然无恙。但是，第二年的税收政策激怒了所有的州，让它们以一种前所未有的方式团结在一起。

英国国内也存在一些问题。1765年的暴动导致消费税的征收者遭到

---

① 约翰·亚当斯（John Adams，1735年10月30日至1826年7月4日），美国第一任副总统（1789—1797年），其后接替乔治·华盛顿成为美国第二任总统（1797—1801年），同时亚当斯也是第一位由总检察长带领宣誓的美国总统。约翰·亚当斯是《独立宣言》起草委员会的五个成员之一，被誉为"美国独立的巨人"。——译者注

围攻，同时，英国还面临着向海外寻求收入的巨大压力。首相乔治·格伦维尔（George Grenville）询问议会，国王是否有权向殖民地征税，议会给出了肯定的答复。于是为了筹集资金来安置在殖民地的军队，英国政府征收了一项新的印花税。

印花税意味着印花税票必须从政府官员那里购买，并粘贴在报纸、扑克牌、法律文件、地契、营业执照、文凭和其他类似文件上。只有这样，那些文件才算是合法的。虽然印花税在欧洲很普遍，在殖民地并不常见，这激起了众怒。殖民者判定，这种直接税是违宪的，是对《大宪章》所载权利的背叛，如果想要实施这些规定，殖民地至少应该在议会中享有代表权。一个以本杰明·富兰克林（Benjamin Franklin）为首的代表团前往英国，请求废除印花税法案。尽管富兰克林警告说，就在两年前美国对英国的态度还是"世界上最好的"，目前却发生了"很大的转变"，但代表团的这次请愿并没有成功。

镇民大会、演讲甚至暴乱开始在美国轮番上演，一场被称为"自由之子"的政治运动迅速兴起，使用恐吓和暴力手段来阻碍印花税票的发行。收税员受到各种骚扰，他们的肖像被烧毁。全国各地都在抵制英国制造的商品，进口额越来越少。因此，英国商人也开始反对印花税，他们的影响力如此之大，以至于印花税随着1766年《宣示法案》的颁布而被废除。

欢庆随之而来，但转瞬即逝。《宣示法案》带有一个附件，用来安抚那些想要惩罚殖民地鲁莽行为的议员们。该附件申明，议会"在任何情况下……都有充分的权力和权威来制定拥有足够效力和生命力的法律法规，用以约束殖民地和美国人民"。这意味着，如果议会愿意，它就有权征税，而殖民地不能反对议会的任何法律。议会想要绝对的权力，这就不难理解为什么现在已经联合起来的殖民者们感到不满，也不难理解为什么未经同意就征税会违背他们的意志。

英国财政大臣查尔斯·汤森（Charles Townshend）为了减少国内的土地税，对来自英国的物品——纸张、玻璃、油漆、铅和茶叶征收了新的关税。殖民者很快意识到这个法案不是为了规范贸易，而是为了增加收入，本质上，它和直接印花税一样糟糕。更糟糕的是，这些关税已经开始征收了。官员们"把每个贸易商人都当作骗子"，任何违反法律的行为都意味着整艘船以及船上的货物，甚至普通海员的私人箱子都会被扣押，向告密者支付报酬占到了没收财产的1/3——形成了一种偏执、不信任，偶尔还有错误信息的文化。而军队（主要是为其征税）对帮助和保护征收税款的官员并没有起到任何作用。

富兰克林写了一篇生动的讽刺文章来说明英国的税收是多么的离谱。他把这篇文章称为《把一个大帝国缩小为一个小帝国的规则》。第十一条规则写道："为了使你的税收更令人讨厌，更容易招致抵制，从首都派一个官员委员会来监督征收，这个委员会由你能找到的最轻率、最没教养、最傲慢的人组成……如果有任何税务官员受到指控，说他们对民众不够仁慈，那就抛弃他们；如果有人因秉公执法而遭到投诉，则提拔他们……"第十五条规则则说："把勇敢、诚实的海军士兵变成海关的皮条客和殖民地官员……用武装船只搜查你的殖民地海岸中所有的海湾、港湾、河流、小溪和角落；叫停并扣留每一艘商船、每一艘木船以及每一个渔夫；把他们的货物，甚至压舱物从里到外、从上到下地翻一遍；但凡发现哪怕一分钱的别针没有报关，那就把整条船都查封并没收。"

《驻营法案》要求殖民者为英国军队提供食物和住所，进一步加剧了紧张局势。在英国，如果房主反对，那么军队是不允许驻扎在私人住宅里的。为什么规则在美国就不一样了呢？殖民者感到他们的权利和自由被侵犯了，他们地位平等，不隶属于英国人。

美国民众再次抵制英国商品，致使贸易大幅下滑。但自由之子继续他们的恐怖政策，波士顿是局势最紧张的地方，一场暴乱导致了臭名昭著的波士顿惨案①：英国士兵在受到攻击时向暴徒开枪，造成5人死亡。在随后的调查和审判中，双方对事件的报道大相径庭，并促成了一场重大的舆论战。约翰·亚当斯写道："美国独立的基础在那一天就已经奠定了。"

经济困难和商人请愿意味着英国在1770年废除了汤森的关税。然而，作为一种象征性的姿态，政府保留了一小部分茶叶税。尽管这种妥协缓和了紧张局势，但茶这种英国人最喜欢的饮料，最终成为了革命的导火索。

到1773年，美国商人已经抵制英国茶叶达5年之久。殖民地饮用的茶叶90%来自荷兰，都是走私来的。荷兰茶叶比英国的更便宜，而且喝荷兰茶可以避免令人厌恶的英国关税。但是，英国的东印度公司由此陷入了困境。为了支持它，议会通过了《茶叶法案》并授予该公司垄断英国茶叶市场的权力。更重要的是，该法案允许东印度公司直接向殖民地销售商品而无须缴税。这意味着英国的茶叶可以卖得比荷兰的更便宜且殖民地商人被完全排除在这些权利之外。

这对美国商人的商业收入产生了严重的影响，于是有一些美国商人伪装成印第安人，登上英国船只，把他们的茶叶扔进港口。但这种做法并未得到美国批发市场的认可，显然这是对私人财产权的严重侵犯。许多人，包括本杰明·富兰克林在内，都认为应该把全部赔款归还给茶叶的所有者。而英国人的反应则是通过了一系列强制法案来重建统治权。于是，城镇集会被禁止了，众议院的权力也受到了限制。同时，波士顿

---

① 波士顿惨案是1770年3月英国殖民当局屠杀北美殖民地波士顿民众的流血事件，5名殖民地民众被英国军队杀死，由于殖民地民众的奋起反抗，导致事件恶化，该事件与印花税条例、唐森德税法、波士顿倾茶事件是引发美国独立战争的导火索。——译者注

港被关闭，直到东印度公司得到赔偿（从未赔偿）为止。

然而，这些只会让事态进一步恶化。

1775年，全面战争终于爆发。爱国者对抗英国人，而法国人、西班牙人和荷兰人都加入了爱国者的队伍。战斗持续了6年，4800公里外的军队后勤保障对英国人来说实在是太难了，最终爱国者队取得了胜利。英国人继续保有加拿大这块殖民地，西班牙占据了佛罗里达，美国则占领了这两者之间的所有领土，西至密西西比河。

具有讽刺意味的是，与美国现在面临的债务相比，英国的税收微不足道。成千上万的人失去了他们的生命，许多幸存下来的人面临破产的困境，那些忠于英国的殖民者中有20%的人失去了他们的财产，然后逃离了美国，要么向北逃到加拿大，要么向南逃往巴哈马。现在，美国必须偿还战争债务。在独立战争期间，统治美国的大陆会议无力支付士兵的工资，也无力支付战争债务的利息，更别说本金了。为了支付战争费用而大肆印制的货币遭遇了恶性通货膨胀（我们由此得出了"一文不值"的说法）。

英国人似乎吸取了教训。议会轻描淡写地说"英国议会的税收"引起了极大的不安和混乱。因此，1778年，乔治三世国王批准了一项新法案，宣布英国将"不会为了增加收入而在任何殖民地征收关税、税收或强行评税"。从那时起，地方当局在征收新税之前必须征得他们的同意。爱国者们不仅为自己赢得了战争的胜利，而且在某种程度上也为大英帝国的所有殖民地赢得了胜利，直到第二次世界大战后大英帝国最终灭亡。

美国诞生了，原因就是大英帝国税收立法的考虑不周，结果造就了一个建立在低税收基础上的国家。

法国：自由、平等、博爱

路易十四统治法国72年，是欧洲历史上在位时间最长的君主。1715年，当他临终时，路易十四对他的继承人说："我树立了一个坏榜样，你不要学我。我常常过于轻率地发动战争，而维持战争是为了虚荣。不要效仿我，你应该做一个和平的君主。你可以把自己的主要精力用于减轻臣民的负担吗？"

然而，正是路易十四让自己国家的财政处于危险的境地。

在短时间内，路易十四的建议似乎得到了重视。但是，紧接着就是一场又一场的战争。18世纪40年代发生了奥地利王位继承战争，随后发生了七年战争，法国在北美的殖民地被英国占领，法国的海军也被摧毁。此后即位的路易十六决定支持美国独立战争中的殖民军，这场战争耗资数百万，并牺牲了至少1万名法国士兵的生命。

法国似乎永远被挥霍无度、穷兵黩武的国王所困扰，他们把无法偿还的国家债务强加给自己的国民。数十年"先战后偿"的政策以及统治阶级脱离现实的腐化堕落，意味着偿还这些债务机会渺茫。不断增加的国债必然会以这样或那样的方式导致更高的税收。

历史学家们无休止地讨论法国大革命发生的原因，但你要是把这些原因归结为一个词，那就是"税收"。税费实在是太多、太高了，而且它们前后矛盾，有失公允，更无法为法国精英阶层的所有消费习惯埋单。法国应该支持因不公平的税收而发生的美国革命，而法国自己的体制——充斥着腐败、无能和矛盾——给自己也带来了革命，这是多么具有讽刺意味的事啊。如果有一个税收故事充满了寓意，那就是法国大革命。

法国是欧洲税收最高的国家之一——它不像英国有遍布全球的贸易，也没有早期工业革命带来的生产率增长作为补偿。

法国的税收包括根据每个家庭拥有的土地数量来征收的土地税、人头税以及廿一税①，这是一种"缓解"国家赤字的一次性税收。除此之外，农民还必须向他们的教会缴纳什一税，同时缴纳封建领主的各种苛捐杂税。由于封建制度仍然存在，农民无法增加他们的财产，而且不能享有土地所有者的全部权利。另外，法国还有消费税和名为"入市税"的关税。由于法国政府难以阻止沿海地区的走私活动，这些关税大多在城市入口处进行征收。这种做法对普通民众的影响更大。政府在巴黎市内建了一堵墙，用来征收入市税并防止偷税漏税。当革命到来时，那堵墙是最先倒塌的建筑之一。

盐税或者叫"盐务税"，是所有税收中最令人讨厌的一种。有些人得到豁免，而另一些人则发现他们缴纳的盐税是盐的实际价格的10倍。家家户户不得不购买最低数量的盐，而且通常以人为抬高的价格成交。虽然这些最低数量被认为是一个家庭的平均需求量，但实际上，所谓的家庭平均需求量远大于实际最低的数量。然而，法律规定，盐不能赠送，也不能从上一年延续到下一年，所以第二年每个人都必须购买更多的盐。如果有人想用盐来保存鱼或肉，他们必须获得"盐仓"——官方盐库的书面许可，并缴纳额外的税费。于是为了避税，很多人干脆不吃干鱼和腌肉。

在17和18世纪的不同时期，法国对所有的流通物品都征税，包括食物、酒水和烟草。你可以想象这些物品在法国有多受欢迎。政府一度对葡萄酒征收5种税：对种植、收获、生产、运输和销售等5个环节分别征税。不愧是法国！农民喝不起葡萄酒，只好改喝苹果酒。

法国的大部分税收都被承包给了税收包办人（法语称为"税收承包人"）。出于对工作的热情，他们经常使用威胁恐吓等手段来完成任

---

① 中世纪晚期法国领主对农民征收的一种捐税。税率占农民全部收入的5%，即1/20，故名"廿一税"。——译者注

务。他们高效地将国家划分为多个地区并形成了拥有自己债券体系的大型全国性公司,政府后来利用这些债券来清偿债务。包税的利润极其丰厚,一位名叫安托万·克罗萨特(Antoine Crozat)的包办人变得非常富有,他甚至把法属路易斯安那州整个州算在他的资产中。

收税的地方官员将钱转交财务接收员,财务接收员将钱转交给总务接收员,总务接收员再将钱转交给皇家国库。你可以猜到这一路上发生了什么。当时的会计知识是如此落后,以至于皇家国库没有办法确定他们收到的金额是否正确,也不知道有多少资金被挪用了。有一个故事说,国王问他的谋士,为什么国库的收入如此之少。答案是:一位贵族拿了一块冰,让它通过桌子上所有人的手传给国王,等它到达国王手中时早已融化,什么都没了。

为了执行这些规定,并打击猖獗的走私,政府进行了广泛而严格的监视,未经事先通知,调查人员就可以进行家庭搜查。他们经常采取恐吓手段来达到目的。伏尔泰(Voltaire)描述了盐税争端之后发生在他庄园里的一幕:"包税人的宪兵们……每50人一组在街上行进检查,他们拦下所有的车辆,搜查所有人的口袋,闯入所有居民的房屋,以国王的名义破坏一切,迫使农民用钱来收买他们。"

尽管要缴纳这么多的税费,但普通人在政府中没有席位。唯一能让自己的声音被听到的方法就是起义,这也是他们经常干的事。但是,如果波尔多的酿酒师起义并强行降低税收,只有他们自己能看到好处。那么,勃艮第的酿酒师们必须通过自己的反抗来达到同样的目的。没有单一的、孤立的财政政策,似乎正是这些政策的前后矛盾以及它们所造成的不公正,让民众愤怒的程度不亚于税收本身。

有两个阶层的人几乎避免了大多数税收——教会和贵族。教会可以选择每5年自愿捐献一次,名为"赠送",但这既无人监管也不会强制。贵族作为军事精英,显然可以用服役和鲜血来偿还他们的债务。由于这种豁免，一种新的生意随之出现，人们开始购买贵族称号、政府机关和其他有影响力的免税职位。这种做法当然只会增加矛盾，出售政府机关职位成了一场臭名昭著的骗局，以至于美国的开国元勋们在他们的宪法中加入两项条款，以确保这种事情不会在美国发生。

改革体制的每一次尝试都遭到了贵族阶层的反对。例如，1750年的土地税改革计划取消了教会土地、贵族土地和某些省份的免税特权。但是，迫于贵族的压力，国王不仅否决了这个计划，而且罢免了提出这个计划的大臣。这个土地税最终被称为"农民税"，因为其他人都找到了逃避它的方法。

然而，中下层阶级越来越意识到他们的不妙处境。多亏了启蒙运动的哲学家们，像自由、博爱和平等这样的无政府主义观念变得越来越普及。还有一种异端观点认为，君主制实际上是无能的，并不是神的授权。

美国的一场革命已经传来消息，在这场革命中，美国人要求政府用代表权来换取税收。这部共27卷的《百科全书》已经广泛发行，其中都是革命性的科学和哲学思想，其明确的目标是"改变人们的思维方式"。当时主流思想家的贡献包括："在税收问题上，每一种特权都是不公正的"（伏尔泰）；"只拥有基本生活必需品的人，应该什么税都不用缴"（卢梭）；"它（法国的税收制度）使穷人变成乞丐，使劳动者变成游手好闲的人，使不幸的人变成恶棍"（雷纳尔）。法国那些重税缠身的资产阶级越来越痛恨自己被排除在政治权力、荣誉地位和特权之外。资产阶级对荒淫无度的国王、轻浮而冷漠的统治阶级、过时的政府体制越来越失望，也同样对政府无能的改革以及无能且弊端丛生的"矛盾的、武断的、拜占庭式的"税收体系感到沮丧。

1787年2月，法国的财政状况变得非常糟糕，财政总监查尔斯·亚历山大·德·卡隆（Charles Alexandre de Calonne）不得不召集了一次

"显贵"会议。会上他提议改革，旨在通过增加特权阶级的税收来消除预算赤字。免税阶级还是不肯让步，所以改革又被推迟了。1788年，整个法国粮食歉收，作物减产，粮食价格上涨，这些情况使本已风雨飘摇的社会变得更加动荡不安。

最后，社会上的三个阶层——神职人员（第一等级）、贵族（第二等级）和其他阶层（第三等级）——被政府召集起来参加三级会议，希望能解决这个问题。在这次会议开始之前，法国到处流传着讨论如何重建国家的小册子。第三等级准备了一份民怨清单，其中最主要的抱怨集中在税收方面。

1789年5月5日，三级会议在凡尔赛召开但与会人员却无法就如何投票达成一致。苦于会议没有取得任何进展，第三等级的代表宣称自己为国民议会，并发誓在法国拥有新宪法之前不会解散。国王做出了让步，最终成立了国民制宪议会。

然而，国王转过头就开始召集军队解散这个新的议会。一时间，贵族阴谋打倒第三等级的传言传遍了各省，已经足以激起叛乱。1789年7月14日，巴黎民众攻占了巴士底狱这座位于巴黎市中心、象征着皇室暴政的堡垒。而在全国范围内，饥饿和愤怒的农民也起来反抗他们的领主。

第三等级的国民制宪议会宣布废除封建制度和什一税。随后，它提出了《人权宣言》，宣告了自由、平等、财产不可侵犯和反抗压迫的权利。该宣言指出：税费应该根据公民的支付能力平均分配；所有公民都有权要求政府向他们证明征税的必要性，有权自由决定是否同意征税，有权监督税收的使用以及有权决定征税的比例、依据、征收方式和期限；社会有权追究政府每一个公职人员的责任。

国王拒绝批准这份宣言，巴黎人再次奋起，于10月5日向凡尔赛进军。剩下的，正如他们所说，就是历史了。

胜利的革命者首先采取的措施之一就是废除包税制，不仅国王被处死，大量的税收包办人也被砍杀。君主失去了征税的权利，这个任务现在落到了代表人民的议会的肩上。关于贵族，神职人员、省、市和公司的所有法令，税收特权都被废除，以前的税制成为历史。

但新政府急需税收资金，它曾谴责盐税，但随后又要求所有人缴纳盐税，直到它能想出更好的办法来缓解资金压力。然而，这一提案被无视了。新政府又试图要求每个人捐出收入的25%——实际上是一种所得税——但再次被无视。由于急需资金来偿还公共债务，新政府没收了天主教会的土地——占了法国土地的1/3，然后用土地作为债券的担保，也就是所谓的"纸券"来偿还给债权人。纸券持有者可以用纸券换回被没收的土地，也可以将其出售。在一个缺钱的国家，这些债券本身就成了一种法定货币。但是政府发行了越来越多的债券，而现有的债券即使已经被用来赎回土地，却没有被销毁。这种情况下，人们很快就失去了对纸券的信任，接着就是恶性通货膨胀的到来，1797年，该货币体系终于崩溃了。

这个国家迫切需要一位领导人来给他们指明方向，那个人就是军事将领拿破仑。当他骑马穿过巴黎时，人群呼喊着："Plus d'impôts, à bas des riches, à bas la république, vive l'empéreur"，意思是："不再征税，打倒富豪，打倒共和国，皇帝万岁！"

拿破仑无法停止征税，但在马丁-米歇尔-查理·戈丹（Martin-Michel-Charles Gaudin）、弗朗索瓦-巴贝-马霸（François Barbé-Marbois）和尼古拉斯·弗朗索瓦-莫利安（Nicolas François-Mollien）这三个人的帮助下，他把税收改革带到了法国，创建了几个新的公共机构：财政部、国库以及1800年的法兰西银行。

为了解决税收包办人的问题，拿破仑组建了一个专业部门，其职员的唯一工作就是收税，且他们的收入是固定的。为了调动民众缴税的积极性，他承诺以第一个全额缴税的地区来命名巴黎最美丽的广场，孚日广场因此得名。

拿破仑尝试了许多新的税种，有些成功了，有些失败，最终剩下的税种包括土地税、年租金10%的商业税和各种执照税。他每年从工人和农民那里拿走三天的工资，并对酒、扑克牌、马车、盐、烟草和门窗都征税。

拿破仑密切监控各部门的支出，确保预算保持平衡。政府也从未让货币贬值，因此，人民的生活成本也随之稳定下来。新的债务得以避免——拿破仑不喜欢高利率——国债被消除了。70多年来，政府首次实现了收支平衡。总而言之，法国的税收变得更低、更公平、更高效。

但是，法国人没有筹到足够的钱来支持拿破仑的军事冒险。为了解决这个问题，拿破仑依靠的是征服：他先是劫掠，然后征税。他坚信意大利北部非常富有，于是他加重了那里的税负并根据他高效的新收税系统，给那里增加了新的税种——消费税、执照税以及入市税。在被征服的领土上，这种做法当然无法获得当地民众的好感，自然也就意味着拿破仑对这些领土的控制无法长久，他对军事胜利的依赖也使他变得脆弱——他无法忍受失败，所以滑铁卢不可避免，只是迟早的问题。

虽然法国的政治体制发生了许多变化，但法国人对税收的反感持续了100多年。所得税在英国和其他地方行得通，但在法国不行，它被提出和讨论过多次，法国人始终无法接受对私有财产的调查以及累进税率的不平等。他们接受任何税收都必须遵循一定的原则——税收必须针对物而不是人；土地或商业收入的税收必须根据在一段时间内某一特定地产或业务的典型收入来估算，而不是精确计算；民众不申报收入也不会受到惩罚，因为政府会用假定收入来替代，从而确定征税标准。这是一个由小企业主、制造商和贸易商组成的国家的税收制度，收税人和纳税人之间只需要最低限度的接触即可。相对于自由而言，税收是次要的。

因此，法国人的税收负担从未超过12%，法国社会进入了繁荣期。

在美国内战结束后，法国赠送给美国一座巨大的雕像——一个穿着长袍的女人，代表着罗马自由女神。她将一支火炬举过头顶——象征着光明、清晰和真理的灯塔——左手拿着一块刻有美国《独立宣言》日期的石板，脚边有一根断了的铁链。如今，自由女神像已经成为美国自由和反抗暴政的象征——调查所得税被法国人和美国人都视为敌对行为，是对自由的侮辱。

第一次世界大战改变了这一切。战争结束时，法国人的所得税申报表就像英国人的各种税率表一样复杂而烦人。法国目前的政府支出占GDP的56%，是世界上税负最重的国家之一，于是身穿黄色马甲的法国人又开始暴动了。

当英国政府偷了11天

在英国，纳税年度从4月6日开始到次年4月5日结束。有没有想过为什么？

直到1752年，英格兰的新年才在隆冬时节的1月1日开始。此前，年与季节同步，始于春分（昼夜等长）前后的3月25日——这一天也是圣母领报节。

英国使用的是儒略历，之所以这样命名是因为它是在尤利乌斯·恺撒统治下形成的。圣母领报节是四大季度日之一，另外三个分别是仲夏节（6月24日）、米迦勒节（9月29日）和圣诞节。季度日是很重要的日子，因为这一天要付租、交账、雇佣和开学，这一传统可以一直追溯到中世纪。

由于圣母领报节处于耕作和收获之间，因此它成为农民和地主签订长期合同的日子。在圣母领报节那天，农民经常从旧农场赶往新农场，那天也是财政年度和合同年度的第一天。

1582年，教皇格里高利十三世颁布了更精确的格里高利历，以法国为首的欧洲开始采用它。苏格兰当时既独立又信奉天主教，也于1600年改弦更张。然而，信奉新教的英格兰并没有接受这种天主教的创新，而是故步自封。

最终，在1751年，为了解决日益严重的"双重日期"问题（人们使用不同的日历）并与苏格兰和欧洲其他国家保持一致，英国议会通过了日历法案。此后，英国从儒略历转为格里高利历，1月1日随之成为新年的第一天。

虽然1751年已经是很短的一年，只从3月运行到12月就结束了，但英格兰仍然需要修正11天以使两种日历变得同步起来。经议会讨论决定，1752年9月2日（星期三）之后的日期为9月14日（星期四）。就这样，英格兰"失去"了11天。

然而，在3月25日圣母领报节那天，民众还是要缴纳税款和其他费用。收税员想要全部的数额，而民众想要为他们失去的11天得到一些补偿。他们叫喊着："还给我们11天时间！"这种矛盾甚至引发了一些暴乱。

政府为了解决这个问题，将财政年度的开始时间延后11天，至4月6日。直到今天，它仍然是纳税年度的开始日期。

第十章
战争、债务、通货膨胀、饥荒和所得税

威廉·格莱斯顿（William Gladstone）将"所得税"称为"财政的巨大引擎"，对近代史的影响可能超过了以往任何一项立法。

被称为"打败了拿破仑的税种"的所得税在第一次世界大战中也发挥了重要作用，并且资助美国对第二次世界大战作出了重大贡献，从而为盟军赢得了这场战争。现在，它还是世界上所有福利国家中关键的资金组成部分。

没有所得税，我们就不可能拥有现在的公共教育、福利、医疗和养老金体系。

在美国，65%的政府收入来自所得税；[1]在德国，情况也是如此；[2]在英国，这个比例是47%。[3]所得税使当今大多数发达国家赖以生存的

---

[1] 哈丁（Harding）、布拉德伯里（Bradbury）和拉赫特特（Lahittete）。这些计算包括基于收入的所得税和社会保险税——例如，美国的工资税和英国的国民保险。虽然雇主会支付部分工资税，但真正的税收负担实际上落在了雇员身上。详见网站Taxfoundation.org，《什么是工资税以及它们由谁缴纳？》。——作者注

[2] 哈丁、布拉德伯里和拉赫特特。德国的社会保险税特别高，达到39%。——作者注

[3] 出处同前，罗安萃（Roantree）和米勒（Miller）也曾提到这一数据。——作者注

大国社会民主模式成为可能，正是因为有了所得税，社会才会被设计成现在这个样子。

人们普遍认为，英国首相小威廉·皮特（William Pitt the Younger）①是将所得税带到我们世界的人，他于1799年将所得税引入英国。但是，在他之前，世界上就有过很多这样的例子。荷兰共和国曾在1674年和1715年尝试过。法国人在革命后的1793年也试图引入它，而荷兰人在1796年再次引入。

还有一个例子，比皮特早了大约400年。在1404年1月的议会上，亨利四世获准征收一种一次性的所得税，条件是这种税不应成为先例。为了不让后人知道，国库或财政部中没有保存任何证据，所有档案都被烧毁了。当时的编年史学家托马斯·沃尔辛厄姆在他的《圣公会史》中称，这种税收"令人烦恼且负担沉重"，但并没有多说。虽然他知道细节，但他没有提到筹集的金额，也没有提到如何估税。他说："我本想把这些细节写入著作中，但议会希望永远保密。"如今，尽管我们有巨大的想象空间，但永远也不会知道真正的原因了。

实际上，即使是1404年这个鲜为人知的税种，也不是历史上第一个所得税。如我们所见，所得税的起源可以一直追溯到古代美索不达米亚和什一税。

---

① 小威廉·皮特（William Pitt the Younger，1759年5月28日至1806年1月23日），活跃在18世纪晚期、19世纪早期的英国政治家。1783年，他任首相，时年24岁，是英国历史上最年轻的首相。1801年，他辞去首相一职，但在1804年，他再次出任首相，却在1806年任内去世。担任首相期间，他同时兼任财政大臣。民众为了将他和他的父亲老威廉·皮特区分开来，通常会在他的名字后面加上"小"（the Younger）。1766年，因父亲获封伯爵，他获得了"The Hon"的前序。——译者注

打败了拿破仑的税种

> 英格兰在反对拿破仑和反对希特勒的战争中都提高了人均税收,但在前者中提高的幅度更大。
>
> ——安德鲁·兰伯特(Andrew Lambert),历史学家(2005)[①]

1783年,威廉·皮特就任英国首相时,英国政府的年税收收入约为1,300万英镑,国债为2.34亿英镑,债务利息为800万英镑。

10年后,英国与法国的战争爆发了,事态开始恶化。皮特在意识形态上反对法国的大革命运动,他担心叛乱会蔓延到英国,所以下定决心要避免这种情况。为了支持其他反对革命的欧洲君主,皮特向欧洲大陆投入了大量资金,这些资金被称为"圣乔治黄金骑兵",因为皮特寄来的金币上刻着圣乔治的图像。

在1793年到1798年的5年间,皮特所有的国家支出几乎都来自贷款。到1798年时,国家债务已达4.13亿英镑,每年应付的利息也增加了一倍多。银行家内森·梅耶·罗斯柴尔德(Nathan Mayer Rothschild)就是借钱给英国的人之一,他后来成为世界首富。

情况危急。

英格兰银行最初按季度用黄金和白银支付利息。但是,随着利息的增加,银行开始使用纸币来支付,随后发行了越来越多的小面额纸币。托马斯·潘恩(Thomas Paine)说:"如果受到考验,银行连半便士的钱都掏不出来……整个资金系统就悬在这根细枝上。"贵金属作为金块的价值超过了其作为货币的面值,因此,许多人开始熔化硬币并将金块出口到欧洲大陆。英格兰银行意识到自己的金银储备即将耗尽,于是找

[①] 《国家地理》,第208卷,第4至6期,第60页。——作者注

到皮特，要求他通过一项法案，使其不再需要用金银兑换纸币。这样一来，英国的货币变得不可兑换，实际上放弃了金本位制。

结果，在整个战争过程中，通货膨胀以"英国公民生活中前所未有的速度"表现出来。面包、肉和啤酒的价格上涨了50%以上，奶制品上涨了75%，盐上涨了270%，租金上涨了76%。然而，民众的工资却基本保持不变。这样，普通人就为货币贬值付出了代价。由于1801年至1802年粮食歉收，通货膨胀引发了骚乱。

在债台高筑和频繁印钞的紧张财政背景下，皮特于1799年开始征收所得税。当时，海军发生了兵变，而陆军正在挨饿，他需要"帮助和捐献来进行这场战争"。

当时，关于政府的说法是："无论你在哪里看到一个物体，政府都要对它征税！"①马车、货车、农用货车和手推车都要缴税甚至对男仆也征税。征税对象还包括砖、玻璃、窗户和墙纸以及拉车的马、骑行的马、比赛的马和狩猎活动。1795年，皮特开始对发粉②征税；1796年，对狗主人征税；1797年，对钟表征税；1798年，对盾徽征税，包括在马车、印章、图章戒指或个人身上的盾徽。

随后，皮特提出了3倍估价税法，这意味着你必须缴纳估税金额3到5倍的税款。因此，如果你欠20英镑，你必须缴纳60英镑。或者，你可以申报你的年收入，并上缴其中的10%。政府原本希望这项税收每年能筹集到1,000万英镑，但事实上却比预期少了40%。皮特抱怨"可耻的避税"和"可耻的骗税"，但其实是他的税制设计错了。

---

① 《詹姆斯·吉尔雷论反拿破仑战争中的战争和税收》。从自由在线图书馆（Online Library of Liberty）检索到该信息。——作者注

② 在头发上涂抹的一种物质。——译者注

让税收大行其道：从源课税

1802年和平时期，皮特的继任者亨利·阿丁顿（Henry Addington）[1]废除了所得税。但一年后，当英国与法国恢复敌对状态时，所得税很快又卷土重来。这一次，阿丁顿做了一些根本性的改变。

人们之所以反对皮特征收所得税，主要原因是所得税侵扰了人们的私生活。阿丁顿用两个主要目标重新定义了整个计划：避免入侵和避免欺诈。他制定了5种税率表，[2]在一定程度上，这些税率表至今仍然存在。

阿丁顿的伟大创新就是从源课税。在皮特的制度下，纳税人有责任缴纳税款。但按照阿丁顿的规则，税收在收入产生时就应该缴纳了。银行缴纳利息税，并在支付给债券持有人之前将其扣除。银行在将公司的股息汇给股东前扣除了股息税。从财政收入中支付的工资和养老金也从源课税——从源课税最终在20世纪下半叶蔓延到更广泛的就业领域中，现在世界上大多数国家都是这样。

虽然人们对阿丁顿的税收政策怨声载道，但它在皮特的税收政策失败的地方取得了成功。尽管最高税率只有5%（一开始），相较于皮特的10%，阿丁顿的政策总体上多筹集了50%的资金。鉴于阿丁顿的税收制度运行得如此之好，他在许多方面应该被视为现代所得税的创始者，

---

[1] 亨利·阿丁顿（Henry Addington）英国首相（1757—1844），名医之子，英国托利党政治家。1801继小威廉·皮特为首相（兼财政大臣）。次年与拿破仑法国缔结《亚眠和约》，因此受到攻击。1804年其首相职位为小皮特所接替。翌年重新入阁，任枢密院院长。1812—1821年任内政大臣，任内停业执行《人身保护法》（1817），镇压群众运动，并一手制造了彼得卢广场血案（1819）。——译者注

[2] 5种税率表分别是：（1）来自土地和建筑物的收入；（2）务农收入；（3）政府年金；（4）自主创业及其他1、2、3或5未涉及的款项；（5）薪金、年金和退休金。——作者注

虽然他也许需要用皮特的失败来为自己指明道路。

1816年，滑铁卢战役一年后，英法战争已经结束，政府共收到了379份反对所得税的请愿书。尽管财政大臣想保留所得税，但下议院投票反对，所以该税种再次被废除了——紧接着是"持续了好几分钟"的"雷鸣般的掌声"。所得税带来的对隐私的侵犯是如此的令人厌恶，以至于所有的档案都被切成碎片并制成纸浆，财政大臣还当众烧掉了一部分档案。

然而，档案的副本早已送到了王室财务纪事官①那里。而且，由于我们永远也不会知道的原因，这些副本从未被销毁。更重要的是，没人会忘记所得税已被证明是提高税收收入的一种切实可行的手段，政府当然更不会销毁档案。

战争的真正代价：永久的债务

没有什么比庞大的税收体系和巨大的国家债务更能在这个国家造成死亡般的麻木。

——威廉·科贝特（William Cobbett），宣传册制作人（1763—1835）

拿破仑战争使英国的国家债务增加了6亿多英镑。它的花费是前四次战争总和的3倍。所得税的引入确实减少了政府对贷款的依赖，但仍然有超过一半的政府支出是通过举债来实现的。

---

① 英格兰负责编写备忘录、提示财政部应办事务的官员。中世纪始置，共3名，即国王纪事官、司库大臣纪事官和贡金纪事官。19世纪初裁撤其中2名，现仅有国王（或女王）纪事官。由高等法院的高级官员担任，负责遴选郡长，接受伦敦市长宣誓和定期督查造币厂的运作，此外还承担各种礼仪性事务。——译者注

1853年，英国首相威廉·格莱斯顿①试图辩称："如果早前就有足够的决心来征收所得税，那么我们现在的债务就不会存在了。"他宣称，"债务累积给这个国家带来的巨大负担和巨大危害"本来是可以避免的，并提供了可靠的数据来支持他的论点。

但是，如果纳税人能直观地、即时地感受到这场战争的代价，那么它就不可能发生。仅靠税收不足以覆盖这巨大的成本，因为有钱有产的阶级不会支持征税，而中产阶级和穷人没有能力缴税。其实，格莱斯顿本人将税收视为对战争的一种制约。"政府的收入有限，却必须年复一年地应付战争所需的开支，这对于战争来说是一种有益的制约。这种制约能让政府思考税收存在的意义，并让他们权衡预期利益的成本。"政府债务和放弃金本位制帮助英国解决了危机，并掩盖了真正的成本。它们和所得税一起，为英国人赢得了战争。

颇为讽刺的是，法国在这段时间里仍然使用正统的复本位制②。由于革命前的肆意挥霍，法国失去了信誉。英国在财政廉洁方面有更好的纪录，且英国议会有一个公开的预算程序，这意味着英国能以低得多的利率借款，同时还可以征收通货膨胀税。威廉·科贝特写了一本名为《纸币对黄金》的书来抨击这种手法，并强调了健全的金本位货币的必要性。后来，他因为批评政府而身陷囹圄。

---

① 威廉·尤尔特·格莱斯顿（William Ewart Gladstone，1809年12月29日至1898年5月19日），英国政治家，曾作为自由党人4次出任英国首相（1868-1874、1880-1885、1886、1892—1894）。在19世纪下半叶，他和保守党领袖本杰明·迪斯雷利针锋相对，上演了一场又一场波澜壮阔的政治大戏。格莱斯顿是美国总统伍德罗·威尔逊的偶像，始终被学者排名为最伟大的英国首相之一。——译者注

② 复本位制（Bimetallic Standard）亦称金银复本位制，是指以金、银两种特定铸币同时充作，并规定其币值对比的一种。其对标的是单本位制，即银本位制或金本位制。英、美、法等国在确立金本位以前均曾在18—19世纪长期采用复本位制。——译者注

举债容易，战争也就不难了。亚当·斯密早在半个世纪以前就提出了与格莱斯顿类似的观点："通过贷款来筹集军费的制度，是对民众进行了大规模、系统性、持续性的欺骗。这样的做法贻害无穷，因为人们不知道他们在做什么。"

但是，为了让科贝特和其他批评者噤声，政府对出版物、宣传册、宣传内容及其印刷纸张征收了更高的税费。这些出版物的目标读者是劳动人民，但重税使它们的价格，尤其是在各省，超出了目标读者的承受能力。这些被称为"知识税"。

拿破仑战争的债务和应付的利息实际上给英国人民带来了长期和巨大的负担，给接下来的50年带来了巨大的困难。19世纪上半叶，工人阶级的处境和以往一样糟糕。迪斯雷利（Disraeli）宣称，当时英国的农奴比诺曼征服以来的任何时候都要多。在研究工业革命对工人阶级的影响时，社会历史学家约翰和芭芭拉·哈蒙德计算出，一个收入为22英镑的工人在生活必需品上支付了11英镑的间接税。难怪那么多人逃到美国去寻找更好的机会。19世纪制造业重镇的经济发展取得了巨大的进步，从而减轻了民众负担。但是，如果没有皮特的债务，该世纪早期的贫困会减少多少呢？

当威廉·皮特于1806年去世时，人们发现他自己也有超过4万英镑的债务，他的仆人们多年来一直在偷他的东西。他对自己的财务状况和对国家的财政管理一样粗心大意。

1842年，所得税刚被废除不到26年，罗伯特·皮尔爵士的第一个预算报告中就再次提到了所得税。

皮尔面临着两个紧迫问题：一是英国经济衰退，二是上届政府增加了750万英镑的预算赤字。皮尔认为，英国需要更多的税收来产生更大的收入，他的解决方案是恢复所得税，税率为3%。这是一项临时措施，一旦政府实现收入平衡，所得税就会立即撤销。如今175年过去了，我们仍在等待它撤销的那一天。

所得税的效力决定了它是否会被废除。即使对皮尔来说，这项税收也比预期多带来了50%的收入。威廉·格莱斯顿于1853年成为英国财政大臣，当时他也决心废除所得税，但高额的国债让他别无选择。

格莱斯顿不喜欢所得税。他说："它所需的私人财产调查是最严重的劣势之一，而它所引发的欺诈行为是一种无法形容的罪恶。"但是，他还是屈服了。1854年的克里米亚战争使局势恶化，到1860年时，政府更加依赖税收。格莱斯顿说："要是我们的开支能继续保持不变，或者在1853年以前的25年里仅以缓慢而难以察觉的速度增长，那我们现在就可以省掉所得税了。"

在1871年的大选中，格莱斯顿和迪斯雷利都反对征收所得税。迪斯雷利获胜了，但所得税却保留了下来。格莱斯顿认为，"公共支出"和政府"放弃节俭精神"是所得税得以保留的罪魁祸首。

1875年，所得税成为永久性税收。

罗伯特·皮尔爵士——英国伟大的税收英雄之一

罗伯特·皮尔爵士应该被视为英国最伟大的税收改革者之一，即使他的一些成就纯属偶然。他宣称："我们必须让这个国家成为生活成本低廉的国家。"1842年，他宣布重新征收所得税（对年收入超过150英镑的人征收7便士/英镑），这意味着他取消了600项关税，并进一步降低了500多个名目的税率。多亏了他的税收、贸易和金融改革，英国实际上实现了盈余。

废除的税收包括对糖、牲畜、棉花、肉类和土豆征收的关税以及玻璃消费税。"我们为玻璃税的废除而欢呼，"

《柳叶刀》杂志说，并将其描述为"一个政府强加给国家最残忍的税收之一，只有对玉米征收关税才能与之匹敌"。皮尔最终也取消了玉米关税——这一举动结束了他的职业生涯。

臭名昭著的《谷物法》（也称"玉米法案"）是在拿破仑战争之后出台的。为了保护英国农作物生产者免受面包价格下降的影响，利物浦勋爵领导的保守党政府对进口谷物征收关税。因为政府的保护地主免受来自国外的竞争，他们几乎没有压力来提高自身的生产力。当时，粮价一直居高不下。英国的工人阶级本就已经负债累累，而不必要且过高的食品成本加重了他们的苦难。但是，这种情况也创造了英国历史上一些最富有的贵族家族。卡多根、威斯敏斯特和贝德福德的庄园主们的财富就是建立在这些贸易保护主义关税的基础上的。这些贵族直到现在仍占据着伦敦市中心的大部分地区。威斯敏斯特公爵家族仍然是世界最富有的人群之一。经济学家萨姆·威尔金（Sam Wilkin）在他的著作《财富的本质》中说，历史上的许多富豪，从古罗马的马库斯·克拉苏（Marcus Crassus）到美国"镀金时代"的约翰·D.洛克菲勒（John D. Rockefeller）、J.P.摩根（Morgan）和安德鲁·卡内基（Andrew Carnegie）之所以会拥有巨额财富，就是因为他们利用立法来击败市场竞争对手，而不是他们真的具有出色的冒险精神。《谷物法》就是这样一个例子。

更糟糕的是关税对爱尔兰的影响。19世纪40年代，这个国家遭受了大饥荒，马铃薯植株得了枯萎病，而爱尔兰完全依赖马铃薯作为其主要食物。它迫切需要国外的粮食供应，国外也有大量的廉价谷物等待出口，尤其是来自美国的谷物。但关税大大增加了它们的出口成本，因此，当时有100多万人死于饥饿，而另有100万人逃难去往美国。当你考虑爱尔兰人对美国命运的影响时——例如，20多位总统声称具有爱尔兰血统——这些移民有多少是因《谷物法》的意外后果而造成的，你就会明白看似不起眼的税收对人类历史的影响有多大。

早在1820年，英国就有不少人请愿废除这些法律，但是议会中有太多地主占据席位，任何改革的企图都会遭到反对。甚至英国的税务专员也都来自地主贵族（他们最终在1849年成立了税务委员会）。有些人指责托利党未能废除《谷物法》，但辉格党从1830年到1841年掌权，该法律也仍然得以保留。1838年，自由贸易活动家理查德·科布登（Richard Cobden）建立了反谷物法联盟。1841年，他当选为议员，并最终赢得了皮尔的支持。从1837年到1845年，皮尔每年都投票反对废除这一法律，但由于英国本土的食品供应日益短缺，爱尔兰出现饥荒，他改变了策略。在任何时候，英国农民都无法生产足够的粮食来满足其快速增长的人口需求，更不用说在马铃薯枯萎病期间引发的粮食危机了。

皮尔提出的改革方案遭到了他所在的保守党内部的强烈反对。有些人认为爱尔兰夸大了它的问题。一份以议会的名义发布的研究报告得出的结论是："人们对商业活动漠不关心，也不愿参与其中。"但是，皮尔得到了辉格党的支持，于是该法律最终在1846年被废除。与自己所在的党派作对标志着皮尔首相任期的结束，他在《谷物法》废除的当天辞职，此后再也没有担任过首相的职位。

但是，正如科布登所预见的那样，皮尔多次废除法案的行为开启了英国在19世纪下半叶自由贸易的时代。就创新、发明和日益繁荣而言，这是英国历史上最伟大的时代。

起初，该法案的废除并没有对英国农业造成严重的打击。但在接下来的数十年内，铁路和蒸汽船的进步使得俄罗斯和美国农场的运输成本降低，而美国机械设备的改进（俄罗斯依赖廉价劳动力，而不是机器）使农作物的产量增加。英国农场无法再与大量进口的谷物竞争。到1880年时，农业已经不再是英国最大的就业领域，贸易和工业取代了农业成为经济的主要力量。到1914年，英国已经需要进口4/5的粮食了。由于租金丰厚，英国地主一直都是最富有的阶层。但当经济领导地位丧失时，他们的政治领导地位也随之丧失。所以可以说皮尔的税收改革改变了英国的权力结构。

第十一章
美国内战的真正原因

南方各州的人民不仅要为北方各州的利益而纳税，而且在收税之后，四分之三的税费要花在北方。这……使得南方城市日益边缘化。它们的发展停滞不前，他们只是北方城市的郊区。

南卡罗来纳州人民在大会上的演说，致美国蓄奴州的人民。

在美国历史上，没有任何一段插曲像美国内战那样，成为人们广泛研究和著述的对象。

人们普遍持有的观点，也是学校里教授的观点，都认为是长期以来关于奴隶制的争论导致了内战的爆发。

但奴隶制并不是林肯开战的原因。

让我来告诉你美国内战到底是怎么回事。

19世纪上半叶，美国大致分为三个主要经济区：北部、南部和西部。

那时候，北方正从贸易和航运转向工业生产。南方的巨大财富则建立在农业的基础上，生产烟草、糖和占世界2/3产量的棉花。美国西部的领土在1803年通过臭名昭著的《路易斯安那购地案》①，实际上扩大了一倍。当时，美国以1,500万美元（合每亩18美分）的价格从法国购买了207万平方公里的土地。这肯定是历史上最糟糕的房地产交易，至少法国人是这样认为的。美国的领土扩张还在继续，直到它最终抵达太平洋。随着领土增加，美国西部需要更好的运输系统——运河和铁路将原材料运往市场。

尽管奴隶制自1804年以来在北方一直是非法的（至少原则上是非法的），但南方的农业经济却非常依赖它。不过，它在西部扩张中的地位仍未确定，这在当时即使不是最大的社会问题，也是其中之一。

1802年，托马斯·杰斐逊（Thomas Jefferson）说："美国人很高兴和自豪地问，在美国，有哪位农民、机械工或工人何曾见过一个收税员？"他说得对，美国那时没有所得税，没有窗户税，也没有存在于欧洲的那些苛捐杂税。政府规模很小，而且都是地方性的。每个州都是主权实体，可以按照其人民的意愿征税，但没有全国性的税收制度。除了1812年至1816年的战争期间，联邦政府没有任何来自国内的税收，收入反而靠偶尔出售的公共土地，但更多来自进口商品的关税。事实证明，这样的制度不公正，结果也不好。

我们的故事始于一项鲜为人知的关税——1816年的达拉斯关税。普通美国人在日常生活中遇到的税很少。英美之间的1812年战争实际上一直持续到1815年。那时，英国已经封锁了美国与法国的贸易，因此1807年至1815年间，美国的进口总额下降了90%以上。英国商人在战争期间

---

① 路易斯安那购地案（Louisiana Purchase），美国于1803年以大约每英亩3美分向法国购买超过529,911,680英亩（2,144,476平方公里）土地的交易案，该交易的总价为1,500万美元或相当于8,000万法郎（如以国内生产总值相对比例计算，此数在2004年相当4,178亿美元）。购地所涉土地面积是今日美国国土的22.3%，与当时美国原有国土面积大致相当。——译者注

囤积了大量商品，战争结束后，这些商品立即涌入了美国的市场。他们的商品比美国竞争对手的商品更加物美价廉，因此，这种情况无疑削弱了美国的工业。为了应对这一局面，同时为了偿还战争债务，美国政府执行了一项新的关税，即高额进口税。

这项关税对南方的打击最大。南方从欧洲购买商品，包括农业设备，然后作为交换，直接向欧洲出售棉花。关税意味着南方人必须为他们购买的东西支付更多的钱。但是，他们的钱不会留在南方，而只会流向北方。实际上说，他们是在补贴美国的其他地区。

然而，南方不仅同意征收关税，而且在许多情况下还鼓动征收关税，这是为什么呢？

南方人把国家利益放在第一位，英美之间似乎会发生进一步的冲突，如果美国想要生存下去，它必须发展自己的制造业。南方的经济繁荣足以承担关税的负担。棉花价格很高，而关税只是暂时的。

1816年4月27日，《达拉斯关税协定》通过并生效（为期3年）英国商品的价格上升到与美国商品差不多的水平。

北方南方对决：30年的关税战争

所谓的临时税多久会变成永久税？补贴（关税实际上是一种补贴）多久会产生一次特殊利益集团？

1820年关税到期时，曾经从中受益的北方制造商想要更多的关税来支持自身的发展。因此，他们提出了一项增加关税和一长串新增项目的永久关税议案。该议案在众议院获得通过，但在参议院以一票之差失败。

这一次，关税法案没有得到南方的支持，他们支持以前关税的理由已不再适用于现在。1819年，棉花的价格下跌，所以南方人觉得他们没有以前富有了。而且，迫在眉睫的战争威胁不复存在，1812年的战争债也早已还清，此外，贸易战也消失了。因此，保护北方制造业不再是国家的燃眉之急。

然而，在北方和西部，人们仍然强烈地希望保护主义继续存在。于是，政府在1824年提出了另一种关税议案。这次的提案通过了，进口商品的税率因此上升到33%，而在1816年之前，利率只有5%。

事情变得更糟。下一项关税议案（被称为"可憎的关税"议案）于1828年通过，92%的进口商品被征收38%的关税，北方和西部各州再次联合起来通过了该法案。这项法案让南方人实际上缴纳了多达75%的联邦税收，除了购买外国商品和支付高额税收，他们的另一种选择就是以高价购买劣质的北方商品。但不管怎样，南方人的钱最后都流入了北方。国家的经济中心向北转移，大部分人口也随之迁移，也难怪南方人觉得受到了立法部门的特别对待。自1819年以来，棉花价格下跌了大约50%，这使得南方人的处境进一步恶化——他们将这些情况归咎于关税。

此时，南卡罗来纳州开始发出分裂的声音，这种主张得到了肯塔基州、北卡罗来纳州和弗吉尼亚州的大力支持。1832年，来自亚拉巴马州、佐治亚州和马里兰州的代表也加入了他们的行列。这些人在南卡罗来纳州召开了一次大会。会上，他们宣布关税违宪，导致这项法案无法通过实施。

因此，废税危机来临，在此期间，杰克逊总统威胁要通过武力来征收关税。

美国濒临内战，如果杰克逊召集军队，那么南方其他州会与南卡罗来纳州结盟。但是，南卡罗来纳州的前副总统约翰·C.卡尔霍恩（John C. Calhoun）同意与关税的主要支持者之一、参议员亨利·克莱（Henry Clay）达成妥协。他们商定：进口税每两年下降10%，直到1842年达到20%。于是，废税危机得以避免，近10年里，关税不再是一个问题。

然而，随着1842年的临近，北方工业利益集团再次开始鼓吹保护主义。在亨利·克莱的支持下，他们重新提出自己在与英国的竞争中不堪一击的论点。1842年，黑色关税在参众两院仅以一票之差通过。9年来，南方一直在等待关税降至协议规定的20%，如今关税却提高到了接近"可憎的关税"的水平。

不出所料，南方提出了强烈的抗议。

南卡罗来纳的罗伯特·瑞德（Robert Rhett）说："这必将引发革命。"亚拉巴马州的威廉·佩恩（William Payne）说，亚拉巴马人"宁愿有一个血淋淋的坟墓，也不愿做北方的奴隶"。来自弗吉尼亚州的刘易斯·斯汀罗德（Lewis Steenrod）表示，贸易保护主义将使美国陷入内战，"危及联邦的永世存亡"。当时，美国的进口税率上升了40%左右且对特定商品征收特定关税。征税最重的商品是铁器，例如，钉子的税率超过了100%。这种情况下，国际贸易几乎是断崖式下降，进口减少了一半。纽约的摩西·伦纳德（Moses Leonard）称，这是"美国国会对整个自由而聪明的民族犯下的最严重且不公正的行为之一"。

但是，当詹姆斯·K.波尔克①（James K. Polk）在1844年的美国总统竞选中击败亨利·克莱，并宣布降低黑色关税将成为他这届政府的四大措施之首时，美国国内的危机再次得以避免。他指示财政部部长罗伯特·沃克（Robert Walker）立即开始工作。

沃克建议将黑色关税的税率降低到25%并让所有的税率形成一定的标准（而不是对不同的商品实行不同的税率）。他认为，低利率会刺激贸易，因此，政府收入实际上会增加。当时，为商品寻找世界市场的

---

① 詹姆斯·诺克斯·波尔克（James Knox Polk，1795年11月2日至1849年6月15日），出生于美国北卡罗来纳州，美国政治家，律师。是美国第11任总统（1845年3月4日至1849年3月4日）。——译者注

西部开拓者、北方人与南方人结盟，使国会于1846年通过了这份关税提案。事实证明沃克是对的，尽管税率很低，但到1850年，海关收入增长了50%，由每年3,000万美元增至4,500万美元。

当然，南北之间的对抗不仅仅体现在关税上，奴隶制也是一个问题。美墨战争后，美国新获得了几个州的领土，因为在这几个州的奴隶地位问题上存在争议，南卡罗来纳在1850年再次威胁脱离联邦。如果奴隶制在新领土上是非法的，南方人担心他们在首都的盟友会更少，政治力量也会更弱。而且，如果自由州越来越多，要求奴隶获得自由的呼声越来越高，那么国内发生暴动的风险就越大。脱离联邦能够确保南卡罗来纳继续实行奴隶制，从而保护棉花生产的繁荣，1851年10月的选举实际上变成了关于这个问题的全民公决。分离主义者输得很惨，而合作主义者赢得了58.5%的选票。但是，如果仅仅因为奴隶制问题，还不足以迫使南卡罗来纳脱离联邦，更别说南方的其他州了，尤其是在商业繁荣的时候就更不可能。

19世纪50年代，美国经济蓬勃发展，南方没有什么怨言。1857年的关税进一步降低，回到了1816年第一次"临时"关税时的15%左右。

随后，1857年的大恐慌到来了。

当恐慌导致保护主义时

1856年的欧洲，"第九次俄土战争"刚刚结束，它在过去的三年里让欧洲的农业发展停滞不前，各国靠从美国进口货物填补缺口。然而，战争结束后，欧洲的农业迅速恢复，而且收成很好。于是，整个欧洲对美国的进口贸易额开始下降，英国对美国小麦的购买量下降了90%，物价也普遍下跌，跌幅高达35%。这种情况下，曾对农业贸易进行大量投资的美国俄亥俄人寿保险和信托公司破产，引发了金融恐慌；同时，由于需要运输的货物减少，美国铁路也受到了冲击，成千上万的铁路工人失去了工作，投资者们更是血本无归；装载了在加利福尼亚淘金热中开采出来的30,000磅黄金而被称为"黄金之船"的"SS中美洲号"在开往纽约的途中，因一场飓风而沉没，这场事故进一步动摇了公众对经济尤其是对银行的信心。

这就是1857年大恐慌。

北方和西部的经济虽然取得了巨大的发展，但却遭遇了经济危机，而南方虽然也受到了冲击，但没有北方或西部那么严重。南方的棉花价格下跌了一阵，但很快就回升了。相比之下，南方破产的银行也没那么多。从某种程度上说，大恐慌反而恢复了南方的自信，他们更加坚信，棉花对世界贸易至关重要。

但是，大恐慌怎么会导致立法的失策呢？

宾夕法尼亚人亨利·凯里（Henry Carey）是那个时代最知名、最有影响力的经济学家。他认为，保护主义是促进美国工业增长的方法。他将此次金融危机归咎于1857年的关税政策。他的观点引发了热烈的讨论，随后广为流传，在民间越来越受欢迎。各方势力再次开始致力于恢复高额关税，新成立的共和党接受了凯里的观点，该党创始人之一贾斯廷·史密斯·莫里尔（Justin Smith Morrill）在设计新关税时征求了凯里的意见。他声称，这样做的目的只是为了回到1846年的关税水平，但事实上，这次的税率更高。

随后的两年多里，莫里尔关税法案一直是舆论争议的焦点。1860年5月，该法案最终在众议院获得通过，但它在南部各州只赢得了一票。

共和党领袖亚伯拉罕·林肯（Abraham Lincoln）一贯支持关税。他在1832年第一次发表政治声明时说："我支持内部改进制度和高保护性关税，这是我的真情实感，也是我的政治原则。"他的这些原则一以贯之。1860年，他又说："我对这个问题的看法没有发生实质性的改变。①关税之于政府，就像一顿饭之于一家人。"

林肯当选总统

在争夺共和党总统候选人的战斗中，威廉·H.西沃德（William H. Seward）是林肯的主要竞争对手。起初，他是很受欢迎的共和党候选人，直言不讳地反对奴隶制，在1850年发表了"在宪法之上还有一种更高的法律"的宣言。然而，也有很多人对奴隶制持有不同的看法。林肯是一位深谋远虑的政治家，他回避了这个问题，以免得罪那些潜在的选民。私底下，林肯痛恨奴隶制，但在公开场合，他的策略是"咬紧牙关，保持沉默"。正是他对贸易保护主义关税的声援，尤其是在宾夕法尼亚州，帮助他赢得了共和党内的提名。

当选举终于来临时，林肯的主要竞争对手是他的老熟人——民主党人斯蒂芬·A.道格拉斯（Stephen A. Douglas）。但是，民主党内部存在分歧，北方人支持道格拉斯，南方人支持约翰·布雷肯里奇（John Breckenridge）。所以要想获胜，林肯只需确保在北方击败道格拉斯，因为道格拉斯和民主党人在北方陷入了不受欢迎的反关税立场。林肯的策略很简单——缓和奴隶制和加强保护主义。这种策略非常有效，历史学家大卫·M.波特（David M. Potter）评价说，共和党的政治纲领中，任何部分"都不如关税保护条款更受欢迎"。宾夕法尼亚州充满了"阵阵喜悦……代表团全体起立，挥舞着帽子和手杖"。

1860年11月6日，亚伯拉罕·林肯当选美国总统。他其实只赢得了大约40%的选票，而且，他的胜利完全来自北方和西部的支持。在那些

---

① 巴斯勒（Basler）编著，第49页（亚伯拉罕·林肯写给爱德华·华莱士的信，1860年5月12日）。——作者注

最终脱离联邦的州中，林肯一无所获。莫里尔关税法案是共和党政治纲领十七项条款中的第十二项。共和党对国会的控制意味着贸易保护主义关税的回归，这将带来严重后果。

在南卡罗来纳的带领下，南方各州开始逐一退出联邦。

南卡罗来纳的演说中说："北方人为了自己的利益而对南方人征税，就像大不列颠人民为了他们的利益而在英国议会中对我们的先祖征税一样。"①南卡罗来纳人认为，他们现在所做的事，就像他们的先祖当年对英国统治者喊出"无代表不纳税！"一样。他们的"处境完全相同"。

到1861年2月1日为止，密西西比州、佛罗里达州、亚拉巴马州、佐治亚州、路易斯安那州和得克萨斯州已经跟随南卡罗来纳州退出联邦。这7个州联合起来组成了它们自己的政府——美利坚联盟国。

与此同时，经济学家亨利·凯里敦促当选总统（尚未就职）推动新关税法案的通过。他说："本届政府的成功完全取决于莫里尔法案在本届会议上的通过……只有这一个办法能让共和党成为永久性的政党。"②因为没有来自脱离联邦的各州的反对，该法案在国会中轻松通过。两天后，也就是3月4日，林肯发表了就职演说。

林肯说道："我无意直接或间接地干预那些存在奴隶制的各州的制度。我认为我没有合法的权力来这样做，我也不打算这样做。"③随后，国会也提出了南方宪法修正案，保护南方免受联邦政府对奴隶制的干预。实际上，3年前，也就是1857年，最高法院曾给予过南方支持。

---

① 南卡罗来纳州人民的演说。——作者注

② 亨利·凯里，致林肯的信，1861年1月2日，美国国会图书馆亚伯拉罕·林肯的文件，由伊利诺伊州盖尔斯堡诺克斯学院（Knox College）林肯研究中心转录和注释。——作者注

③ 阿瓦隆计划，亚伯拉罕·林肯的第一次就职演说。——作者注

当时，最高法院判决前奴隶斯科特败诉，这起诉讼起源于斯科特试图为他和家人通过法律途径来争取自由。他没有成功，总统、国会和最高法院——美国联邦政府的三个分支都有效地为南方提供了奴隶制方面的保障。但南方联盟州仍然坚持脱离联邦。相比于奴隶制，关税和自治是更重大的问题，在这些问题上，林肯不会妥协，因为关税带来的财政收入以及它们向国内经济提供的保护太有价值了。

林肯说："宪法赋予我相应的权力，就是为了持有、占有和控制属于政府的财产和领土，并收取关税和其他税款。除实现这些目标的必要措施外，我们不会入侵其他国家，也不会对任何地方的人民或在人民之间使用武力。"但是，林肯会使用武力来征税，这一点毋庸置疑。所以，南方人面临一个艰难的抉择：要么缴税，要么承担相应的后果。

在共和党人致力于通过莫里尔法案时，脱离联邦的各州已经起草了自己的宪法。它与美国宪法非常相似，但在赋予各州的主权和对联邦收税权力的限制方面存在显著区别。国会只能"制定和征收税款、关税、进口税和消费税"来偿还债务、提供国防和维持政府运作，再也不能为了"美国的普遍福利"而征税。①

美利坚联盟国的宪法具体提到了税收问题："不得对进口的货物征收任何关税或税费，以促进或培育任何工业领域的发展。"为避免存疑，宪法继续写道："这一条款，以及宪法中任何其他条款都不得被解释为：授权国会为任何旨在促进商业发展的内部改善机制拨款。"

美利坚联盟国的宪法还讨论了奴隶制问题。最初的美国宪法没有使用"奴隶制"这个词，而是提到"从事服务或劳动的人"（包括受契约束缚而被奴役的白人）。但是，联盟国的宪法直接使用了"奴隶制"这个词，禁止一切与非洲的奴隶贸易。此外，该宪法阻止各州在自己的

---

① 阿瓦隆计划（联盟国宪法；1861年3月11日）。——作者注

领土范围内废除奴隶制（有趣的是，这是一个"每个州的权力都不是主权"的地区），并保护奴隶主带奴隶旅行的权力。

南方不想打仗，因为他们无法打败北方，希望和平独立。联盟国总统杰斐逊·戴维斯（Jefferson Davis）在他的就职演说中说："作为一个农业民族，我们的主要利益是出口给所有制造业国家都需要的一种商品。我们真正的政策是和平，以及我们势必允许的自由贸易……政府应该对商品交换采取最低限度的限制。"

戴维斯担任联盟国总统后的第一件事就是给亚伯拉罕·林肯写信，表达建立和平关系的愿望。[①]他派了一个和平代表团到华盛顿，但林肯甚至不愿与他们会面。

林肯用计发动了战争

萨姆特堡控制了南卡罗来纳州查尔斯顿港的入口，它是美国海岸线上众多堡垒之一，是征收关税的地点。萨姆特堡被联邦军队占领，因此，联盟国几个星期以来一直想方设法让联邦军队和平地离开。他们提出，不仅要为萨姆特堡，而且还要为联邦在南方的所有财产提供赔偿。林肯的国务卿威廉·西沃德曾向联盟国承诺，联邦军队将撤离萨姆特堡。但是，镇守这个要塞的指挥官安德森少校（Major Anderson）拒绝离开。

时间来到1861年4月，内战的枪声还没有打响。林肯召见合众派成员约翰·鲍德温（John Baldwin）上校，要求他在弗吉尼亚州举行的脱离联邦大会上向自己汇报最新情况。鲍德温说："我们占据大约三比一的绝对多数席位。"他信心满满，认为合众派"完全有把握"在这次大

[①] 杰斐逊·戴维斯，致林肯的信，1861年2月27日。——作者注

会上获胜。①

鲍德温恳求总统："从萨姆特堡撤军，"并补充说，"总统应该撤军，这样做是为了和平……如果你采取这种立场，那么在脱离联邦的各州和全国范围内，就会有足够的民族感情团结起来支持你，你就会拥有比全国任何一个人都多的朋友……因为这项撤军的政策，你每失去一个朋友，你就会得到10个朋友。他们会团结在你身边，为整个国家的和平与统一而奋斗。"

但是，萨姆特堡是关税收集点。林肯说："税收怎么办？我该怎么处理收税的问题？"

鲍德温上校问："总统先生，您希望一年收多少钱？"

林肯回答说："5,000万到6,000万（美元）。"

上校答道："为什么呢？先生，假设您总统任期内的收入为2.5亿美元。但是，这些钱与我们所面临的战争成本相比，只不过是九牛一毛啊。如果有必要开战，那就当我什么都没说；但是，我认为没有必要，因为我相信您能解决这事……一旦有人向萨姆特堡开火——我不在乎是朝哪一方开火——这事就没得谈了……就像天堂里有个上帝一样肯定，这事绝对没得谈了。尽管联邦目前在大会上占据大多数席位，但弗吉尼亚自己也会在48小时内退出联邦。"

林肯说："先生，那不可能。"

"您有做选择的权利，而且必须尽快做出选择。我相信，您有能力和华盛顿比肩，成为国家的救星；或者采取不同的政策，把您的名字永远钉在历史的耻辱柱上。"

林肯选择了战争。

鲍德温是对的。一周后，当美国内战的第一波炮弹飞向萨姆特堡

---

① "林肯总统与约翰·鲍德温上校面谈"全文。——作者注

时,弗吉尼亚州、阿肯色州、北卡罗来纳州和田纳西州脱离了联邦。起初,无论在大会上还是在公投时,他们都投票反对脱离联邦。他们想要留在联邦,他们希望联邦继续存在。但是,当林肯明确表示要使用武力对抗联盟国时,这些州又进行了新的投票。这次,他们投票赞成脱离联邦——而且,就像鲍德温所说的那样,他们非常支持。

林肯知道萨姆特堡的枪声会引发一场战争,他也知道"对一个(想要退出联邦的)州发动战争的权力与宪法的全部精神和意图相违背"。他想替自己的违宪行为进行辩护,采取的策略是让人们认为南方是侵略者。他向萨姆特堡派出了三艘没有武装的、带着补给物资的船只。鲍德温说:"您很清楚,查尔斯顿的民众一直在为他们提供补给。"

当时的《纽约时报》说:"增援只是一种伪装,其目的是让南方叛军承担挑起战争的全部而明确的责任。"[1]林肯甚至告诉他的内阁,如果南卡罗来纳的大炮向萨姆特堡或补给船开火,"他就可以指责联盟国发动了一场战争"。

当补给船靠近萨姆特堡时,联盟国再次要求安德森少校退出要塞,但他也再次拒绝了。4月12日,联盟国开始炮击萨姆特堡。这正是林肯想要的反应,他有足够的理由认为这是一场叛乱。现在,"合众国当局不得不通过"流血杀戮来解决问题了,[2]即使联邦军队根本没有人在炮击中丧生,而且安德森在第二天也撤出了萨姆特堡。联盟国总统杰斐逊·戴维斯"盲目地落入了陷阱"。

南方没有征服北方的野心,也没有做过任何这方面的尝试。所有战役都发生在南方,其中大部分战斗发生在弗吉尼亚州和田纳西州。随

---

[1] 萨姆特(Sumter)和政府。——作者注
[2] 阿瓦隆计划,亚伯拉罕·林肯的第一次就职演说。——作者注

着战事的发展，战火一直向北烧到宾夕法尼亚南部。南方处于守势，因为他们无法打败北方。南方只有900万人口，而北方有2,200万。联邦军的人数几乎是联盟军的两倍。①此外，北方还有工厂、工业和制造业。戴维斯反复强调，南方只希望和平脱离联邦，联盟国不想与联邦发生冲突。然而，事实证明，炮击萨姆特堡是一个可怕的错误。林肯允许联盟国和平脱离联邦的机会本就渺茫，现在更是彻底化为泡影。在目前这种形势下，南方只能寄希望于能坚持到北方厌倦伤亡，最终允许联盟国继续存在下去。

林肯说："我的计划成功了，南方叛军进攻萨姆特堡——萨姆特堡陷落了。因此，它比不陷落的时候发挥了更大的作用。"

为什么北方不能允许和平脱离，而南方却被抹黑

林肯当选总统时，联邦政府的财政状况已经很糟糕了。南方脱离联邦后，海关收入迅速下降。也难怪林肯看着萨姆特堡时，他会问："税收怎么办？"因为当时政府最大的收入来源正在消失。

当时的局势是，北方需要南方，而南方不需要北方。林肯经常提及的参战理由是为了维护联邦的统一。但是，联邦正是依赖于南方的关税收入才得以运转。新奥尔良的《新月日报》说："林肯政府知道大部分关税是由南方人民缴纳的，也知道由于联邦政府不公正的运作，这些关税主要用在了北方人民身上。他们很清楚，只要南方仍然和北方处在同一个联邦之内，他们就可以一直侵吞和掠夺南方……长久以来，北方人一直在享用南方人为他们准备的盛宴。现在，他们正准备以更大的热情来享受这顿盛宴。所以一想到南方人即将剥夺这顿盛宴，他们就感到怒

---

① 美国南北战争信托基金，《内战真相》。——作者注

不可遏。"①

由于内战在即，急需军费，林肯不得不出台了一系列新税种。美国首次开征房产税，所得税也首次亮相。不管是否违宪，联邦政府在1861年开始临时征收所得税，税率为：收入超过800美元的人上缴3%。因为美国仅有3%的人口收入超过了这个数，所以这项税收得到了广泛支持。第二年，所得税门槛降至600美元，税率也上升了。

为了确保收税顺利，林肯还设立了美国国税局（IRS）。在1862年的《税收法案》中，他制定了另一项沿用至今的法律：在美国境外生活和工作的美国公民，也必须在美国纳税，除非他们是在为政府工作。

但是，这场战争并不仅仅是为了避免关税收入的损失而发动。脱离联邦的各州与欧洲进行自由贸易，才是一种无法容忍的巨大威胁，因为北方企业——制造业、航运业还有最具影响力的银行业将被排除在贸易循环之外。《波士顿先驱报》称这种做法将"削弱北方"。所以联邦决不允许这样的事情发生，一旦出现这样的情况，北方的整个经济模式都会受到损害。对林肯来说，他从来就没有想过让南方和平地脱离联邦。

在众议院，当自由派政治家威廉·福斯特（William Forster）宣布奴隶制是内战的起因时，他遭遇了不同的呼声——"不，关税才是！"②林肯开战并不是为了结束奴隶制。直到1862年8月，他还说："在这场斗争中，我的首要目标是拯救联邦。这场战争既不是为了拯救也不是为了毁灭奴隶制。如果我能在不解放任何奴隶的情况下拯救联

---

① 《新奥尔良新月日报》（*New Orleans Daily Crescent*），1861年1月21日，斯坦普（Stampp）编著，第75页。——作者注

② 约翰·福特·罗德斯（John Ford Rhodes），《关于美国内战的讲座》，纽约，1913年，第2页至16页，亚当斯引用了这段话，第332页。——作者注

邦，我一定会这么做；如果我能通过解放所有奴隶来拯救它，我也会这么做；如果我能通过解放一部分奴隶而不管其他人来拯救它，我还是会这么做。"

解放南方奴隶的《解放奴隶宣言》直到1863年1月才发布，之所以会发布这份宣言还是因为林肯觉得："我们差不多打出了最后一张牌。现在，我们必须改变策略，否则我们就会战败。"

1862年，身在英格兰的联盟国外交官向英国当局表示，联盟国愿意废除奴隶制，以换取外交承认。[①]毫无疑问，南方更愿意保留奴隶制，至少在目前是这样，因为奴隶劳动对其经济发展至关重要。但是，为了拯救联盟国，南方人愿意废除奴隶制。1864年，身在欧洲的联盟国外交官为此目的也提出了同样的诉求。对南方人来说，独立比奴隶制更重要。但北方不同意，因为北方人想要更多的税收收入。卧榻之侧，岂容他人酣睡？

奴隶制是南北双方众多分歧中的一个方面——其他分歧还包括：关税、联邦开支、边境安全、平等进入领土的机会以及公共土地的出售等。但是，造成这种分裂局面的根本原因是不公平的税收。南方各州想要保留他们赚来的钱，而林肯和北方各州想把南方人的财富献给联邦。人们普遍认为，南方联盟的事业从此被抹黑，而联邦的所作所为则被框定为某种伟大而崇高的事业。事实上，双方都是在为各自的经济利益而战。

1861年，查尔斯·狄更斯在他的杂志《全年》上发表了长篇文章，宣称："就目前而言，南北失和仅仅是一场财政纠纷……南方只是对莫里尔关税法案感到不满。正是这份法案阻断了南北双方的联

---

① 威廉·J.库珀（William J. Cooper），《美国人杰斐逊·戴维斯》，第552页至553页。——作者注

合。"①

　　美国内战与其他任何一场起义没有什么大的不同，在它的核心地带，总是有一个税收的故事，而且它通常被忽视。

---

① 狄更斯，"莫里尔关税法"。虽然狄更斯发表了这篇文章，但作者不是他。——作者注

第十二章
大政府的诞生

税收是盗窃行为。战争是由盗窃行为资助的大屠杀。征兵在道德上等同于绑架。

——罗杰·维尔（Roger Ver），企业家（2018）①

20世纪初，英国是世界上最富有的国家。然而，20人中仍有19人没有任何财产。合同没有给工薪族提供任何保护，而且许多人一直受到随时被解雇和失业产生的不安全感的困扰。他们的工作条件往往很差。卡尔·马克思（Karl Marx）等人的思想越来越受欢迎，一股社会主义思潮席卷欧洲，民间也正在兴起一种新的说法，即政府应该做更多的工作来重新分配财富。

在英国，财政大臣大卫·劳合·乔治（David Lloyd George）和他年轻的盟友温斯顿·丘吉尔是这种新说法的政治拥护者，他们想要复制友谊会的成功——友谊会是19世纪在全国各地的社区中迅速发展起来的志愿组织，人们每年只需支付一小部分收入即可入会。作为交换，友谊会

---

① 罗杰·维尔，《我在狱中饱受折磨的故事》，2019年。——作者注

在有需要时为会员及其家庭成员提供养老金、福利、医疗保健和其他服务。劳合·乔治和丘吉尔希望这种民间互助组织能在全国范围内取得成功，而不是仅仅局限在地方层面。

劳合·乔治的改革始于1909年的人民预算，后来成为英国历史上再分配程度最高的预算。他把自己的论点简化为：向贫困宣战。他说："这是一项战争预算，其目的是筹集资金，向贫穷和脏乱发动不可调和的战争……所有人都应该承担自己的一份责任。"于是，政府开始征收土地税、遗产税并增加了所得税。但是，全部由土地贵族组成的上议院否决了这份预算——尽管上议院明确表示，如果政府获得了选举授权，他们就会通过这份预算。1910年1月，英国举行了选举，但这次选举却产生了悬浮议会①，最终该预算于当年4月通过——尽管该预算不出所料地没有提及地价税。

劳合·乔治不愿让上议院阻碍他的支出计划，于是出台了1911年《议会法案》。该法案实际上破坏了上议院否决财政议案的权力。上议院之所以通过这项法案，是因为首相赫伯特·阿斯奎斯（Herbert Asquith）曾说过，国王打算让足够多的新议员加入上议院以使《议会法案》获得通过，而上议院担心大量自由派人士涌入会影响自身利益。随着上议院的权力遭到破坏，英国政府在为了战争或社会改革而增税的道路上再也没有了阻碍。正如税收历史学家詹姆斯·科菲尔德（James Coffield）所说，社会的缺陷现在可以"通过国家干预来得到弥补。税收可以重新分配收入。雇员也受到相关政策的保护，免受最恶劣雇主的侵害。逐渐壮大的公务员队伍做出了影响生活、健康和自由的决定"。这件事也昭示着20世纪下半叶，传统的自由放任主义开始衰落。

---

① 悬浮议会，又称为"无多数议会"，是指议会民主制下，没有任何一个政党或政党集团取得绝对多数（一般指超过半数）的议席。——作者注

随后，英国政府出台了《国家保险法》（1911），该法案为产业工人建立了强制性的国家健康保险，由雇主、政府和工人三方共同出资。《国家保险法》本无意针对友谊会，甚至在一定程度上参照了后者的模式，但友谊会却出乎意料地无法再维持了。大多数人不愿意，也负担不起购买两次保险：一个是强制的，另一个是自愿的。友谊会本该存活下来，但它的破产是不可避免的。如今，国民保险在英国仍然存在，不过，政府并没有按照最初的计划把收到的钱存起来，而是全都花了出去，这让会计师们（有充分的理由）感到非常不安。

第一次世界大战——税收大幅上涨

劳合·乔治的"人民预算"没有导致所得税飙升。收入低于2,000英镑的人，税率保持在3.75%；收入在2,000至5,000英镑这一范围内的人，税率上升到5%；收入超过5,000英镑（大约相当于今天的50万美元）的人还要额外征收2.5%的附加税。但在和平时期，要大幅提高税收并让公众满意是很难的。劳合·乔治不得不求助于其他方法来资助他的福利计划。就像以前的皮特一样，他没有向民众征收更多的税费，而是通过政府借贷来筹集资金。金融家摩根（J. P. Morgan）说："他没有考虑最终的账单。"

1914年秋，英国卷入了第一次世界大战。如果说西方各国政府性质从何时开始转变，那就是这场世界性的战争。现在，提高税率就合乎情理了。所得税的标准税率从1914年的6%上升到1918年的30%，有的税率甚至超过了50%，缴纳所得税的人数从110万增加到近300万。同时，政府对从军工生产中获益的公司征收超额利得税。因此，税收总额从1913年至1914年的1.63亿英镑增加到1918年至1919年的7.84亿英镑，比1905年的总额高了17倍。不过，它也大约只占战争开支的19%到

25%。①战争的其余费用，都是通过债务和通货膨胀来支付的。

英国的国家债务从1914年的6.5亿英镑增加到战争结束时的74亿英镑，直到整整一个世纪后的2015年，英国政府才还清。②就像皮特在拿破仑战争中欠下的债务一样，未来的几代英国人都为此付出了代价。

至于通货膨胀，战争爆发后不久，英国废除了金本位制，并贬值了货币来帮助支付战争费用。到1921年，整个英国的生活成本比1914年至少高出了2.5倍。

税收导致了成人普选。随着纳税人数的增加，民主一致和投票权原则因而得到了扩展，英国政府最终在1918年和1928年颁布了两项《人民代表法》。

就像一个世纪前的拿破仑战争一样，我们可以说是所得税造成了第一次世界大战中博弈双方之间的差异。德国几十年来一直在为战争做准备，拥有超过27万吨黄金的战争基金。德国人认为，战争会比实际结束得更快，然后可以从战败的敌人那里掠夺财富和战利品来收回成本。随着黄金耗尽，德国开始举债为战争提供资金。德国人又认为，所得税对德国人民来说是一个太大的负担，而且会潜在地扰乱公共治安，所以德国在国家层面并没有开征所得税。战争后期，德国政府开始对战时利润、煤炭和营业额征税，但德国在战争期间花费了1700亿马克，所有税收在其中只占8%，其余的军费开支，都是从德国银行和普通公民那里借来的。事实证明，当时的德国要从国外借钱实在是太难，因此德国的国债大幅增长，从1914年的50亿马克飙升到1918年的1560亿马克。

德国政府鼓励公民交出黄金，换取纸币。然而，纸币却不能兑换成金块，德国的货币由此成为无锚货币（由政府发行和控制）。尽管政府

---

① 科菲尔德认为这一数字为25%。鲍尔德斯顿则主张为19%。——作者注

② 第一次世界大战的债务。——作者注

实施了价格管制，通货膨胀还是在战争期间缓慢上升了。到20世纪20年代初，德国经历了历史上最臭名昭著的金融崩溃，其间通货膨胀一发不可收拾，彻底摧毁了德国战争债券的价值以及货币本身。

所得税来到了美国

早在1814年，美国就首次提议征收所得税。当时，财政部部长安德鲁·达拉斯（Andrew Dallas）正在为1812年对英战争寻求资金支持。但是，1815年战争结束时，他的提议被搁置了。美国政府几乎忘记了这个想法，直到新的战争再次将其带回人们的视野。1861年，亚伯拉罕·林肯复活了所得税。1865年内战结束后，美国又废除了所得税。但在19世纪末，美国再次启动所得税，宣称其目的是取代关税。然而，在1895年臭名昭著的波洛克（Pollock）诉农业贷款及信托公司一案中，最高法院裁定所得税违宪，因此，征收所得税成了不能完成的任务。

所得税是否违宪一直是困扰美国的一个问题。宪法是在现代所得税广泛普及之前起草的，其中关于所得税的规定不够明确，由此产生的灰色地带意味着争论永远不会消失。直到现在，这种争论还在继续。不难想象，那些出生在启蒙运动时期，信奉自由、有限政府和有代表权的税收开国元勋们不会批准征收所得税。但是，他们也不会赞成关税制度造成的不公平的后果。

美国宪法明确规定，税收应按比例分配：一个人口占全国1/10的州应承担全国1/10的税收责任。这样的条款使征收所得税变得不切实际：如果一个州的人口少但高收入者多，而另一个州的人口多但低收入者多，又该怎么调和呢？

美国宪法还规定："国会有权制定和征收税收、关税、进口税和消费税以偿还债务并为美国的共同防务和公共福利提供经费，但一切关税、进口税和消费税应在全美国实行统一标准……"然而，由于收入差异太大，统一性和所得税无法挂钩，而且宪法并没有明确规定税收必须执行统一标准，只有关税、进口税和消费税需要统一。

所有这些争论，至少在法律上，都在1913年被搁置起来。国会通过宪法第十六修正案绕开了最高法院的裁决，该修正案规定："国会有权对任何来源的收入制定税率并征收税款，而不需要在各州之间进行分配，也不需要进行人口普查或人口统计。"一条通往税负更重、政府规模更大的国家的道路已经打开。

所得税如何导致美国禁酒

第十六修正案的意外后果之一就是禁酒。但是，如果没有一位鲜为人知但极为坚定的俄亥俄州律师韦恩·B.惠勒（Wayne B. Wheeler）的付出，禁酒运动是不可能发生的。惠勒自小在自家农场被一个醉酒的工人用干草叉刺伤了腿部，这件事使他终生厌恶酒水，而他更是把一生都奉献给了反对酒水的事业。

1893年，当时还是学生的惠勒在听了一场关于戒酒的布道后，加入了新成立的反酒吧联盟（ASL）。后来，他把该联盟变成了美国有史以来最有效的政治压力集团。事实上，是惠勒创造了"压力集团"这个术语，所以压力政治有时也被称为"惠勒主义"。

禁酒运动有成千上万的拥趸者，但是，他们的信息非常分散，因为没有人把他们团结起来。例如，基督教妇女禁酒联盟也在为素食主义进行各种运动；禁酒党也试图对森林保护和邮政政策产生影响。惠勒确保了反酒吧联盟只针对一个问题：将酒水从美国生活中清除。早年，他骑着自行车走乡串巷，在教堂发表演讲并招募支持者。后来，这些演讲演变成了电报运动、示威甚至法律案件。任何支持惠勒事业的人都是朋友，不管他们是否还支持其他内容；任何反对他事业的人都是敌人。事情就是这么简单——他对禁酒事业毫不留情。

在此基础上，20世纪初，反酒吧联盟反对70名俄亥俄州立法者——立法机构中大约一半的工作人员——其中一些为共和党人，一些为民主党人，还有一些为民粹主义者。他们之所以遭到反对，正是因为他们对酒水的态度。反酒吧联盟打败了所有立法者。现在，它可以通过一项法律，这样当地选民就可以决定他们想要的地区是潮湿（纵酒）还是干燥（禁酒）。但是，当时的州长、共和党人迈伦·T.赫里克（Myron T. Herrick）修改了惠勒的议案，使其更加切实可行（在他看来）。

毫不妥协的惠勒就这样被激怒了。

俄亥俄州通常投票给共和党，赫里克更是以该州历史上最大的票数差额当选州长。他资金充足，事业成功，广受欢迎，在否决赛马场赌博一事上得到了教会的支持。但这些都没有意义，惠勒要跟他一较高低。

随着下一届州长选举的临近，反酒吧联盟发起了300多场反对赫里克的集会。他们说赫里克是酒水利益集团的马前卒，是"杀人工厂的拥护者"。当酿酒师协会发出一封呼吁信，敦促其成员默默支持赫里克时，惠勒拍下了这封信，并赶在投票前将照片发送到了成千上万的教堂。

这是俄亥俄州历史上投票人数最多的一次选举。但是，选票上提名了除赫里克外所有其他的共和党人。惠勒说："任何政党都不会再无视教会的抗议和国家的道德力量了。"这一事件向惠勒证明了他的竞选策略是可行的。后来，他在全国范围内复制了当地发生的事情。

带着"是友非敌"的心态，惠勒建立了各种联盟，将那些最不可能合作的群体与反酒水这一事业联系在一起。这些群体包括：福音派神职人员；世界产业工人联合会——他们认为，酒是一种资本主义武器，能让工人醉生梦死，不思进取；妇女选举权运动（惠勒对妇女选举权运动特别热衷，因为他觉得大多数妇女都会投票给支持禁酒的候选人）；城市进步主义者——关注酗酒对城市穷人的影响；三K党——鄙视黑人、犹太人和天主教移民酗酒以及真正的犹太、天主教爱尔兰和意大利组织。

如果对禁酒令进行全民公投，反酒吧联盟肯定会失败，禁酒党也永远不会赢得总统选举。但是，在众多其他问题中，单单这个问题就足以帮助禁酒候选人扭转局势，尤其是在势均力敌的选举中。惠勒可以让他的选民投票给某个候选人，从而改变选举结果。他说："领导们如何对待少数族裔，我也用同样的方式来对待他们。"这一关键的少数选民群体使他能够施加不成比例的影响。

惠勒拥护支持禁酒的人，那些反对禁酒的人则遭到攻击、诽谤和撤职。第一次世界大战爆发时，他利用反德情绪攻击任何反对禁酒令的德国企业或团体，特别是柏斯特（Pabst）[①]、舒立兹（Schlitz）、伯莱兹（Blatz）和米勒（Miller）这几家酿酒厂。当时惠勒的影响力已经达到了如果

[①] 美国蓝带啤酒创始于1844年。——译者注

候选人要当选，他们就必须支持惠勒事业的地步。

据惠勒的一位前同事所写的传记记载，惠勒最终"控制了六届国会，对两位总统发号施令……指导立法……并在共和党和民主党中都保持着均势。此外，他比其他十几个人拥有更大的任免权，甚至在没有官方职权的情况下能从外部监督一个联邦机构。当时，他的朋友和敌人都认为惠勒是美国最专横、最有权势的个人"。

而如果没有所得税，这一切都不可能发生。

即使惠勒1905年在俄亥俄州的立法会上取得了初步突破，但他在全国范围内禁酒的目标仍属于妄想。由于美国有许多来自德国、英国和爱尔兰的移民，酒精就像北欧文化一样，成为美国文化的一部分。饮酒是数百万人行使的一项私人权利，更重要的是，酒水已经成为美国的第五大产业，酒水税占政府收入的40%左右。如果惠勒想争取任何机会来实现他的目标，他首先必须解决财政问题，务必要找到一些替代性的政府资金来源，以弥补酒水税带来的收入损失。没有收入替代品，禁酒是不可能的。反酒吧联盟在一份政策声明中说："反对国家禁酒令的主要呼声是，政府必须获得收入。"宪法第十六修正案正好给了惠勒这样一个他一直在寻求的解决办法。

1912年，民主党人伍德罗·威尔逊（Woodrow Wilson）成为内战以来第一位赢得总统选举的南方人。他竞选时发布了新自由纲领，其目标是降低关税。因此，在赢得总统选举后，降低关税成为威尔逊的首要任务。他通过征收所得税（以及后来的遗产税）来弥补因此而产生的政府收入损失。但是，考虑到所得税最近刚刚被最高法院认定为违宪，他想开征所得税并非易事。

　　威尔逊一直警告说,华盛顿特区说客泛滥。这番言论使他在国内煽起了不满情绪。他通过媒体向公众发出的呼吁,意味着愤怒的选民正在联系他们的代表,要求关税改革。尽管民主党已经控制了众议院和参议院,威尔逊仍然觉得南方和西部的民主党人和他同床异梦,尤其是那些保护地方工业的人,他们的支持是至关重要的。100多年以来,没有任何一位总统实行过关税改革。威尔逊在改革之前,与民主党人进行了广泛的会晤,向国会提出了上诉。

　　这一联席会议轰动一时,报纸对此进行了铺天盖地的报道。与会代表人山人海,众议院座无虚席。威尔逊只作了简短发言,提出了关税改革的理由。他说:"我无法再次面对1894年改革失败的那种尴尬局面。"说罢,他把责任留给自己的政党,要么批准他的改革,要么承担责任。最终,他如愿以偿。

　　1913年的税收法案将关税从40%降至26%。宪法第十六修正案通过了,因此,所得税将弥补损失的财政收入。但是,现在政府也不再依赖酒水税,所以反对禁酒令的主要论据已经消失了。第一次世界大战很快就会证明,征收所得税可以增加多少财政收入。1913年,所得税只针对高收入者,税率从1%到7%不等;到1918年,对于高收入者来说,税率已经上升到令人难以置信的77%。

　　所得税刚一成为法律,美国就出现了反酒吧联盟所说的"下一步也是最后一步"的局面:"全国禁酒令,通过宪法修正案来确保其得以实施。"第一次世界大战结束后,又经过5年残酷的政治运动,惠勒实现了他的梦想:全国禁酒令——沃尔斯特德（Volstead）法案——该法案主要由惠勒起草，但以提出该法案的国会议员命名，于1919年颁布。

虽然惠勒成功地将酒水定为违禁品，但他却无法阻止美国人饮酒。人们在禁酒令中发现了大量的法律漏洞，而且任何想在城市里喝酒的人都能很容易地找到一家酒肆（据一位警察局长说，仅纽约就有32,000家非法酒类经营场所）。与此同时，意外后果接踵而至，禁酒令导致了以前不为人知的有组织犯罪现象。警察、法院和政界的贪污受贿成为普遍现象，目无法纪的情况比比皆是。刑罚系统负担过重，成千上万的人失业，带来了各种可怕的后果，既有经济上的，也有个人层面的。由此更产生了一种酗酒文化，严重影响了人民健康，而大量劣质酒水的存在更加恶化了这种影响健康的问题——导致多达5万人死亡，[1]更不用说那些死于新一轮犯罪高潮的人了。有酗酒问题的人无法得到适当的治疗——相反，他们被视为罪犯。成千上万的合法企业破产，取而代之的是无须纳税的非法经营，进一步增强了政府对所得税的依赖——进而增加了美国人民的负担。

尽管到了20世纪20年代末，全国上下早已厌烦了禁酒令，但上述这些理由还不足以让政府废除它。当权派仍然害怕惠勒的禁酒令游说团。但是，面对大萧条时期税收收入的损失，当局不得不采取行动。因为酒水具有很强的可税性，于是政客们跃跃欲试，想要推翻禁酒令。当时，罗斯福也正好需要钱来实施他的新政。因此，在1932年的竞选活动中，他承诺：联邦

---

[1] 大卫·汉森（David Hanson），《惠勒，韦恩·比德韦尔》（*Wheeler, Wayne Bidwell*），美国国家人物传记（American National Biography Online），2000年2月。——作者注

财政部仅从啤酒收入中就将获得数亿美元的财富。而惠勒已于1927年去世，无法再跟罗斯福作对。在这种背景下，禁酒令于1933年被废除，到1940年，整个美国酒精饮料的税收收入达到了6.13亿美元。

1932年，反对罗斯福的胡佛（Hoover）竞选团队进行了一次民意调查，这次民意调查直到最近才被公布。调查结果显示，美国人并没有将经济萧条归咎于政府。从整体来看，当时最大的问题就是禁酒令。胡佛坚决支持禁酒令，但绝大多数美国人赞成废除它，而废除禁酒令也正是民主党提出的政纲。也许，富兰克林·D.罗斯福之所以能当选总统，不是因为他提出了新政，而是因为他废除了禁酒令。

第十三章
第二次世界大战的往事

> 这（第二次世界大战）是历史上用来将美元与公民分离的最大机器。
> ——《时代周刊》（1942年10月）

战争规模越大，税收负担就越重。第二次世界大战给世界带来了比以往更高的税负，正如美国总统富兰克林·罗斯福所说："战争需要花钱。"

在美国，税收总额约占第一次世界大战成本的22%。战争的其他开支是通过债务和印钞来实现的。但是，当时仍有大部分普通美国人不用缴纳所得税。1942年的税收法案改变了这一切，缴纳所得税的美国人从1,300万增加到5,000多万。突然间，75%的美国劳动者发现自己正在缴税。《时代》周刊悲叹道："第二次世界大战将比共和国历史上任何时期都需要从更多民众的身上筹集更多的钱。"

预测是正确的，法案被称为"胜利税"。为了使民众甘之如饴，政府进行了大量的宣传。为了教育人们如何纳税，也为了减少公众的怨恨，财政部部长小亨利·摩根索（Henry Morgenthau Jr）委托华特·迪士尼（Walt Disney）制作了一部名称为《新精神》的电影，主角是唐老鸭。同时，美国也向其他娱乐圈人士求助，目的是给民众洗脑：纳税不仅是一种爱国责任，也是一种乐趣。欧文·柏林（Irving Berlin）写了一首由吉恩·奥特里（Gene Autry）演唱的歌曲，名为《我今天缴了所得税》。该歌曲自豪地赞美了这样的场景：一位普通工人的税收帮助政府购买了用于轰炸柏林的1,000架飞机。还能有哪一首歌词能如此随意地描绘了税收和战争之间的关系呢？

到1944年初，所得税的最高税率达到了94%，2月的民意调查显示，90%的人认为自己缴纳的税额是公平的。①但是，那些按最高税率缴税的人就没有那么狂热了。

在战争期间，美国购买了大约1,300万支枪、400亿发子弹、10万辆坦克、30万架飞机、10艘战列舰、27艘航空母舰和200艘潜艇，政府面临巨大的财政负担——这场战争中的总花费是第一次世界大战的10倍——大约3,210亿美元。②这一次，税收覆盖了48%的成本，其余的资金则通过借贷和通货膨胀来筹措。到战争结束时，美国国债翻了六番，达到GDP的110%。通货膨胀很少包括在这些计算中，尽管它应该包括在内。据估计，货币贬值占战争成本的21%。在欧洲，通货膨胀率则更高。

据说，美国的到来使战争朝着对同盟国有利的方向转变。而美国之所以能参与这场战争，很大程度上得益于这种新型所得税提供的资金支持。

撇开债务不谈，所得税现在是美国的主要财政收入来源，大政府的时代已经真正开始了。

---

① 班克（Bank）、斯塔克（Stark）和桑代克（Thorndike），他们引用了美国企业研究所，"关于税收的舆论"，美国企业研究所舆论研究。——作者注
② 《美国——第二次世界大战》，大英百科全书网络版，2018年。——作者注

工程、福利与战争：纳粹德国的资金来源

在大萧条的背景下，纳粹于1933年在德国掌权。当时，整个德国的失业率高达30%，失业保险体系早已崩溃。

历史学家一致认为，纳粹崛起的经济原因在于大萧条和第一次世界大战后德国签订的《凡尔赛和约》的影响以及该和约给德国带来的巨大财政负担。然而，1930年至1933年德国的投票数据表明，其他因素，特别是政府增加税收和削减开支也起到了作用。有人认为，如果前总理海因里希·布吕宁（Heinrich Brüning）推行更具扩张性的财政政策，纳粹就不会当选。当时纳粹中有人意识到了这一点，评论布吕宁的紧缩政策"将帮助我党赢得胜利"。

纳粹一上台就立即启动了一项庞大的公共工程计划以刺激经济，这一计划主要是由他们的前届政府实施的，纳粹很快将功劳据为己有。鉴于经济衰退的减缓，其复苏是必然的，但经济复苏对德国产生了巨大的影响，到1934年底，失业人数从近600万降至240万，道路以及体育场馆、学校和医院等公共建筑还有军备改良、工业振兴——所有这些都获得了巨额的财政支持。到1938年，德国基本上实现了充分就业，通过控制工资和物价来防止通货膨胀；到1939年，德国实际上面临短缺多达100万工人的局面，不过从被征服的领土尤其是波兰引进的奴工弥补了这一缺口。

纳粹是福利制度的忠实信徒。宣传部长约瑟夫·戈培尔（Joseph Goebbels）自豪地说："我们，而且只有我们才有最好的社会福利措施。"政府随后推出了大量的福利计划，旨在促进"人民社区的集体化"。它帮助了大约1,700万德国人，被认为是"世界上最伟大的社会机构"。在这个慷慨的福利体系中，你能想到的所有条款都包括在内：失业和残疾津贴、房租补贴、日间托儿所、医疗保险、老年保险和养老

院。与此类似，德国最大的单一纳粹组织——德国劳工阵线也通过臭名昭著的"欢乐带来力量"体系，为工人实施了许多福利项目，教育也由国家免费提供。

与所有公共支出项目一样，政府的意图是为了照顾人民，是善意的，问题是这些项目的钱从哪来呢？

在1933年的竞选承诺中，最引人注目的是纳粹没有兑现减税的承诺。在前一届政府时期，税负就很重，现在仍然如此，营业税约占税收收入的20%，所得税约占1/3。

除了缴纳常规的税收，雇主和工人还必须向劳工阵线捐献财物。这样一来，普通工薪阶层就失去了30%左右的收入。随着战争的临近，赋税越来越重，政府以此来抑制消费，从而增加军备开支。

元首本人不屑于纳税，1934年，慕尼黑税务局因他没有申报收入和缴纳税款而对他处以罚款，给了他8天时间来解决这个问题。然而，财政部的一位官员说了几句话后，税务局随即宣布："税务报告提供了相关依据，来说明元首具有纳税义务。但是，税务局从一开始就废除了所有这些税务报告。因此，元首是免税的。"

一般来说，税收与债务的比率是适中的，而且德国的税收水平与英国和美国相当。然而，战争开始后，德国的税收并没有像同盟国的税收那样迅猛增长。

历史学家格茨·阿利说："公务员们一再试图提高税率，却发现受到了来自纳粹领导层的阻力。他们出手干预税收，以保护中低收入的德国人。"当时成立了德意志国防部长级委员会来为战时税收制定蓝图，对所有工资收入征收了50%的附加税，但"很快就把除了最富有的德国人之外的所有人都排除在外了……最终，只有4%的人缴纳了50%的附加费。"即使德国总财政收入在战争期间增长了约95%，其中税收所占的比例却越来越小。1939年，税收占到了军事支出的

45%。到1944年，这个数字下降到了16%，德国的税收总额不到其借款总额的一半。

纳粹很幸运，因为他们上台时德国的公共债务相对较少。但恶性通货膨胀的记忆仍然挥之不去，所以国家对债务和货币扩张持谨慎态度。此外，他们还从上届政府于1932年达成的一项协议中获益，该协议暂停了与《凡尔赛和约》有关的大部分款项。这给德国留下了1933年的预算盈余，他们随即想办法让这些盈余发挥相应的作用。于是，他们开始到处借钱。到1936年时，德国国家银行行长亚尔马·沙赫特（Hjalmar Schacht）警告说："通货膨胀越来越令人担忧。"但是，他很快就被解雇，他的警告也被忽视了。

1937年，德国的官方债务占到了GDP的40%。英国的债务名义上要高一些，但德国的大量债务并未在官方声明中公布。到战争结束时，德国的国家债务似乎增加了10,000%，但事实上，德国的借款额是一个严格保守的秘密，纳粹的账目也往往具有欺骗性。这些债务大部分是内部征收的，到战争结束时，所谓的秘密借款和强制借款的做法很常见。

债务、税收和通货膨胀都不足以为政府支出提供资金，还需要从其他地方寻求收入。

大屠杀是如何从税收开始的

虽然纳粹认为德国犹太人是外来民族，但他们对犹太人的财富却没有这样的看法。他们从犹太人那里没收得来的财产，支付了德国大约1/3的战争费用。

纳粹税务当局积极地"从经济上摧毁犹太人"。从1934年起，税法开始歧视犹太人。按照规定，犹太人必须登记他们所有的财产和资产，无论是国内的还是国外的。如果税务局发现他们隐瞒资产，他们将被判处10年监禁并没收所有财产。这些声明刚一发布，国会议长赫尔曼·戈林随后就对犹太人征收20%的财富税。犹太人是德国最富有的社会群体之一，纳粹从他们那里筹集了数百万马克，甚至那些设法逃离德国的人，也必须支付出境税。

犹太人不得从事某些领域的工作——行政部门、法律和医学。例如，德国政府吊销了犹太税务顾问的执照；法令限制犹太医生从公共（国家）健康保险基金获得报酬。不仅如此，犹太演员被禁止出现在舞台上和电影中。

德国整个官僚阶层的形成就是为了向犹太人征税。慕尼黑大学的克莉丝汀·库勒（Christine Kuller）说，他们"发现了犹太人的住所和银行账户并将其清空"。然后，他们销毁那些在集中营里失踪的人员的所有痕迹。纳粹不仅出售那些被送进集中营的人的财产，还出售那些逃离德国的人的财产，从而大赚了一笔。此外，他们还拍卖从犹太人家中掠夺的物品。这些收益被存入盖世太保的银行账户，然后转到柏林的德国国家银行。当波罗的海周边的国家和波兰的房屋被洗劫时，税务人员仔细清点并详细记录了被盗物品、运送这些物品的火车车厢和目的地，这样细致的记录连犹太人自己都没有做过。

1938年，随着军事预算的增长和开支开始失控，德国通过了一项法案，将德国犹太人拥有的所有财产国有化。戈林向犹太人发行战争债券以换取他们被盗的财富。只有德国赢得战争，犹太人做出的这些牺牲才会受到尊重。

至于德国占领的领土——从北部的斯堪的纳维亚到南部的希腊和意大利，从西部的法国到东部的俄罗斯——纳粹遵循了传统征服者的套路。他们先是劫掠，然后征税，趁乱抢劫非常猖獗——士兵们偷走个人物品、装备和汽车，甚至公共汽车和火车也被运回德国。税收减免实际上鼓励了德国士兵去掠夺，他们从当地家庭、农场或企业偷来的任何东西，只要能装进邮袋，就可以不用缴税而直接寄回家乡。1940年，在入侵俄罗斯的前6个月里，德国士兵将350万袋抢来的财物运回了老家。

纳粹提高了被征服的领土上士兵的工资，同时对被征服国家的货币进行贬值，从而增加纳粹士兵的购买力。然后，纳粹鼓励这些士兵购买商品（实际上低于市场价值）并把它们送回德国。被征服的当地居民面临商品短缺的局面，这就导致了物价上涨、居民经常挨饿以及当地经济破产。希腊就因此遭受了恶性通货膨胀。

被征服的民族必须做出很大的贡献来支持驻扎在附近的德国士兵。他们被迫把自己的黄金储备汇到德国中央银行。在法国，德国人控制了股票市场，并出售部分股票来偿还债务。

正如他们的财产被搜刮一样，被征服民族的劳动力甚至他们的一生也被征用。首先是犹太人、持不同政见者和其他所谓的罪犯，然后是战俘和平民，纳粹把他们从被占领地送往劳改营干活。据推测，大约有500万波兰人经历了集中营的生活，其中死亡了300万人。历史学家迈克尔·艾伦（Michael Allen）估计：到1944年，无论是在工厂还是在农场，奴工占到了德国劳动力总数的1/4。①

赢得了战争却失去了安宁的国家

英国的纳税人在第二次世界大战中与他们的美国同胞有类似的经历，所得税和纳税人数都达到了历史最高水平。在1938年的英国，4,750万人口中有400万人正在缴税；到战争结束时，这个数字增加了三倍，超过1,200万。如果你认为美国高收入者的税率高达94%就已经算

---

① 艾伦，《种族灭绝事件》，第1页。——作者注

具有惩罚性，那么英国的最高税率达到了97.5%，你会作何感想呢？

英国的国家债务几乎翻了3倍，从1939年的83亿英镑增加到1945年的230亿英镑（约920亿美元），接近GDP的237%。但是，尽管英国在战争开始时从国内借款，但到战争结束时，它已依赖主要来自美国的外部信贷。

不仅是战争本身的代价，战后的重建计划也使英国陷入了瘫痪。例如，仅在东南部的闪电战中就有200万间房屋被毁。整个欧洲都因基础设施遭到破坏而遭受损失，德国尤其如此。例如，维尔茨堡89%的建成区、雷姆沙伊德和波鸿83%的城区以及汉堡和伍珀塔尔75%的地区被毁。但美国（除珍珠港外）和加拿大却没有遭受这种损失。

战争期间，美国通过《租借法案》向英国提供了必要的供给。战争结束后，美国又借给英国5.86亿美元，并提供了37亿美元的信贷额度，每年50次分期偿还。这种做法对英国造成的伤害是：债务是以美元计价的，因此随着英镑贬值，英国的负担也随之加重。由于美国坚持抛售其黄金和美元储备并对其进行多次审计，英国实际上失去了自主权，不得不出售许多资本资产，尤其是在美国的。总而言之，这场战争让英国失去了在世界秩序中的地位。

同时通货膨胀也发挥了作用，就像它在第一次世界大战中的作用一样。在1938年到1946年间，英国的生活成本增加了60%。到1951年，这个数字翻了一番还多，换句话说就是，英镑贬值超过50%。而通货膨胀的另一个潜在影响是将工薪收入者推入更高的税级，从而使他们最终缴纳更多的税费。

以往的战争都是通过洗劫、掠夺和对新征服的领土征税来支付相关费用，而第二次世界大战的代价则落在了战胜国公民，尤其是英国人的身上。英国是获胜方，却没有享受到战利品。1946年至1947年的税收是战前一年的3倍。战后一直到1954年，这个曾成为世界首富的国家还在实行食物配给制度。直到2006年，英国才还清了对加拿大和美国盟友的债务。当国际社会在1953年将德国所有的外债一笔勾销时，英国却在偿还着大部分的战争债务。

第十四章
社会民主主义的演变

拆东墙补西墙的政府总能指望得到受补那方的支持。

——乔治·萧伯纳（1944年）

每次世界大战结束后，政府支出都会减少，但税收却再也没有回到战前的水平。税收不仅没有停止，相反，它们停留在了更高的水平。

现在，所得税是20世纪每个人生活中不可避免的元素。战争把税收从潘多拉的魔盒释放了出来，却没有人把它收回去。连任的压力限制了政治家们在和平时期提高税收的能力，也许这就是为什么说德国和日本"赢得了安宁"的一个主要因素。

甚至到了现在，那些卷入第二次世界大战的国家的所得税税率也往往高于未卷入第二次世界大战的国家。例如，智利是所有经济合作与发展组织成员国中所得税（相对于GDP）最低的国家，而且没有参与第二次世界大战。这不是一条硬性规则，但仍然值得注意。经济合作与发展组织成员国中，政府支出水平最低的是智利、爱尔兰、哥斯达黎加、韩国和瑞士——这些国家在第二次世界大战中的参与度都远远低于这5个参与度最高的国家：芬兰、法国、丹麦、比利时和希腊。

高税率存在的部分原因是政府在战争期间承担了许多新的义务，从偿还债务、重建家园到照顾受害者。它们之所以仍然存在，是因为世界各地的政客们为了在当前赢得声望或政治信誉，设计了一些让他们的政府在未来承担巨额支出的计划。比如一位承诺改善道路、学校或福利的政治家就正在承担这不能轻易取消的义务。这样的承诺越多，政府的规模就越大——由于世界大战，税收结构已经到位，以满足政府的承诺。现在的纳税人所面临的义务，有时是100多年前所作出决定的结果。政府现在做出的支出承诺，也将给未来的若干年带来类似的效果。

这样，政府职能就从传统领域——军队、警察、基础设施扩展到经济、教育、福利，尤其是医疗保健等其他领域。下表由英国经济事务研究所（IEA）提供，从中你可以看到自1870年以来政府支出的巨大增长。[①]在澳大利亚，政府支出已经翻了一番。在德国、法国和英国，这一数字增长了4倍多，而在美国，大约是5倍。

政府支出总额与国内生产总值（按市场价格计算）之比表（%）

年份 国家	1870年	1913年	1920年	1937年	1960年	1980年	2000年	2010年	2015年	2018年
澳大利亚	18.3	16.5	19.3	14.8	21.2	34.1	34.6	36.6	35.6	35.4
法国	12.6	17.0	27.6	29.0	34.6	46.1	51.1	56.4	57.0	56.2
德国	10.0	14.8	25.0	34.1	32.4	47.9	44.7	47.4	44.0	43.9
英国	9.4	12.7	26.2	30.0	32.2	44.7	37.8	48.8	43.2	40.0
美国	7.3	7.5	12.1	19.4	30.0	35.3	33.9	43.2	37.8	37.8

尽管这一过程中出现了各种变化，但更广泛的趋势是政府规模不断壮大。在20世纪初，欧洲国家的政府支出约占GDP的10%，税收也很低。100年以后，也就是21世纪初，这个数字在许多欧洲国家超过了

[①] 布思和伯恩。出处：坦齐和舒克内希特；经济合作与发展组织经济前景（2016年6月，附件表格29），及经济合作与发展组织数据银行。2018年的数据来自网站Oecd.org（2019年）。——作者注

50%，而且税负很高。所得税作为政府收入的最大单一来源，是造成这种增长的主要原因。

第二次世界大战后的几年里，英国是一个税负相对较高的国家，一直到20世纪70年代末都是如此。政府支出占GDP的比例从1948年到1977年一直在上升。在20世纪60年代的后半期，税负出现了除战时外最显著、最持续的增长。20世纪70年代末，政府的态度发生了转变：玛格丽特·撒切尔成为英国首相，罗纳德·里根成为美国总统。两位领导人都信奉低税收和有限政府，因此政府支出的比率趋于平稳。但是，在其他大多数发达国家，税收至少在20世纪80年代之后仍在继续增长，而且往往会持续更长时间。

随着里根和撒切尔上台，降低所得税最高税率的趋势越发明显。这是一个全球性的现象。1900年，高收入者的最后一部分收入几乎没有税收，最高边际税率在1910年后才开始实行，而且一直在上升。在英国，如果加上附加费，20世纪50年代和60年代的最高税率实际上是90%（战争期间更高）。到了1978年，最高阶层的税率基本上是98%（不是所有收入都要按98%征税，而是所有高于一定水平的收入）。随着那段时期通货膨胀的加剧以及起征点的不变，越来越多的人发现自己被困在了最高阶层里，按照更高的税率在缴税。

大约在1980年以后，大多数国家开始降低较高的税率。撒切尔将最高税率降至60%，在1988年降至40%。如今，相应的数字是45%。德国和法国的税率则上涨了几个百分点。在美国，这一比例为39.6%。但最高边际税率的降低并没有让政府收缩开支，反而导致了经济扩张的放缓。

地方政府的缓慢死亡

并不是所有的税收都增加了，也不是所有的政府部门都在扩展。20世纪税收的另一个共同特点是：在地方层面，税收实际上在萎缩。在20世纪初的英国，地方税约占总收入的1/3。现在，这个数字只有3%—4%。此外，正如英国财政研究所指出的那样，"唯一重要的地方税（市政税）仅占地方总支出的1/7左右"。

同样的趋势也适用于美国。在19世纪与20世纪之交，地方政府收税比联邦政府还多。即使在大萧条前夕，地方政府的税收收入也占到联邦政府税收总额的一半，其中仅在地方层面征收的财产税就占了40%。后来，地方税在大萧条期间呈断崖式下跌。到了第二次世界大战结束时，它们仅占政府总收入的10%。这在一定程度上可以解释为，其他地方的税收（尤其是所得税）大幅增加，而本地的税收却没有相应的增加。

但还有另一个因素。也许税收的第一条法则是：政府会在容易收税的地方收税。各地人民不直接与中央政府接触，也很难越级追究中央政府的责任，因此，中央政府从源头扣除所得税完全没有阻力。相比之下，地方税大多不具备直接从源头扣除的可能性，所以人们违规的可能性更大。相较于源头扣税，人们更不情愿从他们已经到手的收入中再拿出钱来缴税，特别是当他们已经在联邦层面上缴过税时。常言道："人们只是带着悲伤向中央政府纳税，但却是带着愤怒向地方政府纳税。"人们与地方层面的收税员接触得更多，所以更容易追究地方政府的责任。

当然，英国的玛格丽特·撒切尔曾试图在地方层面征收更高的税——人头税，但她彻底失败了，以至于因此而葬送了自己的政治生涯。然而，对于这种模式来说，斯堪的纳维亚是一个例外，因为与其他国家相比，该地区的地方税在当地占很大比例。但即使是在那里，税收的最大份额也是从收入中扣除的，虽然是由地方政府来扣除。

在许多情况下，税收由中央政府征收，然后再分配到地方。通过这个过程，权力转移到中央当局。谁拥有税收，谁就拥有权力。中央政府变得更加集权化，因而与地方政府越来越疏离。随着权力地方化程度的降低，地方政府在很多方面也变得更加不负责任。中央政府因为比地方政府更善于增加收入，结果政府本身的性质也就发生了变化。

数字货币和增值税=更高的税收收益

20世纪后期税收的另一个显著特点是：即使税率很高，中央政府也能更有效地征税。

第二次世界大战期间及战后不久，大多数国家都采取了新措施，以确保从源头征收税款：美国在现行的《1943年纳税法案》中引入了预扣税。接下来的一年，英国出台了《所得税预扣法》（PAYE）。在此之前，税收每年征收一到两次。现在，政府每周或每月扣除一次税收，可以更快地获得资金。

征税的效率和速度进一步增加了政府支出的潜力，美国财政部表示，预扣"大大简化了纳税人和国税局的工作流程"，还坦率地承认，预扣"极大地降低了纳税人对征收税额的敏感度。也就是说，税收的透明度降低了，这使得未来更容易增税"。换言之，"鹅"更加意识不到自己被拔毛了。到1950年，几乎每一个发达国家及许多发展中国家，都建立了一套从源头上征税的行政体系。

政府有效地利用雇主充当收税人员，违规的人会受到巨额罚款甚至更严重的惩罚。银行成了政府的帮凶，以确保资金得到妥善收集并及时报告可疑活动。货币由政府发行并由中央银行保管的事实进一步加强了这种控制。20世纪80年代和90年代的技术进步诞生了货币数字化和支付电子化，这样的自动化意味着人们想违反这一规定就更难了，而政府收税效率和遵从率却提高了。

增值税和销售税的征收也取得了进一步的发展，虽然以前有其他国家征收过商品和销售税，但1960年只有法国这一个国家征收增值税——法国是增值税的发源地。到1980年，征收增值税的国家增加到27个。如今，166个国家都有增值税——各国政府会迅速模仿有效的税收制度。亚当·斯密曾说："从人民口袋里榨取钱财，是一个政府从另一个政府那里学得最快的本事。"世界范围内的增值税税率相当稳定，在15%到20%之间（斯堪的纳维亚的那些国家是24%到25%）。欧盟规定最低税率为15%。

企业再次成为收税员：法律规定，任何营业额超过一定限度的人都必须征收增值税，然后将其提交给政府。实际上，政府已经把税捐稽征外包出去了，谁不服从，谁就会遭殃。

有些人认为增值税不公平，因为它不是累进的——所有人都按相同的税率缴税，因此穷人缴纳的税款占其财富的比例更高。而其他人出于同样的原因认为这是公平的——每个人的税率都一样。增值税的副作用之一是降低了消费税。作为一种消费税，增值税有一种自愿性——也就是如果你不愿意，你不去购买商品就不会因此缴纳增值税，但也有观点认为，增值税减少了贸易，许多政府利用增值税来豁免支持某些行业。

无论你支持哪一方论点，增值税都已经成为政府收入的一个重要来源。在英国，增值税占税收总额的17%左右。在欧洲大陆，这一比例平均为28%。美国本身没有增值税，但商品和服务税占到了政府收入的17%。

为什么发达国家在收税方面比发展中国家好

发达国家和欠发达国家之间的一个显著区别是：用数据研究网站

"用数据看世界"的话说，"如今，即使税率相同，发达国家的税收占国民产出的比例远高于发展中国家"。

造成这种情况的原因有很多。其中最主要的原因是，发达国家的金融技术、银行和税收基础设施往往比发展中国家更先进。欠发达国家倾向于更多地依赖针对贸易和消费的税收。此外，许多欠发达国家没有完全参与两次世界大战，这使得他们所得税的税率更高。

因此，高收入国家（特别是欧洲国家）的中央政府往往控制着比低收入国家政府大得多的国民生产份额。例如，在法国，中央政府支出占国民总产出的50%，而在尼日利亚，相应的数字只接近6%。

随着国家的发展，税费征收的额度和方式也在不断改进。以土耳其为例，自1980年以来，该国的税收收入增加了一倍多。其结果就是，发达国家在社会保障方面的支出远高于欠发达国家。相反，发展中国家的经济增长更快，很少会陷入停滞状态。有效的税收提取方法、金融技术和高水平的社会保障支出是相关的，随着时间的推移，我们可以预见，发展中国家终会像发达国家那样面对社会保障支出过高的问题。事实上，这早已成为现实了。

政府支出的巨大变化

过去，税法的唯一目的是为政府运转筹集必要的资金。但在当今世界，税收承担了更多使命，包括收入再分配、鼓励受惠产业和劝阻不利行为。

——经济学家、供应学派代表人物阿瑟·B.拉弗（2011）

美国的军费开支在第二次世界大战后并没有降低，因为他们又相继进行了几次规模不算小的战争。比如卷入了中东战争，至今仍未抽身。

现在，美国每年的国防开支突破8,000亿美元，超过联邦预算的20%以上。美国国防部已成为世界上最大的雇主，其在册雇员约有320万人。美国军工联合体依然是一支影响力惊人的游说力量。

然而，尽管涉及的数额巨大，美国的军事开支相对于其他开销，按照GDP的百分比来算实际上在下降。1960年，美国国防开支占GDP的8%，而现在仅为3%。

国防开支的下降在其他国家和地区表现得更为明显。1960年，各国国防开支的全球平均水平是GDP的6%。现在，这一比例是2%。在欧洲，国防开支只占GDP的1.5%——按比例计算，还不到美洲的一半。英国的国防开支占GDP的1.8%，但在1953年，国防开支占英国政府支出的25%以上，如今，它已不到5%。

社会福利住房等基础设施和基本工程项目方面的支出也在下降。例如，英国目前的这一数字大约是20世纪六七十年代的一半。现在，英国在资本投资占GDP的比重方面在全球排名第132位，支出不足17%。相反，它依靠私人资金和公私合作来拉动投资。美国则从1960年的世界排名第15位滑落到现在的第109位。

尽管在基础设施和国防方面的支出减少了，但政府仍在扩张——钱花在了别的地方。第一次世界大战之后，人们期望英国政府能提供"一片适合英雄生活的土地"，第二次世界大战之后也发生了类似的事情。战争的成本被新工党政府的巨额福利计划所取代，尤其是国民医疗保健服务制度（NHS），而且整个欧洲都是如此。1945年至1980年间，公共支出增长尤其迅速，主要支出领域是福利、医疗保健和教育。在英国，1948年社会保障支出占国家预算的15%。现在，这个比例超过了30%，医疗保健从1956年的8%增长到如今的20%以上。到2023年，NHS将占到英国GDP的38%。教育支出在20世纪40年代、50年代和60年代也都有所增加，此后一直大体保持在政府预算的11%左右，占GDP的4%—6%。

各国之间的数字略有不同，令许多人吃惊的是，美国（通过其保险体系）在医疗保健上的支出实际上比大多数欧洲国家都要多。

更广泛的趋势依然存在：国防和基础设施等领域的投资减少，而医疗、福利和教育领域的投资增多。利用税收来重新分配财富和"减少资本主义的不平等"成为冷战时期各国的一种意识形态武器，且这种状态一直持续至今。

在日常生活中，这种变化几乎无人察觉。每一项预算百分之几的变动看似微不足道，但从百年的长度来看，这种递增效应意味着政府角色和规模的惊人转变。1900年，在欧洲大陆的大部分地区，社会支出占GDP的比例不到1%，而现在则超过30%。在丹麦和芬兰等国家，超过40%的政府支出用于社会保障。在韩国和美国，这一数字接近20%。由于人均GDP在这段时间内大幅增长，每一项预算的绝对增长（而不是我上面所描述的相对增长）比前述的数字要大得多。

税务自由日

1948年，佛罗里达州的一位商人认为，一名美国人自己平均要缴纳多少税还不够清楚。

达拉斯·霍斯泰特勒（Dallas Hostetler）想出了一个主意。他强调一年中普通人缴税和还清所欠的政府债务的那一天。从那一天起，人们的收入就归他们自己所有，由他们（而不是政府）按照自己的意愿来保管和消费。

达拉斯·霍斯泰特勒称这一天为"美国税务自由日"。

在接下来的20年里，霍斯泰特勒每年都会计算美国的税务自由日，甚至为它注册了商标。1971年退休后，霍斯泰特勒把这个商标交给了华盛顿特区的智库——税务基金会，后者继承了他未竟的事业。世界各地的许多机构现在都在计算他们自己国家的"税务自由日"。英国的这项工作是由亚当·斯密研究所来完成的。

这势必是不精确的计算,因为计算的过程中涉及很多平均值。但是,通过比较世界各国的税收自由日,你会对一个国家税收的总额、占该国政府收入的相对规模以及该国人民享有的经济自由度有一个基本的概念。这件事也是对经济中税收负担的一种简单易懂的说明。

在美国和澳大利亚,税收自由日出现在4月的最后一周。英国人则要等到6月,而法国人和比利时人要到7月的最后一周才能完成对国家的服务。

在20世纪之交,税收自由日在1月中上旬到来。这就是政府发展的程度,意味着:一个典型的公民一生中至少要无偿工作20年,在许多情况下甚至超过25年。

中世纪的农奴必须每周在领主的土地上工作3天,以换取领主的保护和在自己土地上耕作的权利。在21世纪,普通公民40%—60%的劳动报酬被国家征用,以换取国家的保护和保留剩余劳动报酬的权利。现在的社会条件完全没有过去那么恶劣,因为我们有更多的言论和行动自由,且收益也远远超过中世纪农奴的收益。但本质上,我们在承担义务方面还是花费了同样多的时间,这一现象发人深省。

第十五章
非官方税收：债务和通货膨胀

年轻人有福了，因为他们将继承国债。

——赫伯特·胡佛（1936年）①

即使税收如此之高，在大多数情况下政府支出还是超过了税收收入，预算盈余是罕见的，各国政府做出的承诺必须得到兑现。因此他们不得不通过其他方法来增加收入。其中，最主要的方法是债务。

当然，债务从字面上看并不是一种税，但它可以被视为一种税，尤其是从政府使用它的方式来说，这是一种"未来税"。

第一次世界大战期间，美国借钱给英国，这些贷款英国直到100年后的2015年才最终还清。实际上，我们这一代人一直在为支付我的曾祖父母那一辈所产生的利息而工作。未来几代人将不得不偿还债务，从而为如今更严重的财政不负责任的行为埋单。

在我写这本书时，美国国债已经高达21.5万亿美元。这一数字在乔

---

① 赫伯特·胡佛，在内布拉斯加州共和党大会上的讲话，内布拉斯加州林肯市，1936年1月16日。——作者注

治·布什（George Bush）执政期间翻了一番；在奥巴马执政期间，它又翻了一番；在特朗普领导下，这一数字再翻一番。除了1998年至2001年（与互联网泡沫有关）这4年拥有小幅盈余之外，美国自1969年以来每年都出现预算赤字。

英国的国债高达2万亿英镑，德国目前的国债是2.1万亿欧元，法国是2.3万亿欧元，意大利是2.4万亿欧元。我们有必要提醒自己1万亿欧元是多大一笔钱——它是100万个100万欧元。

这些惊人的债务只会变得更加惊人。世界上每个发达国家都有政府债务问题，但仍在继续维持赤字。日本自1966年以来一直处于年度预算赤字状态，法国则是从1993年开始，而意大利自1950年开始就一直处于这样的状态。英国的政府债务超过GDP的80%，法国和西班牙都以占比90%居于首位。美国已经还清的债务占GDP的100%，爱尔兰占110%，葡萄牙和意大利则占130%。但是，最高峰值出现在"旭日之国"日本。日本总债务占GDP的比例高达惊人的230%。尽管政府会尝试，但在更多情况下并没有控制支出，它们实在无能为力。由于上届政府的各种承诺，他们承担的义务太多了。

"这是欠谁的钱呢？"这是一个经常被问到的问题。就美国而言，约30%是欠外国和外国投资者的债务。另外1/3由联邦政府自身通过社会保障基金、退休基金等持有。美国联邦储备银行通过量化宽松（一种数字货币印刷方式）创造了购买债务的货币，拥有约12%的债权。共同基金、银行、养老基金、保险公司和其他投资者拥有其余的债权。人类学家大卫·格雷伯（David Graeber）认为，海外持有的美国债务实际上是一种现代贡金，是为其海外驻军而征收的款项。

在英国，大约25%的债务由英格兰银行持有（与美联储一样，英格兰银行实际上印制了货币来购买债务）；外国和外国投资者持有25%的债权；其余的债权归银行、房屋互助会、养老基金、保险公司和投资者所有。

你在你的养老金中持有一部分政府债务。因此，不管你是否意识到这一点，你已经把钱借给了政府。政府债券市场规模巨大，价值超过100万亿美元，规模是全球股市的两倍，只有外汇市场能与之相比。

目前，美国国债的应付利息约占联邦预算的7%。在英国，这个数字接近6%（超过教育预算的一半）。随着债务的增长，即使利率如此之低，仅仅支付利息就已经是一个巨大的挑战，更不用说偿还债务。如果利率回到4%—6%之间的历史正常水平，政府财政将会受到严重挤压。

然而，如果货币不大幅贬值，这些资金的大部分不太可能得到偿还。这是一个无法解决的问题，由于形势看起来似乎并不紧迫，大多数政客——就像我们其他人一样——干脆就无视它。但赤字仍在继续，因此债务也在继续增加，政府财政不可避免地受到越来越大的挤压。

许多人对危机尚未到来感到惊讶。如果真的如此，就像2008年金融危机时那样，或许每个人都会挠着头地想知道：究竟是谁允许政府欠下如此之多的债呢？女王会责问一群经济学家，为什么他们谁都没有预见到这一点？有些站在边缘的人会举手说："我们预见到了。"

但没人会注意他们。然而，正如德意志银行高级分析师吉姆·里德（Jim Reid）所说："震荡和危机次数越多的时期，债务水平和预算赤字也就越高。"我们现在所经历的一切，是战时以外前所未有的局面。

无论结局如何，你可以肯定的是，政府会向税务部门求助。

现在的债务会引发一系列后果，但许多将要面对这些后果的人甚至都还没有出生。在投票方面，这些人对堆积如山的债务没有任何发言权。然而，他们将不得不通过纳税来偿还这笔钱——更糟糕的是，他们还将面临无法尝还的后果。债务不仅是对未来的一种税收，而且用美国革命者的口号来说，它是一种没有代表权的税收。

通货膨胀税

> 凡有的，还要加给他，叫他有余。凡没有的，连他所有的，也要夺去。
>
> ——新的马太福音 13：12

文艺复兴时期，博学的哥白尼（Nicolaus Copernicus）称它为一种"阴险"的存在——之所以阴险是因为它是"隐藏的"。凯恩斯说，它会出现，但"100万人中也没有一人能对其有所察觉"。[1]它以一种不被公开、不为所见，也不为人所理解的形式出现。

然而，它和金钱本身一样古老。纵观历史，无论偶然或必然，当统治者的财政陷入困境时都会向它求助：在古罗马，在奥斯曼帝国，在罗伯特·穆加贝的津巴布韦，以及在如今的整个现代世界（虽然很少有人能理解它），都是如此。

它就是通货膨胀。

和债务一样，通货膨胀不是一种官方税收，但这并不意味着它不存在。事实上，它往往是人为故意传播的，其效果与债务相同：它从一个群体没收财富，然后将财富转移到另一个群体——从工薪阶层或储户转移到国家、从债权人转移到债务人、从雇员转移到雇主。经济学家亨利·黑兹利特（Henry Hazlitt）说，这是"一种特别恶毒的税收形式"。米尔顿·弗里德曼也同样谴责道："这是一种隐性税收，乍一看似乎没有痛苦，甚至令人愉悦……但却是一种可以在没有具体立法的情况下征收的税，是真正的没有代表权的税收[2]。"

---

[1] 凯恩斯，《经济后果》，第六章，第235页至236页。——作者注
[2] 弗里德曼，《货币修正》，第4页。——作者注

现代社会之所以反常，不仅是因为其税收和债务水平极高，还因为通货膨胀水平也极高。统计学家、全球金融数据库数据编纂者布莱恩·泰勒（Bryan Taylor）博士说，20世纪的通货膨胀水平和程度"超过了历史上任何一个世纪……世界上的每个国家都遭受了损失"。[①]这种情况一直持续到21世纪。当各国政府无法偿还债务时，如弗里德曼所说，"为了获得资源以发动战争"时，他们就会制造通货膨胀。

很多词的含义往往会被曲解，"通货膨胀"就是其中之一。你经常会在电视上听到人们争论：我们正在经历通货膨胀还是通货紧缩，而他们之所以永无定论，是因为他们对这些词的理解存在偏差。现在，通货膨胀被定义为"价格上涨"，而通货紧缩被定义为"价格下跌"。但是，究竟是什么的价格上涨或下跌呢？央行在衡量时大多忽略了房价和金融资产的通货膨胀，而是关注某些消费价格，这些价格容易受到生产力提高带来的通货紧缩力量的影响。

为了清晰地说明这一点，我强调我使用的是这个词的传统定义：货币和信贷供应的扩张，其结果是价格上涨。经济学家称之为"扩大货币供应"或"人为刺激信贷"；历史学家会说"使货币贬值"。无论你想用哪些词，过程都是一样的。

随着金融技术的进化，统治者降低货币价值从而征收"通货膨胀税"的手段也随之发展。例如，罗马皇帝减少了金币和银币的数量——所谓的"硬币裁剪"，中世纪的国王同样如此。1914年，西欧诸国政府更进一步将黄金和白银完全从货币中移除，以便为他们的战争提供资金。德国魏玛共和国、第二次世界大战后的匈牙利和津巴布韦则只是在没有任何支持的情况下印刷钞票。相比之下，现在的中央银行家们压低利率，使用可疑的通货膨胀衡量指标，并采用定量宽松政策，方法不

[①] 泰勒，《通货膨胀的世纪》（*The Century of Inflation*）。——作者注

同，但目的是一样的。如果你让货币贬值，那你所欠的债务也就贬值了——这样，你就减轻了债务。但是，一旦你这样做，你同时也没收了所有持有这些货币的人的财产。

19世纪，在稳定的金本位制度下，通货膨胀并不存在。无论是在欧洲或美国，物价实际上在第一次世界大战前100多年就下降了——美国下降的幅度高达40%，英国是唯一一个有完整的消费者价格记录的国家，其19世纪末的物价比19世纪初下降了30%。[①]这两个国家都经历过适度的通货膨胀和通货紧缩，但没有持续的趋势。例如，美国内战期间出现了通货膨胀，随后就是通货紧缩，使经济回到了金本位制。像战败方经常遭遇的那样，为了支付战争费用而印制钞票的南方联盟国遭受了高通货膨胀，最终导致了货币崩溃。

如果不考虑债务，一个国家可以印刷的货币数量至少与它金库中黄金或白银的价值有着广泛的联系（尽管政府常常能找到绕过这一原则的方法）。因此，增加基础货币供应的唯一方法是开采更多的贵金属或者征服别人并占有他们的贵金属。金本位制为货币供应设定了上限，这意味着物价上涨的速度非常缓慢（通常取决于信贷的可获得性），而且往往在很长一段时间内保持平稳或下降。这对消费者和务工人员有非常积极的影响力，因为他们见证了货币购买力的增加。

然而，自1914年以来的100年里，政府创造了大量货币，导致大多数货币失去了95%以上的购买力，在许多情况下甚至超过了99%。在英国，十进制下的1便士在1914年的购买力比现在的1英镑还要大。卡门·莱因哈特（Carmen Reinhart）教授和肯尼斯·罗格夫（Kenneth Rogoff）教授表示，总体而言，全球平均物价比100年前至少高出了30倍。

---

① 艾伦，《通货膨胀：英镑的价值》。——作者注

这种动态变化始于1910年之后，主要归因于第一次世界大战。1914年，英国、法国和德国废除了金本位制，转而印制战争所需的货币。如果它们没有这样做，第一次世界大战不可能持续这么久，因为没有足够的金属来支付战争费用。这实在是一个难以置信的想法：货币贬值或者说通货膨胀使得这场战争成为可能。很少有人会意识到，货币贬值的决定会造成可怕而影响深远的后果。在英国，我们才刚刚还清了债务。但是，与人类生命的代价相比，这微不足道。

英国曾在1925年恢复金本位制，但在1931年再次放弃了它。两年后的1933年，大萧条的低谷到来了。从那以后，英国的物价每年都在上涨（唯一的例外是2009年）。因此，到21世纪初，英国的物价比1934年高出了60多倍。

根据1945年的布雷顿森林协定，美元仍与黄金挂钩，而其他货币则与美元挂钩。在1971年美国最终放弃金本位制以前，这一规则在一定程度上阻止了事态恶化。

在20世纪初，实际的货币供应量大约有70亿美元。1971年，美国的货币供应量为4,800亿美元。现在是15.5万亿美元，比1971年高出30倍，比1900年高出2,200倍。[①]是的，美国的GDP自1971年以来增长了16倍，人口增长了60%（从2.07亿增长到3.25亿），但货币供应的增长远远超过了这两者。

1971年，英国的货币发行量为310亿英镑。现在的发行量超过2.8万亿英镑。两相比较，货币发行量增长了90倍（8900%）。同期，英国GDP增长了大约17倍，而人口从5,500万增长到6,500万。货币供应的增长使经济和人口的增长相形见绌。

---

① 我在这里使用了零期限货币（MZM）。无论你选择使用广义货币供应量M2、广义货币供应量M3还是零期限货币，其增长量都是惊人的。——作者注

英国通货膨胀最不易察觉的表现之一是房价。从1290年到1939年的649年间，英国的房价上涨了887%。听起来涨幅很大，但考虑到这是一个跨度为650年的时间段，它的年化率仅为0.4%，大致反映出这段时间内新开采的黄金数量。考虑到通货膨胀，房价实际上下降了49%。但自1939年以来，房价上涨了41363%（年化率为8%）。这种通货膨胀的原因和其他地方一样：货币供应增长。

许多人将高房价归咎于新建房屋的缺乏和人口增长。然而，在1997年到2007年的10年间，尽管人口增长了5%，但住房存量却增长了10%。如果房价只是供求关系的一个简单函数，那么房价在这段时间内会略有下降。相反，房价却上涨了3倍。同期，抵押贷款增长了370%，与房价涨幅相当。正是由于发行债券增加了货币供应量，才导致房价上涨，而这一切造成了数额巨大破坏性极强的财富转移。

现在，整整一代人都称自己为"租房一代"，因为他们认为自己永远都买不起房子。这种情形太荒谬了，因为盖房子不需要花很多钱，而且英国超过95%的土地上都还没有盖上房子。

单从这个角度看，货币购买力下降的幅度是惊人的，但这是通货膨胀随着时间的推移而产生的叠加效应。只是这个过程是渐进的，因此你几乎察觉不到。自1914年以来，即使扣除利息，你的钱每年也会损失3%—5%的价值。所以除去利息之后，第一年的1万美元在第二年只值9,600美元，到第三年价值就只有9,216美元了。5年后，其价值接近8,500美元，而7年后差不多只有7,800美元了。总之，你的钱能买到的东西一年比一年少。

20世纪最能保持其购买力的货币是瑞士法郎，这是一种与黄金挂钩时间最长的货币（直到1999年才终止）。

德意志银行的吉姆·里德说："我们意识不到，但相对于长期历史而言，我们生活在通货膨胀时期。"

平均工资上涨了，但涨幅没有货币购买力的降幅那么大。因此，你每年赚的钱实际上都在减少。这一差距被"更多的债务、更长的工作时间、父母双方都工作"而"以前只有一个人工作就能维持中产阶级的生活方式"以及"更少的孩子"等事实所掩盖。因此，我们开创了这样一种局面：中低阶层，生活越来越捉襟见肘，每一代人都比上一代人更穷，在税收和通货膨胀的磨盘之间遭受碾压。

中央银行有抑制通货膨胀的责任，它们通常会通过提高利率来达成这一目标。但是，它们衡量通货膨胀的指标——零售物价指数（RPI）和消费者物价指数（CPI）只衡量了某些日常商品的价格，却完全忽略了其他经济成分，例如房地产价格和金融资产。这意味着它们可以宣布通货膨胀处于低位，并设定低利率，从而刺激债务，制造更多通货膨胀。

如果21世纪前10年的利率反映了货币供应的增长，那么利率本来会是现在的两倍，且房地产泡沫也不可能形成。2008年金融危机之后，这种情况进一步演变，当时利率被大幅下调至接近零的水平并出台了量化宽松政策，这段插曲显示了当局在面对危机时制造通货膨胀的本能。

这些都是当今政府让货币贬值并征收通货膨胀税的手段。这些手段最终的目的无一例外是为了削弱债务，特别是政府债务的价值，并使政府支出成为可能，其效果是将这些货币的价值即人民的财富转移给国家。列宁说："由于持续的通货膨胀，政府可以秘密地、在不被察觉的情况下没收公民的大量财富。"①

某些社会阶层实际上一直从通货膨胀的过程中受益。如果你拥有资

---

① 这句名言最早出现在约翰·梅纳德·凯恩斯的《和约的经济后果》一书中。凯恩斯声称列宁"据说说过"这句话。列宁后来读了这本书，有时甚至引用它（例如在1920年7月对共产国际的演讲中），而且从未否认凯恩斯的这一说法。凯恩斯将它用作自己关于货币贬值的论据的起源。——作者注

产或是从这些新创造的货币中获利的行业（例如，金融行业，或拥有大部分货币所在的纽约或伦敦的房地产）你就会获得惊人的收益。但是，如果你没有这些资产（大多数年轻人都没有）你就会落后。这样，贫富差距就会越来越大。最严重的通货膨胀通常表现在政府支出最大的地方，这就造成了一种可悲的讽刺：那些花最多钱来照顾穷人的政府最终会让这些穷人变得更穷。凯恩斯说："要颠覆现有的社会基础，没有比让货币贬值更巧妙、更可靠的方法了。"

我们再回想一下法国财政大臣让·巴普蒂斯特·柯尔贝特的名言："征税的技巧在于，从鹅身上拔下最多的羽毛，而只让它发出最低哑的嘶鸣声。"通货膨胀税是在不事先通知纳税人，在纳税人看不见、也没有正确理解的情况下，无声无息地给鹅拔毛。正如哥白尼所言，这种税尤为阴险，是最隐蔽的隐形税。

第十六章
工作的未来

> 取代你工作的机器人应该缴税。
>
> ——比尔·盖茨（2017年）

在此之前，我们一直在回顾过去，并讨论税收如何以令人惊讶的方式影响着历史和现在。在接下来的几章中，我们将注意力转向未来，一个更悬而未决的主题。

我们正处于一个经济大变革时期，因此我们被征税的方式必须改变，这意味着我们被管理的方式也将改变。让我们思考一下接下来会发生什么。

我们从工作开始。正如我们所见，所得税是政府最大的收入来源。但是，就在政府对收入的需求越来越迫切的时候，无论是支撑他们的支出计划还是偿还他们的债务，以目前的形式来征收所得税将变得越来越难。这是因为雇主和雇员之间的关系正在发生变化：传统就业逐渐式微，而零工经济正在壮大。

对于从事零工经济（短期合同工或自由职业者）的工人数，各方的估算大相径庭。美国劳工统计局表示，10%的劳动力是临时工。

但是，其他研究表明这一数字要高得多。根据零工经济数据中心的统计，27%的美国工人"参与独立工作"，麦肯锡的估计与之一致；美联储认为这一数字为31%；自由职业者联盟则声称该比例为36%。领英（LinkedIn）①最近的一项研究显示，到2030年，这一比例将超过43%。这种估算的差异可以归因为对零工经济实际定义的不同。如果你把非法和未登记的工人也算进去（这些数字更难准确量化），该数字会变得更加难以捉摸。安永（Ernst & Young）②所做的美国临时劳动力研究或许最能说明这种情况。该研究指出，在2020年时，1/5的美国工人成为临时工，包括兼职工人，并且"在2020年，40%到50%的劳动力从事着非永久性工作"。不管你关注哪组数据，有一件事是肯定的：零工经济正在增长，而且增长迅速——哈佛大学的一项研究显示，在截至2015年的10年里，零工经济增长了66%。而自那以后，零工经济增长得更快。

这是一个全球性的现象。自2000年以来，英国创业的人数增长了一半，而同期的雇员人数只增长了约6%。伦敦是英国最现代化的城市（英国其他城市通常都会紧随其后）。自2010年以来，伦敦的零工经济增长了73%。2017年，超过15%的英国劳动力不受雇于他人，但如果把兼职人员也算在内，这个数字要高得多。欧洲、澳大利亚和整个亚洲都有类似的增长水平。

有些人已经开始批判零工经济，称它剥削人，没有给他们应有的就业保护。但是，一些人喜欢它。一般而言，调查显示自雇人士的满意程度高于受雇人士。领英的调查显示，67%的自由职业者对自己的工作感到满意或非常满意，绝大多数的临时工希望继续从事临时工作，以

---

① 面向职场的社交平台，总部设在美国加利福尼亚州的森尼韦尔。该公司于2011年5月20日在纽约证券交易所上市。——译者注

② 安永会计师事务所（Ernst & Young）是一家总部位于英国伦敦的跨国性专业服务公司，为国际四大会计师事务所之一。——译者注

促进自身的职业发展。许多工人喜欢零工经济，因为它使他们能够从事多种较简单的工作且具有更大的灵活性。然而，零工经济的对与错在这里并不重要，关键在于这是一个增长的趋势。不管是因为他们没有其他选择，还是因为他们更喜欢这种生活方式或者两者兼而有之，越来越多的员工开始接受零工经济。我们可以预计，世界各地都将出现类似的现象。

雇主也喜欢零工经济，因为他们可以不受长期合同的约束，拥有更大的灵活性。零工极大地降低了成本（主要是以税收的形式）和雇佣员工的其他负担，这些节省下来的钱可以补贴给消费者。因此，他们的顾客也喜欢零工经济，因为它导致了更低的价格。优步（Uber）拥抱（或利用，这取决于你的看法）零工经济，所以我们才有了更便宜的出租车，才能提供更高水平的服务。亚马逊（Amazon）也这么做，所以我们才有了可送货上门的更便宜的产品。那些鼓励和利用零工经济的公司，带来了更低的价格和更优的服务，这正是它们往往比旧模式成功得多的原因。

1990年，硅谷最大的3家公司的市值为360亿美元，雇员超过100万人。如今，最大的3家公司——脸书（Facebook，25,105名全职员工）、谷歌（Google，88,000名员工）和苹果（Apple，123,000名员工），雇佣的员工只有1991年的25%，但如我所写，它们的总市值约为2.2万亿美元，比员工数高出60倍以上。全球最大的出租车公司优步只有1.6万名员工。全球最大的住宿供应商爱彼迎（Airbnb）有9,053名员工。我们可以将这些数据与旧世界的传统雇主做一比较。沃尔玛（Walmart）员工超过230万人、美国国防部超过300万人、大众（Volkswagen）超过60万人。

传统的、容易征税的雇主与雇员关系正在消失，这首先意味着政府在就业和工资税方面的损失。还有一个问题，那就是所得税将变得更难征收。目前，政府还没有出台对临时工实行源头扣税制度。不论是意外还是故意地逃税或漏税，雇主和雇员有着相当大的违规余地。美国国税局已经将其每年4,500亿美元税收缺口中的44%归咎于个体企业收入的不合规。在美国，69%的受访自由职业者说，他们在税务方面没有从合作方"共享经济平台"得到任何帮助，36%的人不知道需要保留哪些记录，而34%的人甚至不知道自己必须申报季度收益。

英国劳工联合会（TUC）秘书长弗兰西丝·奥格雷迪表示："没有保障的工作大幅增加，不仅对工人有害，也给公共财政造成了巨大缺口。临时工合同和低薪的自我雇佣造成了税收损失，而国家经济必须花费数十亿英镑来弥补这一缺口。这笔钱本可以用来阻止学校和医院的危机，并确保每个老人都能得到体面的照顾。"

她说得对，至少有一部分是对的。然而，损失数十亿税收的不是国家经济，而是政府。零工实际上为经济节省了数十亿英镑，因为它使企业能够将更便宜、更好的产品推向市场。零工之所以在增长，是因为它绕过了政府成本。

英国前首相特蕾莎·梅（Theresa May）任命战略家马修·泰勒（Matthew Taylor）审查现代就业惯例。泰勒此后宣称，自雇工人通常比同等工作的员工每年少缴2,000英镑的税。考虑到英国平均工资为2.75万英镑的人要缴纳约5,300英镑的所得税和国民保险，这笔少缴的税收对英国财政部来说是个不小的损失。此外，还有雇主供款方面的额外财政收入损失。更多的人在家工作意味着仅需要更小的商业场所，随之而来的是营业税率引发的财政收入下降。

简而言之，零工经济的兴起意味着政府收入的减少。

政府的应对之策，将是增加个体经营者的税收并重新管控他们的雇主。英国政府已经对那些通过有限公司雇佣自己的自由职业者提高了税率，个体经营者应缴的增值税税率也有所调整。与此同时，优步和爱马仕（Hermes）等雇主不断地在法庭上面临压力，因为对方试图重新定义全职雇佣和零工工作，而这些定义与前述雇主们现有的模式产生了冲突。

我猜想，税务当局最终会设法从提供这项工作的平台上，从源头扣除假定的收入，然后让个体企业上报开支，并索回差额——就像美国目前的代扣代缴一样。这种做法将把征税的负担转嫁给"共享经济提供商"。毫无疑问，这些提供商会想方设法来抵制上述的负担。如果这种做法在一个国家奏效，那么其他国家就会效仿。然而，这并非易事，而且很大一部分零工经济并没有经过大型平台。也许政府会建立自动化系统，以便在支付劳动报酬时扣除假定的欠税，但这也不是一件容易的事，还会引发各种侵犯个人自由的问题。

即使这些措施得以实施（并不能保证会实施），针对零工经济的税收将比传统雇主的常规所得税从源扣除更加混乱。政府将不得不寻找其他更容易收税的领域。

数字游民是新的非定居者

哪位游侠骑士曾缴过税，女王征的税、贡品、关税或过路费？

——《堂·吉诃德》（1833年）

数字游民泛指网页设计师或开发人员、平面设计师、程序员、交易员、博客作者、内容创造者、教师、翻译人员或顾问。英国广播公司（BBC）称，他们是"没有固定住所的新精英"，属于数字游民这一日益壮大的"个人至上"阶层。本身是企业家和数字游牧民的皮耶特·拉夫斯（Pieter Levels）表示，到2035年，这一人群的数量将达到10亿人。10亿看似一个奇高的数字，但如果你顺着拉夫斯的逻辑，就会发现这个数据似乎是保守的。

这里有几个共同因素在起作用。首先，对于年轻人尤其是毕业生来说，在国内找到一份有良好前景的工作已经变得非常困难。与此同时，在发达国家，拥有住房的成本增长得如此之高，以至于许多人尤其是1985年以后出生的人，被排除在有房一族之外。他们税后的收入与他们能买到的房子之间的差距大得令人苦不堪言，许多人无法或根本不愿费心去弥合这个差距。因此，他们只能用租房来代替买房。整个发达国家的住房拥有率都在下降。但是，生活在南美或南亚的欧洲数字游民却可以用一半的薪水享受两倍的美好生活。做债务奴隶，忍受不太愉悦的食宿，还是做旅行家，享受激动人心的生活？很多人会选择后者。

价值观已经改变，这是"轻资产一代"的时代，他们重视体验甚于物质。"租房一代"会租用劳斯莱斯，但不会购买。拉夫斯轻蔑地说："大多数拥有房产的人就像富人或老人一样，我们不想要房子，我们可不想要麻烦。"物质不是资产，而是负担。这一代人想要财富，但不太在意财产。他们在"现实世界"的经济中不起作用，却在机遇大得多的数字经济中大展拳脚。无论你身在何方，你都可以在数字经济中工作。而且，数字游民在环游世界时，背包里除了能装下的东西外，几乎一无所有。

不仅房屋自有率在下降，结婚率也在下降——从20世纪60年代的超过70%，到90年代的最高60%，再到现在的50%左右。无论是一份工作、一个家庭还是一个家族，很少有东西能让年青一代承担义务或把他们拴在某个地方。

房价过高，但旅行成本大幅下降，而且还在持续下降。当今国际航空旅行的价格大约是20世纪40年代的1/20，大约是20世纪80年代的1/4。即使航空燃油价格比1998年高出近10倍，但航空旅行仍然便宜了50%左右。它不仅越来越便宜，而且越来越好。很快我们就能在四五个小时内从欧洲飞到远东了。

152　　世界各地的网速也在提高，而且资费越来越便宜。我们很快就会有5G和6G。越来越多的人可以在越来越远的地方进行远程工作。根据瑞士办公室供应商IWG最近的一项研究（这项研究针对的是全职员工，而不是个体经营者），全球70%的人现在每周至少远程工作或家庭办公一次，超过70%的远程工作人员是在过去4年才开始远程办公的。超过80%的人喜欢远程工作（一些研究显示为90%），并且希望尽可能长时间地保持这种方式。有趣的是，约94%的远程工作者建议其他人也这样做，直接影响了零工经济的增长。拉夫斯说："起初，他们在家工作。但是，他们在家慢慢会感到无聊，或者孤独，所以他们会去咖啡馆，然后去旅行。"

布鲁金斯学会的一项研究显示，当今世界上超过一半的人是中产阶级或更富有阶级。像一些年轻的欧洲人、北美人可能会经过亚洲、非洲或南美洲一样，亚洲人、非洲人和南美洲人也会经过另一条路，他们都被同样令人兴奋的旅行机会所吸引。所以，数字游民的崛起是一个日益增长的全球现象。

蒂姆·费里斯（Tim Ferris）所著的自助书《每周工作4小时：逃离朝九晚五，随遇而安并加入新贵行列》，连续4年雄踞《纽约时报》畅销书排行榜，已被翻译成35种语言，全球销量近150万册。这些数字能让你知道这种生活变得多么令人向往。现在已经有了专门为数字游民服务的完整社交网站，这些网站有数百万的订阅者、众包数据库以及可以随时衡量最佳去处的比较网站。所以，数字游民群体只会越来越壮大。

到2035年，全球人口预计将达到90亿。拉夫斯说，其中的劳动力将有60亿左右，而在这60亿当中，大约一半将是自由职业者。其中，1/3的自由职业者将是游民。所以，他预计到2035年游民人数将达到10

亿人。

这一特定群体怎么会不增长呢？毕竟，游民的生活是美好的。这比成为工资、税收和抵押贷款的人要好得多。等我的孩子们长大了，我也在为自己做这样的计划，谁不想看看这个世界？

数字经济本身也在增长，而且速度远快于实体经济。这为其他地方不存在的游民创造了可能性。一直以来，人们总能抓住机会。数字经济的崛起始于20纪八九十年代，但互联网才是真正开启这一切的源头。如今，数字公司的估值令它们的同业对手相形见绌。沃尔玛的收入更高，但亚马逊的市值更大。主要发达经济体正在更多地投资于无形资产（设计、品牌和软件）而不是机械和建筑等有形资产。看不见摸不着的资产，才是未来的财富所在，数字经济才是人们应该有所行动的领域，这就是数字游民能找到工作的原因。

正如零工经济提供了更大的灵活性和更低的成本，数字游民的生活也是如此：与发达国家相比，他们没有抵押贷款，没有营业场所，日常开支也更低。此外，你一生中最大的单项支出也被移除了：付给国家的费用。数字游民无须缴纳市政税、工资税，也不用缴纳国民保险。同时，他缴纳的增值税也会更低，这取决于他所在的位置。而且，他要交多少所得税？交给谁呢？

税法是在这种新经济存在之前的另一个时代制定的。严格来说，你要向你居住的国家纳税，要成为这个国家的居民，你必须每年在那里待183天以上。但是，许多游民在不到183天就已经在迁徙了。

有些人将向让他成为公民的国家纳税。居住在国外的美国公民必须在国内提交税务申报表（这项法律可以追溯到亚伯拉罕·林肯时代，并归因于他保护联邦税收收入的坚定抱负）。然而，大多数国家没有这样的法律。一位英国公民已不再居住在英国，他在泰国时被一家以色列公司雇佣，从事一项工作；然后，他在巴西时完成了这份工作；在墨西哥时拿到了工资。这里的纳税义务并不是完全黑白分明的，其间的花销也同样如此。

所得税是数字游民面临的最棘手的问题之一：如何缴纳，缴纳多少以及向谁缴纳。有些人缴税，就好像他们仍然是出生国的公民一样。有些人觉得这个过程太烦琐了，他们就不缴税了。有些人会想方设法合理避税。数字游民往往觉得对自己的出生国没有义务，因为那里房价很高，而且缺乏发展机会。更重要的是，他不住在那里，也不打算回来待很久。他没有享受国家的社会福利，在那里没有孩子、没有婚姻、没有家庭、没有投资，也没有所有权等任何羁绊。他为什么要纳税呢？

随着国内税收的增加，意想不到的后果是驱使更多的人进入数字游牧世界。就在上次大选之前，我无意中看到了推特上的一条评论："我通过网络在家工作，我很乐意缴纳英国的税费，因为这些税收很公平。如果他们增加税收，我就会离开，他们将一无所获。"

他收到了一连串的回复——"这正是我的想法"等等——然后他概述了各种可以"离开"的方式。他说："不一定是实际迁移，只需确保所得的应税收入在英国境外。"或者"我会在英国、丹麦、挪威和法国待上几个月，然后在亚洲过冬。"

数字游民违规的可能性相当大，要求居无定所、不在现场的人进行申报和缴税，比传统经济模式下的同等操作要困难得多。

非定居生活曾经是超级富豪的专属，他们居住在巴拿马、摩纳哥或瑞士，以降低纳税的标准。科技革命，尤其是金融科技的发展，意味着现在普通人也能实现这一目标。

实际上，城市会开始竞相吸引数字游民。在中国，有一个地方，占地近1,600平方公里的天府新区实际上就是专门为了吸引移动数字精英而建的。拉夫斯指出，像伦敦、纽约和东京这样的国际城市之间的共同点，比伦敦和伯明翰或纽约和费城之间的共同点要多。他设想了这样一个世界：各个城市开始制定自己专门的游民税和税收优惠政策，以吸引这些新型的、流动的劳动力。这表明，国际城市开始脱离其原属的民族国家。

人们普遍认为，随着他们长大成家，游民就会定居下来。但是，事情并不是那么黑白分明。数字游民生育的孩子越来越少，而且越来越晚。拉夫斯表示，即便他们组建了家庭，许多人仍然过着他们所熟悉的游动生活，依旧自力更生。互联网和家庭教育成为学问的主要来源——这本身就引发了对税收的一个怀疑：政府服务未来会起什么作用呢？如果他们真的定居了，会在哪里？某个税负很重、生活成本很高的地方？还是税收很低的地方？

机器人会取代我们的工作吗

世界经济论坛的创始人和主席克劳斯·施瓦布（Klaus Schwab）说，第四次工业革命已经到来。没有人完全知道这次工业革命究竟会造成什么影响，但是，随着机器人和人工智能越来越多地承担以前由工人，尤其是蓝领和白领（即使这些定义已经过时）完成的任务，有一件事是肯定的：容易征税的、传统的就业形式会遭到进一步破坏。

无论是人工智能、机器学习、更快更强大的计算机、机器人或算法、3D打印、生物技术还是区块链，技术都在变得越来越强大，越来越集成。一些人认为，数百万人将失去工作，而且找不到其他人来取代机器人。未来，很多人将过着一种令人衰弱的失业生活。其他人则认为，机器将提高生产率，增加财富，并创造更好的就业前景。正如工业革命意味着机器可以承担低水平工厂工人、农场劳动者、契约仆役和奴隶的残酷工作一样，现在的技术也将改善类似的经济条件。未来究竟是会有更多的工作，还是更少的工作，还是仅仅不同的工作呢？

2013年牛津大学的一项研究称："47%的美国人面临失业风险。"2015年，英格兰银行宣布"智能机器"会夺走"英国一半的工作机会"以及美国8,000万个工作岗位。2017年，麦肯锡估计，美国51%的活动"易受自动化影响"，能帮助企业节省2.7万亿美元的工资。麦肯锡在表述这一结论时使用了更为温和的措辞。据估计，8亿个工作岗位——全球30%的工作岗位会被"取代"，而大约14%的人不得不改变"职业类别"。

这类预测，即使是数据驱动的预测，自身存在一定的问题：它涉及对尚未发明的事物进行预测。如果我们注意到最近意义深远的技术革新——互联网对就业的影响，就可以看到很多工作岗位已经消失了，但它也创造了同样多（如果不是更多的话）的新工作岗位。大多数工作都变了。现在有些工作中我们必须做的事情在20年前是不需要做的，还有一些事情我们现在不需要再做了。

在杰弗里·乔叟（Geoffrey Chaucer）1390年左右所著的《坎特伯雷故事集》中，我们听到了24位不同朝圣者的故事，讲述了他们从伦敦前往坎特伯雷大教堂圣托马斯·贝克特（St Thomas Becket）神殿的过程。其中，有骑士、商人、书记员、司法官、磨坊主、厨子、水手、医生、地方行政官（地方法官）还有许多其他的人。600多年后，一些职业已经逐步演变和发展，但仍然以某种形式存在着。当然，工作的性质已经发生了变化，但它们依然在我们的生活中起着作用。毫无疑问，这一切都将发生剧变。工业革命最终意味着更多的工作，但与此同时，大量农业劳动力已经被取代了。

例如，我们不难看到，随着自动驾驶汽车成为主流，未来几年司机（无论是出租车司机、大客车司机、卡车司机甚至是飞行员）都将面临劳动力需求下降的局面。交通运输业正在发生变化，尽管这种变化已经发生了一段时间，但自动驾驶系统的实际应用会非常突然——主要障碍似乎是监管。但是，这种变化将会产生巨大影响，因为大约3%的美国工人（超过440万人）从事着某种类型的司机工作。

其他行业也面临着类似的剧变。餐馆正在用平板电脑取代服务员，这些平板电脑可以推荐菜品并解说菜单。最近在东京，我接受了一位机器人调酒师的服务。此外，商店已经用自助结账取代了员工。在一些商店里，你可以从货架上取下商品，然后走出去，这样就可以把账单记在你的账户上。

这一天已经来临了，美国军方是世界上最大的雇主，从士兵到飞行员，从监督官到炸弹处理专家，你可以看到机器人正在逐步取代人类。而且，仓储和制造业也面临重大变化，例如已经有80%的汽车是由机器人制造的。医疗保健、数据输入、律师助理、税务筹划以及会计、银行、基金管理和金融交易等业务，机器人都可以比人类做得更好。在翻译、面部识别、模仿语音、驾驶、撰写文章、交易金融产品和诊断癌症等方面，人工智能已经胜过人类。

相比之下，机器人犯的错误更少，它们可以一边做一边学，也可以从别人的错误中吸取教训；它们可以工作更长的时间，且不要求养老金、假期或保险；它们不请病假、不旷工、无须照顾家庭，也不存在精神健康问题，更没有人类的其他弱点。显而易见，它们的用途会越来越广泛。

但是，新的工作岗位也会出现，只是目前还很难把这些新工作列举出来，因为我们还不知道它们是什么。我们也不知道这些工作会在哪里出现——如果所有的就业机会都在俄克拉何马州，这对纽卡斯尔人来说并不是什么好事。

与此同时，许多工作的性质和职责肯定会发生变化。未来，仍然会有士兵，但在前线作战的人会减少；会计师仍将存在，但繁重的数据输入和处理工作将由机器来完成。在未来几年，人口流动和货物运输会越来越多,但司机的工作会减少。随着零工经济的兴起,许多人会从事多份零碎的工作,而不是一份全职的工作。

2016年,普华永道①和英格兰银行一样,对工人的发展前景非常悲观。该公司表示,人工智能将导致英国约30%的工人因自动化而失业。到了2018年,这种极端的态度变得温和了很多。尽管会有20%的工作岗位受到影响,但新增的工作岗位会和失去的工作岗位一样多。因此,自动化对英国就业的影响"大体上是中性的"。

采取措施来保护劳动者不受自动化的影响,这并不是解决问题的办法。近年来,这些措施适得其反。工人们不断地要求增加自身权利,这实际上加快了企业采用机器替代人的步伐。

比尔·盖茨等人呼吁对机器人征税,以弥补由此而损失的所得税。这听起来是个不错的主意,但它实施起来将困难重重。现在,我们对于机器人的定义还不清楚。它是执行任务的可视机器吗?它是一个分析数据的算法吗?机器在哪里呢?IP在哪里呢?如何对无生命的物体征税呢?应缴税款如何测算呢?按工作时间还是生产率呢?你不能根据某人过去的收入来征税,因为工作的性质必然已经发生了变化——你如何根据马车夫的收入来对一辆汽车征税呢?

或许,可行的征税方法是:必须计算某公司应付给机器人的名义工资(这本身就是一个雷区),然后该公司必须支付相应的税收。然而,除非全球范围内都这样征税,否则企业只会把它们的机器人转移到机器人税率较低的司法管辖区。要想实现对机器人征税,需要的远不止政治意愿,而现在我们甚至不清楚是否存在这种政治意愿。对资本而非劳动力征税,这样的提案会遇到企业游说团体的巨大阻力。

---

① 普华永道,即普华永道会计师事务所(Pricewaterhouse Coopers; PwC),是一家会计师事务所公司,总部位于英国伦敦。——译者注

尽管如此，各国政府还是即将开始对一些很明显位于陆地上的机器人征税。例如，对自动驾驶汽车（这些是机器人吗？）征税是不可避免的了。即使IP可以转移，但这些汽车无法被转移到其他地方。它们的存在一目了然，人们很难无视它们。我认为，政府很可能会征收某种里程税——在城市，尤其是市中心，每公里的价格更高。里程可实时跟踪，付款可自动扣除。这些税甚至是由地方当局征收。

在这场巨大的经济动荡中，为数不多的确定因素之一是：作为政府最大收入来源的所得税将受到影响。

第十七章
加密货币：税务员的噩梦

我写这本书的时候是2018年的冬天。一天，我当时正和罗杰·维尔共进晚餐，他是早期知名的比特币拥护者。他对这项新技术的热情倡导为他赢得了"比特币耶稣"的绰号，而他在该领域的精明投资使他很早就成为百万富翁。他现在是比特币行业的天使投资人。我只是试图让罗杰明白"数字游民"的劳动力将会有多大，会对政府的收入造成多大的影响，但这些对他来说都是老生常谈了。

罗杰说："你不必告诉我。我每天都能看到这种情况，因为我就是给他们工作的人之一。"

我问道："有多少人为比特币工作？"

他说："可能有130多人。某种程度上说，他们都是游民。很多时候，我都不知道他们在哪里，下周可能在里斯本、清迈或麦德林。"

"他们都是从哪儿来的？"

"哦，天哪，到处都有。有美国人为我工作，还有欧洲人、亚洲人、韩国人、日本人、印度人、印度尼西亚人以及南美人。我的工作人员至少来自20个不同的国家。"

我问："你怎么支付工资呢？"

"比特币现金。"罗杰不假思索地答道(比特币现金是比特币的衍生物,其目的是为了实现更快捷的支付),"从逻辑上说,用每位员工本国的货币支付工资太困难,也太昂贵。员工们提供无国界的数字服务,我们就用无国界的数字货币支付工资,这是唯一可行的办法。不管怎样,他们期望用比特币现金结算工资。这就是他们想为我们工作的原因。"

众所周知,加密货币具有很大的不稳定性。于是,我又问:"如何应对汇率风险呢?"

"他们很乐意承担这种风险。如果他们愿意的话,他们可以在拿到工资后立即兑换成本国货币。但据我所知,大多数人都不会兑换。他们信任比特币现金,希望获得尽可能多的曝光。"

"那税费呢?"

"天哪,为不同国家的人安排税务,并且雇佣专业人员来处理相关事宜,这些人员有些是兼职的,有些是全职的。我甚至不想去思考这样做的成本究竟有多大。他们都是游民,没有人从事朝九晚五的工作。他们有自己的时间表,并自行安排税务事宜。"

"你认为他们都会缴税吗?"

"这个你得问他们,这是他们的责任,是他们和政府之间的事。我本以为有些人会缴税,但有些人很多年没回家了,也不打算回家。他们不喜欢自己国家的现状,也不支持本国政府。在他们看来,政府正在做一些错误的事情,因此,他们会反对用税收来资助政府。还有一些人,你知道,他们想要遵纪守法,但税法并没有体谅他们的处境。他们的身份并不明确,官僚体制又太复杂,所以他们往往更容易推迟缴税。"

看来,游民这一迅速增长的劳动力不仅在海外运作,其使用的资金也在海外——即传统银行业之外的非政府货币。这将使得贸易更加难以监管、控制和征税。

皮耶特·拉夫斯估算，到2035年世界上将会有10亿数字游民。大家还记得这事吗？拉夫斯说："在我遇到的所有游民中，至少有一半在加密经济中工作。"如果目前的趋势继续下去，这意味着到2035年，将有多达5亿人不在政府的货币体系内交易。这样的想法看起来很荒谬，但如果加密货币倡导者能够把握当前的形势，他们就会告诉你，这一数字未来还要高出更多。

加密行动主义

在政府收入面临的所有新威胁中，加密技术可能排在首位。

20世纪的大政府模式与无锚货币相伴相生。事实上，正是这种货币使大政府模式成为可能。对货币的控制赋予政府巨大的权力，如果政府觉得自己需要更多的钱——为战争或其他特定目的埋单，比如近年来对金融部门的改革——它只需发行更多的货币即可。非政府的货币体系破坏了这种权力局面，对于那些脱离自身控制的货币，政府无法让它们贬值，这就没有了通货膨胀税。如报告所述，从源扣税、增值税、销售税或交易税变得更难执行和监督。随着越来越多的人使用替代货币，尤其是在网上和国外，征税将变得更加困难。

许多不了解或不想了解比特币和加密货币的人——包括著名的经济学家比如保罗·克鲁格曼（Paul Krugman）、努里埃尔·鲁比尼（Nouriel Roubini）和银行家杰米·戴蒙（Jamie Dimon）都对加密货币不屑一顾。在这样做的过程中，他们忽视的是自互联网诞生以来最强大的技术突破，而那些听信他们言论的人却错过了我们一生中所能看到的最伟大的赚钱机会。从2009年10月首次有记录的交易价格0.001309美元到2017年12月约20,000美元的高点，比特币价格上涨了1,500多万倍，其间至少有5次修正幅度达到80%或以上。如果比特币要灭亡的话，它早在几年前就已经消失了。相反，它已经成长为一个近万亿美元的产业。人们对这项技术的可能性抱有狂热的态度，这种狂热的程度自20世纪90年代互联网出现以来从未见过。

货币系统和技术系统总是同步发展，一个推动另一个前进。古代美索不达米亚的泥浆起初是经过烘烤制成代币记录债务，后来通过刻画来替代这项功能——由此人类发展出了第一套书写系统。硬币的金属铸造可以保证所含金属的重量，这种技术使得贝壳、鲸鱼牙齿和其他类似的原始形式的现金变得多余。印刷机对贵金属也做了同样的事情，于是我们开始使用纸币来代替金属货币。电子银行终结了支票，这一过程在某些国家比其他国家快（美国是接受速度较慢的国家之一）。现在，非接触式支付也在对越来越不方便的现金进行同样的操作。在市场竞争中，便利性往往才是王道。货币就是技术，比特币及其众多衍生物是最新的发展成果，专门为互联网而设计的现金。大多数人不太可能每周使用比特币在超市购物，但在线交易将越来越多地通过加密货币来完成。

考虑到这一点，许多加密货币都是为特定目的而设计的。有些硬币是为了完全匿名的要求（比如门罗币和古灵币）；有的硬币是为了在重视传输速度的领域使用（比如莱特币和达世币）；专门为小费和小额支付设计的硬币（比如恒星币和狗狗币）；用于构建应用程序的硬币（比如以太坊币、艾达币和柚子币）……目前已经有了3,000多种不同的替代币，它们的存在让无锚货币看起来很落后。

在不远的将来，你的电脑或手机里会有几种不同的钱包，就像你有几个不同的应用程序一样正常。每个钱包里装有一枚特定用途的硬币——可以用来打赏你喜欢的博文或视频，也可以用来交易股票、贵金属或债券，还可以用来购买黑市商品。那么在不大规模侵犯隐私的情况下，政府如何才能有效地监管这些交易并征收应缴税款呢？

这种颠覆性的非政府加密货币之所以能够出现，是因为它是深思熟虑之后的产物。这项技术诞生于20世纪90年代出现的一群持不同政见的程序员——密码朋克。他们联合在一起，是出于对互联网这一新技术的共同担忧。虽然他们看到了互联网的潜力，但他们也看到了它会为企业和国家侵犯隐私提供便利。鉴于自那以后发生的事情，他们的忧虑是有根据的。为了解决这一问题，他们致力于开发开源技术，特别是密码学以保护隐私。

密码朋克的政治主张，即使不是无政府主义，也是深度自由意志主义。他们对政府极不信任。该组织的创始人是一位来自美国加州的名叫蒂姆·梅（Tim May）的计算机科学家。他在1988年的《加密无政府主义者宣言》中写道，加密技术的发展将"完全改变政府监管的性质，收税和控制经济互动的能力，以及保密信息的能力，甚至将改变信任和声誉的性质"。

他继续写道："正如印刷术改变并削弱了中世纪行会的权力和社会权力结构一样，密码学方法也将从根本上改变企业的性质和政府干预经济交易的性质。与新兴的信息市场相结合，加密无政府状态将为所有可以转化为文字和图片的材料创造一个流动性市场。"

密码朋克实现梦想的关键，是要建立一个匿名互联网现金系统——也就是说，通过这个系统，任何金额的钱，无论大小，都可以通过互联网直接从A点发送到B点，而不需要中间人（通常是银行）来处理这笔交易。尽管蒂姆·梅和密码朋克说了那么大胆的话，但有一个技术问题挡住了他们的去路。它被称为双重消费，其本质上是防止人们复制和粘贴数字货币的问题，就像你复制和粘贴任何其他类型的数字代码一样，无论是文本、图像还是视频。20多年来，这个问题一直没有得到解决，以至于许多计算机科学家认为，如果没有一个中枢来处理那些交易，这个问题是无法解决的。这让许多密码朋克放弃了他们的无政府主义梦想，后来，中本聪（Satoshi Nakamoto）发明了比特币，后面发生的事就不赘述了。

现在，加密技术使人们可以在远离大公司或政府的监视下进行交流、浏览和交易。因此，政府将更难控制信息和民众以及对他们征税。165 加密非常容易，但解密却非常困难。科技作家杰米·巴特利特（Jamie Bartlett）说："它就像一个鸡蛋，打裂它很容易，但把蛋液放回壳中却要难得多。"另一位名叫朱利安·阿桑奇（Julian Assange）的密码朋克说："整个宇宙都相信加密技术。"

因为加密技术既可用于不正当途径也可用于公平领域。所以它可以说是对国家垄断货币及其征税能力的挑战。

随着技术的迅速发展，密码朋克的世界观也在迅速迭代。整个密码界对政府有一种深深的不信任感，他们认为政府的规则是错误的，所以不想遵守这些规则。就在左翼威权主义世界观逐渐形成的同时（美国的千禧一代中超过一半的人现在对社会主义持正面看法），一种同样充满激情的自由意志主义信仰体系也正在形成。在这种意识形态下，连跳动的心脏都是加密的。正如人类学家尤瓦尔·诺亚·赫拉利（Yuval Noah Harari）所证明的那样——不要低估叙事对人类进化的影响。虽然我后面的观点超出了本书的范围，但在我看来，正如宗教教义在许多世纪里提供了指导性的叙事，随后出现了在20世纪占主导地位的各种世俗社会主义和社会民主思想一样，自由意志主义将成为下一个世纪的主流意识形态。

贝宝创始人彼得·蒂尔（Peter Thiel）在2009年的文章《论一名自由意志主义者的养成》中指出，资本主义和民主水火不容。他说，资本主义"不受大众欢迎"，大众要求资本家以再分配和监管的形式做出更大的让步。蒂尔坚持认为，通过政治行动主义来实现有意义的政治变革是不可能的，他说道："在如何实现这些目标的问题上，我已经彻底改变了。"相反，他觉得技术进步才是实现政治变革的途径。"逃跑模式必须包含某种迄今为止从未试过的新过程，这一过程将我们带往某个未被发现的国家。正因为如此，我一直致力于开发新技术，为自由创造新的空间。"

蒂尔所指的"未被发现的国家"位于网络空间、外太空或海洋上。他写这篇文章，在一定程度上是出于失望，以及当权派对2008年全球金融危机的反应——纾困银行、大幅降息等等。他不是一个人在愤怒，也不是一个人在渴望解决问题。比特币的创造者中本聪出于同样的动机，在蒂尔的文章发表前几个月宣布了自己的发明，然后他参考了《泰晤士报》当天的关于再次纾困银行的头条新闻来开发它。中本聪后来敦促采用这种货币的国家"避开中央管理货币的任意通胀风险！"而比特币正是蒂尔所描述的那种"技术进步"，通过这种技术进步实现政治变革。

蒂尔和中本聪等自由意志主义者信奉小政府、低税收和个人责任，有很多在新技术的"西部荒野"中工作的人们支持他们。自由意志主义者的目的是破坏和改进。他们知道政府跟不上潮流，许多人称自己为"无政府资本家（AnCaps）"。这是一场日益壮大的，由志同道合、极其能干的人群发起的运动。他们从事计算机代码领域的工作，其目的是完善世界秩序。他们的手段不是依靠政治行动主义，而是进步的技术。他们的做法对于税收和其他方面的影响是巨大的。

Coinbase[①]与美国国税局的纠纷告诉了我们关于加密货币和政府的未来

比特币社区发明了一个词来形容那些拒绝看到比特币巨大潜力的

---

① Coinbase成立于2012年，美国比特币和其他数字货币交易平台。2015年1月21日上午，据美国《财富》报道，比特币公司Coinbase C轮融资7,500万美元，这是比特币公司截至2015年1月21日获得的最大一笔融资。2021年4月14日，Coinbase在纳斯达克成功上市。——译者注

批评者——Nocoiners①。Nocoiners认为，如果比特币变得"太大"，政府只会将其定性为非法。考虑到比特币在洗钱和黑市的潜在用途，政府有很多理由可以证明这一决定的合理性。在实践层面，政府可以关闭主要交易所，禁止银行托管比特币公司的账户，并将使用比特币定性为非法。但是，政府无法查封比特币，这种特性早已嵌入比特币的基本设计中——它是一个没有中心故障点的分布式网络。它与任何领域或组织都没有联系。更重要的是，定性非法并不能阻止人们使用它。禁毒战证明了这一点，试图关闭其他点对点网络——过去的种子网站行之无效。如果政府试图阻止人们使用比特币，个人还可以使用VPN（虚拟专用网络）和Tor（洋葱路由器）进行交易，或者将他们的比特币转移到线下。

但是，加密货币现在是一个规模达数十亿美元的成熟产业，一项禁令会招致多起诉讼。区块链技术除了为互联网提供现金的替代系统之外，还有无数的应用领域——没有充分的理由来关闭其中的许多应用场景。尽管我相信会有更多的威权政府将禁止加密货币，但这种新型经济只会转移到欢迎它的司法管辖区，随后这些司法管辖区将享受伴随新技术而来的经济增长，而威权经济则会被甩在后面。即使世界各国政府联合起来（我认为这是不可能的）让加密货币非法化，他们也无法阻止得了它。政府可以将其赶至地下，但你无法消灭某些发明，因为它早已不是什么秘密。

然而，各国政府将强制要求主要加密货币交易所提交报告。2016年，美国国税局试图迫使美国最大的加密货币交易所Coinbase交出约50万名客户的记录以追回税款。Coinbase在法庭上驳回了这一传票，美国国税局随后降低了要求，只要求提供价值2万美元以上的比特币交易的账户明细。Coinbase试图辩称缩减了的要求仍然是欲加之罪，但法院

---

① Nocoiner，意思就是那些没有比特币的人。——译者注

做出了有利于国税局的裁决。美国地区法官杰奎琳·科利（Jacqueline Corley）为这一裁决辩护说："传票符合美国国税局调查Coinbase账户持有人的合法目的，这些人没有就其虚拟货币利润缴纳联邦税。"这一命令意味着，虽然公文说只提交了14,355个账户的详细信息和历史交易记录，但这远低于实际数字。此外，还有900多万笔交易记录也被移交给了国税局。

加密货币之所以会有如此大的需求，首先是因为它不用纳税。从2013年到2015年，比特币的价值从13美元涨到了1,100美元以上，但只有802名美国人填写了正确的纳税表。在那些获得可观资本利得的人中，这只是很小的一部分。

这个故事有几个寓意。首先，加密货币逃税，尤其是资本利得逃税是很常见的。其次，各国政府将尽其所能追回未纳税的收益。如果加密货币的规模变得更大，它们将更难追讨未缴税款，并采取更激进的措施。第三，像Coinbase这样集中在一个司法管辖区的交易所很容易受到攻击，哪怕他们试图通过法院进行反击，收税员的各种要求必将压垮他们。然而，收税员很难对那些把加密货币交易带到其他地方的人提出要求，因为这些人会在位于更安全的司法管辖区的交易所或者去中心化的交易所进行交易。如果这些人正好是游民，收税员的工作会变得尤其困难。

两位20世纪90年代的基金经理所做的预测成真了

在1997年出版的《至高无上的个人》一书中，詹姆斯·戴维森（James Davidson）和威廉·里斯-莫格（William Rees-Mogg）认为，民族国家已进入最后的阶段。500年前，教会是管理者，它负责许多公共服务，例如教育和医疗。但是，这些现在都落到政府的肩上。那时候，"政治"这个词甚至还不存在。然而，随着印刷术的发明和其他技术的发展，信息得到了解放，而教会的力量开始慢慢减弱。随后，民族国家填补了这一真空期。现在，随着互联网的出现，民族国家及其政治也开始出现类似的衰退。

从税收的角度来看，这一观点很容易得到认可。政府运作系统的要求越来越高，但为其提供燃料所需的税收却逐渐枯竭。

两位作者认为，公民放弃某些自由并缴税是为了保障某些权利。国家需要通过控制来维护公民的信仰，但如果它失去了对金钱、边界、信息、商业、犯罪以及最重要的信任的控制，神话就被打破了，公民与国家之间的交易就会停止。从工业社会到信息化社会的转变将解放个人并削弱政府的权力。长此以往，民族国家将不会以目前的形式存在下去，那些聪明的、进取的、流动性强的人将是最终的赢家。网络空间无论在何处都能创造机会，因此边界就无关紧要了。在这种情况下，人们创造超出典型政府胁迫范围的资产将变得更加容易，而史无前例的财务独立也将成为现实。如果人们可以在任何地方都赚到钱，那就没有必要定居在有惩罚性税收或限制自由的地方。如果一个地方的生活条件变得沉重起来，那些思维足够灵活的个体就可以迁居到另一个地方去。至高无上的个体明天就可以收拾行李并乔迁新居。软件公司也可以，但工业制造商却不能。

收税过高的政府将有效地赶走它们最好的客户，个人自主权将会商业化。人们会像选择保险公司一样选择他们的司法管辖区。如果该管辖区不能以优惠的价格提供适当的服务套餐，那它将面临与糟糕的企业一样的破产压力。

随着越来越多的商业和财富转移到网上，转变成无国界、无形的数字资产，各国政府的税收收入将大幅减少。对于那些根据高得多的收入预测来承担义务的公司来说，将会是一个难以应付的问题。这种情况可能会导致金融危机，然后就是政治动荡，而这些后果本身就会损害那些民族国家的未来。

毫无疑问，数字游民正是戴维森和里斯-莫格所说的"至高无上的个人"，而他的钱就是加密货币。事实证明，两位作者所描绘的未来，具有极强的预见性。

170 智能手机和科技的可扩展性

每当发生恐怖袭击或任何形式的恐慌时，总有人用手机拍摄视频。几分钟之内，这些影像就被上传并在网上传播开来，供所有人观看。一个带着智能手机的路人走在了专业新闻团队的前面，而专业新闻团队需要更长的时间来调动。这意味着这个世界或者有互联网接入的那一部分，可以随时掌握正在发生的事情。

想象一下，如果在第一次世界大战的战壕里，士兵们有了智能手机，会是怎样的一番景象呢？就像现在的人一样，他们会把发生的一切拍摄下来。每天都会有成百上千甚至成千上万的关于这一难以言表的暴行的视频分享到网络上。这样的话，欧洲人民肯定会要求立即结束这场战争。

技术为民众赋能，使他们能够向自己的领导人问责，最小的细节都会被仔细审视，最善意的谎言也会被揭穿，即使是最轻微的违法行为，也会引起公众的注意。

我们现在能做数以百万计以前做不到的事情。我们可以随时免费获取无限的信息。我们可以与世界上的任何一个人进行零成本地交流。我们可以制作20年前需要数百万美元预算的电影。凡此种种，你只需要一部手机就可以完成。

有一天早上，我路过位于特拉法尔加广场附近的圣马丁教堂的流浪者慈善机构时，看到大约20个人在排队。他们靠着墙坐在地上，带着睡袋和其他装备，等着吃早餐。他们中足足有80%的人在玩手机。现在，就连无家可归的人也拥有了智能手机。知识、传播和媒体已经社会化了，程度远高于医疗保健和教育，因为它们几乎（不完全地）以零成本、无政府参与的方式向所有人广泛普及。

根据联合国2013年的一项调查，世界上拥有手机的人比拥有厕所的人还多。根据索尼爱立信的预测：到2023年，人们拥有的手机将主要是智能手机；在全球80亿人口中，智能手机将超过70亿部。（虽然不是每一份订购都等同于一个用户，但假设70%的订购分别对应一个用户也不无道理。）与此同时，到2023年，全球移动宽带用户将达到90亿，超过人口总数。绝大多数人将很快可以通过智能手机上网。智能手机将是世界上许多穷人接触互联网的第一种方式。

突然之间，发展中国家的人们获得了大量信息（我们发达国家现在视为理所当然的信息），而他们之前因为缺乏连通性而被排除在这些信息之外。他们会如何使用这些新发现的知识呢？成千上万的应用程序将使他们能够做他们以前不能做的事情。互联网向他们敞开了大门，他们将如何处理那些他们即将建立的新关系以及他们即将加入的各种网络呢？也许，更重要的是，现在有机会实现金融包容了。

在任何一个发展中国家的城市里漫步时，你会发现到处都是想和你交谈、向你出售物品、与你进行贸易和交换的人。这个世界上到处都是想学习、交流、做生意的人。总的来说，他们想要改善自己的命运。但是，金融排斥（没有银行账户因而无法收支）意味着许多人无法参与他们近处以外的任何形式的商业活动。

金融排斥是固定电话无法像移动电话那样增长的一个主要原因（峰值是2006年的12.6亿部固定电话；从那以后，这个数字一直在下降）。你需要一个银行账户才能安装固定电话，而大多数发展中国家的人都没有银行账户。电话公司无法证明投资的合理性，而相关的基础设施也从未建成。但是，你不需要银行账户，只需要现金就可以买到手机。越来越多的人有能力购买手机，而供应也增加了，以满足需求。因此，这些人第一次开始体验的不仅仅是信息，还有金融包容。即使现在，仍然有超过30%的全球人口（约20亿人）没有银行账户，而仅仅在3年（2015年）前，这一数字接近50%。由于金融科技的发展和互联网的连通性，这一数字正在迅速下降。

许多以前不存在的可能性正在向世界上的穷人打开。他们能够教育自己，建立新的联系，创造事物并进行交易。与此同时，发达国家将有数十亿潜在的新人口可以提供外包工作，向他们销售产品，同时也从他们那里获得产品。这是新的贸易，而贸易和交流是我们进步的源泉。

然而，对于那些使用自己的第一部智能手机上网的人来说，要想实现任何形式的金融包容，最快的方式就是通过加密货币。你可以在几秒钟内得到一个钱包，并立即可以通过它来收取加密货币，作为自身商品或服务的酬劳。发展中国家首次上网便直接使用加密货币的影响是巨大的，他们正在采取重大的营销措施，例如，中非通过加密货币来进行交易。加密货币在国际上的潜在可扩展性使各国货币的可扩展性相形见绌，因为各国货币受到国界的限制。

激动人心的时代就在前方，智能手机就是门户。与任何额度的政府援助相比，智能手机及相关技术将为全球贫困做更多的事，因为它会让人们进行贸易，交流走向繁荣的方法，并最终能够负担得起以前无法获得的卫生和其他基本服务。

当你考虑到"人多势众"时，未来会产生相当令人生畏的各种可能性。我的观点是，我们正处于具有历史意义的全球经济繁荣的早期阶段。正如工业革命使许多人摆脱了农村的贫困，并在一代人的时间内形成了一个新的中产阶级一样，类似的事情即将发生，且规模要大得多。这种繁荣将主要发生在网络空间。在一个国家边界不那么明确的世界里，人们通常使用非政府货币来交易无形资产以及难以征税的数字商品和服务。

当然，并非所有的发展都是"好的"。很多人会用他们新发现的力量做一些邪恶的事情。但是，主流将是积极和进步的。进步也不会是平等的，许多人也许会受到专制或吹毛求疵的政府和不利的地理环境的影响，并因此止步不前。对他们来说，进步的过程会慢一些。但其他地方的繁荣和进步占据了绝对比重，这意味着进步会引发一场战争：哪个国家阻止本国人民前进，那它最终将输掉这场战争。这种繁荣也不会是一蹴而就的，它需要时间。这是一个时代的转变，但仍然是人类事务中不可避免的潮流。

全球经济繁荣意味着更多的税收收入，但如果其中很大一部分发生在无形的、无国界的数字世界中，就不是这样了。全球经济繁荣还意味着人们在技术上获得了更大的权力，他们的信息更灵通，跨境贸易更多，对政府的期望更高，并有更大的能力向政府问责。

第十八章
数字破局

> 避税是唯一仍有回报的智力追求。
>
> ——约翰·梅纳德·凯恩斯

亚马逊在没有一家商店的情况下成为西方最大的零售商。它颠覆了传统零售行业,不仅送货上门,而且价钱比你在商店支付的更少,因为它避免了零售场所的成本以及随之而来的财产税和营业税。正如我们所见,通过雇佣零工,亚马逊避免了很多雇人上的税收成本。由于在不同的司法管辖区开展业务,亚马逊也将公司税降到了最低。它的商家在一个国家配货,然后在另一个国家发货,因此,它通常也不用缴纳增值税。

亚马逊并不是个例。许多互联网巨头的成功之处,都在于它们能够以比竞争对手更低的价格提供更优质的产品或服务。之所以能做到这一点,是因为它们的商业模式完全避免了"传统"成本。无论是通过监管还是税收,政府成本都是企业面临的最大支出之一。如果一家公司可以合法地压缩政府成本,而且不会造成声誉损失,它一定会这么做。这额外的成本往往意味着成功与失败的区别。

中国的阿里巴巴是现在世界上最大的零售商之一，但它没有库存；优步是世界上最大的出租车公司，但它没有汽车；脸书是最大的媒体公司，但它不创作任何内容；爱彼迎在全球220多个国家和地区经营民宿，但它不拥有任何房产；猫途鹰是全球领先的旅游公司，但它没有自己的酒店。在一个没有边界的在线数字世界里，这些平台的基地到底在哪里？知识产权在哪里？他们提供的服务又在哪里呢？实际上是这家公司的哪个子公司在赚钱？而它们应该向谁纳税呢？缴纳多少钱，以及为什么缴纳？

苹果手机的零部件在世界各地生产，在中国组装，然后在其他地方销售。苹果公司在很大程度上可以选择向谁缴纳多少税，据欧盟估计，1,000多亿美元的利润缴纳的税费不到0.01%。[①]由此可见，税收制度没有跟上创新的步伐。

亚马逊极好地利用了1992年美国最高法院的一项裁决，即如果一家公司在该州没有实体店或其他有形实体存在，就不必支付州税。例如，虽然在阿肯色州的人们可以从亚马逊买东西，但该公司在那里没有商店，所以它不必缴税。在一个一种商业模式要向政府缴税而另一种却不必缴税的世界里，哪一种会成功是显而易见的。

但是，这些平台不仅绕过了现有的税收结构，还让遵从这些结构的公司破了产。优步终结了当地的小型出租车办公室；天知道有多少商店因为像亚马逊这样的公司的出现而倒闭。随着这些本地公司的消亡，它们曾经缴纳给政府的税款也损失了。与此同时，这些平台的收入也流向了位于"未知之地"的公司总部。

---

① 艾伦，《技术和不平等》，第16页。——作者注

为什么公司要避免赚钱

曾几何时，公司的存在是为了提供一些称心如意的产品或服务，并以此赚钱。现在，因为高额的公司税，利润成了一种累赘。

20世纪七八十年代，美国出现了有线电视巨头。因为他们逐渐扩大受众群并试图在某些地区占据主导地位，也在不知不觉中为如今的跨国技术平台设定了模板。利润意味着税收，而据电信公司（TCI）的老板——亿万富翁约翰·C.马龙（John C. Malone）所说，税收是"泄漏"，是不必要的，应该尽可能避免。为了避免税收，他进行了扩张性收购，同时增加公司负债（以冲销利润）并宣称他宁愿支付利息也不愿缴税。它没有利润，但TCI一直有现金流。EBITDA（未计利息、税项、折旧及摊销前利润）这个术语，现在是一种标准的企业估值模型，正是在马龙试图教育他的投资者时才出现的。

优步、脸书、网飞和许多其他最低限额缴税的扩张巨头如今也在做同样的事情，只不过在国际上的规模要大得多。即使它们没有获得应税利润，他们也在扩大业务，扩大用户群并产生巨额收入。这些公司在股市上的表现以及首席执行官对投资者发表的声明都证明了他们的生意很好，但只要能侥幸成功，很多公司都会尽可能少缴税。就在我写这本书的时候，脸书刚刚宣布，2018年它的英国税单将不到其在英国13亿英镑销售额的1%，会有合法的勾销，但实际上每个人都知道，脸书赚的钱比它税单显示的金额要多。

尽管已是规模达数十亿美元的跨国公司，但其中许多企业依然故意不盈利以减少纳税义务。他们进行收购、研发和其他形式的扩张，以便有更多的冲销税收。大量本应获得的利润都要归功于低税收辖区的离岸机构，因为它们是品牌、商标、专利和知识产权的源泉。例如，星巴克认为，其利润的最大份额来自品牌。尽管其在岸业务营业额巨大却利润微薄，但拥有该品牌、在岸业务必须向其支付品牌权益的星巴克子公司位于其他地方，因此星巴克可以避税。鲁伯特·默多克（Rupert Murdoch）的媒体帝国也做了类似的事情。就连自命清高的《卫报》，也在开曼群岛使用离岸工具来减少税单——它在2008年出售"汽车交易商"（Auto Trader）时实现了3.02亿英镑的利润，但正是因为有了离岸工具而得以避税。

尽管许多人认为这种税收策略令人厌恶，但它却是完全合法的。只要我们生活在一个全球化的世界里，不同的国家有不同的税法，这种策略就会持续下去，所有的税收羞辱会一直存在。事实上，缺陷存在于法律上，如果要防止这种做法，就必须调整法律，而各国政府迄今未能做到这一点。与此同时，那些无法在自己的税务中使用这种策略的人，缴纳了不成比例的税款，因而对这种公然的不公正越来越不满。

价值是由市场份额和盈利能力决定的，明天的利润潜力比今天的利润更重要。迪士尼的收入大约是网飞的30倍，但两家公司的市值都差不多。市场会等待利润，甚至收入。如今，它想要的是市场份额。

但如果一家公司不盈利，那么政府就没有税收收入。

由于对市场份额的关注，许多科技公司都免费提供服务，并且我们也看到了某种数字化实物交易的出现。俗话说："互联网免费时，你就是产品。"科技巨头们已经在数据这种有价值的商品上创造了全新的市场，尤其是你的个人数据——它本身就是一种货币。你免费使用谷歌邮箱、谷歌地图或者谷歌搜索。作为交换，谷歌获得关于你的信息。随着市场份额的扩大，它在互联网领域的支配地位在增加，其估值也在增加。然而，税务员却什么也得不到。

如果谷歌随后出售或利用这些数据获取广告投入，那它就有了一项应税交易。但是，如果它在另一个司法管辖区出售数据，就不需要缴税。

很快，这些科技巨头将开始发行自己的私人货币系统，基于某种类似于比特币的加密模型，但会更加集中化。随着平台变成自给自足的经济社区，人们可以用优步元或爱彼迎币进行交易，这些货币将可以交换商品和服务，甚至数据。那么，如何对这些交易征税呢？对未来的内容创造者征税可没那么简单，因为他们不收报酬，只接受以脸书或油管支付的"奖赏"。由于货币本身正在发生变化，绕过现有税收结构的全新经济体将会出现。政府是否会接受用"脸书币"来缴税，然后再用"脸书币"来为自己付款呢？

如果一家企业想要参与竞争，它还必须找到降低政府成本的方法。以前，钱会通过税务员进入国库，但现在已经行不通了，政府将不得不重新考虑征税方式。

请相信，这种创新将继续下去。在许多不同的方面，技术正在改变20世纪以来的大政府模式，就像互联网在21世纪初改变媒体和出版业一样，就像音乐和报纸行业没有做好准备一样，政府现在也表现出了这一点，而且还不止于此。

科技界和政府之间正在酝酿一场战争，不同的司法管辖区采用了不同的方法。总的来说，曾经的美国特朗普政府的解决方案是减税和特赦。为了鼓励企业回国，特朗普将企业税从35%大幅下调至21%，降幅达40%。此外，拥有海外业务的公司将不会按照该管辖区内的美国税率缴纳公司税，而是按照该业务所在地的税率来缴纳。因此，如果一家美国公司有一个墨西哥子公司和一个英国子公司，它的墨西哥子公司将按墨西哥的公司税率来缴税，而它的英国子公司将遵照英国税率。

此外，为了鼓励海外资金回流，拥有海外资本的公司有8年的时间为现金和现金等价物（通常是债券）分别支付15.5%和8%的一次性税（以前他们必须支付35%）。

据估计，在新税法制定时，美国海外持有的资产约有3万亿美元。

8家公司（如苹果、微软和谷歌）大约持有其中的2/3。两个季度后，约4,600亿美元的资金回流到美国国内。

另一方面，与其他司法管辖区相比，欧盟向科技巨头发起的战斗可能更为激烈。这场战斗会给爱尔兰带来严重的后果，更重要的是，它会改变欧盟本身的宪法。

欧盟对科技的战争

20世纪90年代，爱尔兰故意降低公司税水平，以吸引那些希望进入欧盟的跨国公司。这个决定是成功的，因为它让爱尔兰这个拥有会讲英语、受过教育的劳动力的国家成为世界上最吸引外国直接投资的国家，[①]号称"凯尔特之虎"。苹果是将欧洲总部设在那里的最著名的公司，但它绝不是唯一的一家。1,000多家从事各种不同业务的跨国公司把爱尔兰作为他们欧洲业务的中心，包括谷歌、惠普、IBM、脸书、领英、推特、辉瑞、葛兰素史克和健赞。

经过大约3年的调查，欧盟于2017年要求亚马逊补缴约2.5亿欧元税款，要求苹果补缴的税款则达到了惊人的130亿欧元。苹果后来缴纳了这笔税款，而爱尔兰在上诉期间将这笔钱交由第三方保管。这一过程将持续几年时间，由此推断，爱尔兰不再有权力执行自己的公司税税率（欧盟长期以来不喜欢爱尔兰的公司税税率）。如果没有如此低的税率，加上美国正在进行的税收改革，爱尔兰作为总部基地的吸引力就会下降，其商业模式也会受到损害。苹果上诉的结果对爱尔兰和欧盟都有重大的宪法影响——到底谁有执行公司税税率的权力呢？

欧盟还试图对大公司提供的数字服务征收3%的收入税。这个想法

---

① 泰勒，《爱尔兰被评为高价值外商直接投资的最佳国家》。——作者注

已经酝酿了一段时间。它在某些方面得到了支持，而在其他方面则遭到了批评（营业税问题很大——利润和营业额是截然不同的东西——因此，它们对不同企业的模式产生了不公平的影响）。然而，要想在欧盟层面上通过任何税收立法，都必须得到成员国的一致同意。因此，这种税收能否施行还远未确定。因此，欧盟正试图改变其法律。

2017年，欧盟委员会主席让-克洛德·容克（Jean–Claude Juncker）表示，"特定多数"（55%的成员国代表至少65%的欧盟人口）应该足以确保"数字产业的公平税收"。但是，他也希望这一"特定多数"能够使其他税收成为可能，包括增值税决策简化、共同统一的企业税基和金融交易税等。2018年，容克补充说，多数而不是全体一致将"提高我们用一个声音说话的能力"。这类立法实际上将赋予布鲁塞尔更大的征税许可。它将排斥任何反对此类裁决的小型国家，并将权力从民族国家集中到布鲁塞尔。这将是欧盟宪法的重大变革，其影响是巨大的。

税法改革不可避免，随着相应措施的实施，上文中的情形，正好印证了国际和国家权力动态在未来几年中将发生变化。

如何对3D打印和物联网征税

对科技的征税只会变得更加复杂，税法还没有跟上价值链的步伐，所以即使一家公司想要遵守相关法律（大多数公司都做到了，他们不想触犯法律），往往也很难做到。在多个司法管辖区的服务器远程交付到其他司法管辖区时，利润在哪里呢？成本在哪里呢？IP在哪里呢？价值在哪里创造呢？应缴的增值税又在哪里呢？是否有双重征税的风险呢？这些问题以及其他许多类似的问题仍然没有答案。

3D打印技术也会遇到类似的问题（假设3D打印技术能够迅速发展的话）。如果你在家里或附近拥有一台3D打印机，当你购买一个产品时，指令将使用另一个司法管辖区的代码和IP，再由另外一个司法管辖区的服务器发送到你的打印机上（这一司法管辖区是某个安全但偏远，且土地和能源成本低廉的地方）。同样，价值是在哪里创造的呢？利润在哪里呢？谁在赚钱呢？你如何对它征税呢？又由谁来征税呢？这一过程中会出现各种各样的地理上的挑战。与此同时，一旦绕过了现有的工厂、仓库、运输系统以及海关，制造业将发生翻天覆地的变化，对商品流通和服务征税的长期协议将不再适用，政府收入也会受到威胁。

物联网将使越来越多的家庭和工作设备连接到互联网上。各种各样的传感器将无处不在，然后它们将相互交换数据。简单地说，你家里的供暖设备知道你要回家了，因为它和你智能手表上的位置跟踪器相连。因此，它会自动打开，确保你的房子在你到家时处于合适的温度。你一到家，灯就会亮起来。同样的原理将适用于都市级别的能源管理，如果街上没有人，开灯就没有意义了。物联网将应用于交通、制造、农业、医药、医疗、教育、资产管理、环境监测等——事实上，很难找到它无法适用的领域了。

通常，这种数据交换将涉及容易征税的商品或服务销售。你的冰箱检测到没有牛奶或奶酪了，就会下单送货。30分钟后，一架无人机带着货物出现了。然而，物联网往往不会有如此透明的交易，而仅仅是信息或数据的交换。即使这种交换能积累某种财富，其间也不一定存在应税金融交易。商品和服务的定义往往会变得模糊起来，交易过程中不会使用到政府货币，我们将面临我们一直在讨论的跨境地理挑战。政府究竟会如何征税，目前还不清楚，也许会有销售税或交易税，某种通信、电信或互联网税——尽管后者在美国很难实现，因为美国国会宣布"永久暂停征收互联网接入税，以及对电子商务征收多种歧视性税费"。

"感恩而死（Grateful Dead）"乐队的作词人约翰·佩里·巴洛（John Perry Barlow）在他的《网络空间独立宣言》中写道："工业世

界的政府们，你们这些由肉和钢铁组成的令人厌烦的巨人，我来自思想的新家园——网络空间。代表未来，我请求过去的你们不要再纠缠我们。我们不欢迎你们。在我们聚集的地方，你们没有主权……网络空间不在你们的边界之内。"这篇撰写于1996年、广为流传的论文当然没有法律依据，但它抓住了互联网的一个重要方面，这给各国政府带来了一个重大问题：如何对跨国数字无形资产征税。

这种对税收模式的破坏将继续下去。在21世纪20年代，我们将看到去中心化自治组织（DAOs）的出现。DAOs没有公司总部，在其核心没有正式组织，在任何管辖区内没有基地，也没有中心故障点。和比特币一样，它们是分布式网络，没有需要关闭或征税的主体。它们的货币是自己发行的代币，不属于现有的法定经济。它们的平台和业务通过代码自动实现，而这些代码通常是在开源的基础上编写的。许多DAOs开发人员都崇尚加密行动主义者或自由主义者的世界观，并声称他们的意图是完全取代国家。如果你认为政府对21世纪前20年的科技巨头给其收入模式带来的破坏毫无准备，那么它们对DAOs的准备就更不足了。

新技术让政府陷入了当前的困境。税法是在非数字时代制定的，面向边界明确的现实世界。除非政府能找到一种方法来公平地对无形的数字世界征税——换句话说，寻找以一种不会扼杀贸易的方式。否则，大国社会民主模式将会失败，因为没有足够的收入来维持它的生存。一个群体被课以重税，而另一个群体却得以豁免，这种经济不平等是不可持续的：那将会引发太多民怨。

当征服者威廉想要给英格兰估价时，他派出调查员去考察这个国家。他们的调查结果被编入了《末日审判书》——英国的一项税务调查。评估价值总是意味着测量、计算和评估有形的东西。有一个关于英国发明家迈克尔·法拉第（Michael Faraday）的故事，他向当时的财政大臣威廉·格莱斯顿（William Gladstone）解释电以及他关于电的一些发现。格莱斯顿越来越不耐烦，暴躁地问道："可是，它究竟有什么用呢？"法拉第立刻答道："哎呀，先生，你马上就能对它征税了！"

各国政府都将面临这一挑战，那就是找到一种方法来对无国界的数字经济征税。就连股市也难以用传统的衡量标准来对无形的科技公司估值，这导致传统主义者不断指责这些公司是泡沫。经济已经发生了变化，那么税收制度也必须改变。米尔顿·弗里德曼深谋远虑地说："政府可以最有效地对无法移动的东西征税，网络空间将大大加大政府征税的难度，这将严重削弱政府职能。"

随着这一事件的展开，站在政府一边的是大量需要处理的数据，科技是问题所在，但它也是解决之道。

第十九章
数据：税务员的新朋友

毕马威[1]国际税务主管梅丽莎·盖格（Melissa Geiger）说："数字技术是原因，也是解决办法。"我和梅丽莎及她的同事克里斯·唐宁（Chris Downing）会谈。克里斯是税务部门的合伙人，专攻技术，他同意梅丽莎·盖格的观点——税务部门既喜欢数字，又讨厌数字。

我来到他们位于伦敦金丝雀码头（Canary Wharf）令人印象深刻的办公室，是为了寻求有关未来税收的答案，尤其是对政府来说越来越棘手的问题——如何对无形经济征税。目前，似乎还没有什么灵丹妙药。但即便有，它也存在于技术的汪洋大海之中，尤其要借助于数据分析。

首先，数字技术将提高当前收税的效率。

克里斯说："对于政府所谓的税收缺口，这是一个前所未有的答案。税收缺口是指它们认为应该征收的税额与它们实际征收的税额之间的差距。这不仅仅是灰色经济、黑色经济或现金交易，就像一个家伙拿

---

[1] 毕马威（又名安侯建业）成立于1897年，总部位于荷兰阿姆斯特丹，是世界顶级的会计专业服务机构之一，专门提供审计、税务和咨询等服务。毕马威也是国际四大会计师事务所之一，与其并列的其他三大所分别是普华永道、德勤和安永。——译者注

着一袋收据去见他的会计师时所发生的错误。现在，我们通过数码方式来获取信息。电子发票、区块链、实时报告——所有这类事情都让政府处在一个有利位置，因为它们能以一种前所未有的方式来将收益最大化。如果我们能够征收适当的应缴税款，我们不一定非要破坏税收基础或制定有关新税的重大政策。如果我们能借此增加2%、3%或4%的税收收入，那其他一些东西就不那么重要了。"

数字技术也将提高收税本身的效能。人们很容易看到，无人驾驶汽车上的计算机每走一公里就自动付款；所有人也都可以看到区块链数字数据库，用于记录信息并将任何事物从货币转换成数据和资产，对收税产生影响。例如，大型集装箱船及货物进入港口，根据该船的货物，其应付的保险、关税、费用和税收都可以自动追踪和支付，无须任何人工参与，而且这套系统更便宜，也更准确。

世界各地的许多央行都已经表示，将最终把本国货币纳入区块链。爱沙尼亚是第一个这样做的国家，区块链技术已经在爱沙尼亚卫生、司法、立法、安全和商业等多个注册机构中得到应用。如果各国央行真的采用区块链技术（这完全是一种假设），那么每笔交易都将被记录下来，其出处和目的地都完全可以审计。无论是失误还是有意的违规，都将变得更加困难，税收缺口也将大幅缩小。

科技公司会做官员们的工作：如果你做了一些需要纳税或罚款的事情，科技公司就会自动把钱从你的钱包里取出来，一切都可以编码。

电子发票也正在成为主流。克里斯告诉我："在巴西，他们把所有的税收流程都数字化了，发票必须实时以电子方式提交，所以数据都是实时提供的，你必须在会计年度末期提供总账的电子版本。因此，在任何给定时间内发生的商业活动，政府都会有一张"3D视图"。在你开展商业活动之前，政府就已经知道你需要缴纳多少税款。如果你做错了事，它们会对你处以100%的罚款。所以，除非你早有准备，否则你会面临更重的纳税义务。"

克里斯说:"真有趣,看看那些技术最先进的税务机构,你会发现它们现在都在新兴市场。因为我认为民意不会阻止他们做这些事,他们不必担心公众舆论,他们只要去做就行了。我们在巴西和墨西哥都看到了这种情况。在墨西哥,他们也有一个电子发票系统,每次你向客户开出发票,都必须通过政府门户网站进行注册。"

"每一张发票都这样吗?"我问道。

克里斯和梅丽莎都点点头。克里斯说:"是的,每一张都这样操作。即使你是一家小公司,也必须这样。如果你要求增值税抵扣退税,那么该发票必须通过政府门户进行认证。如果该发票无法认证,你就不能申请退税。这种政府门户,是信息的中心枢纽,可以认证一切。从最大的公司到最小的企业,只要它们犯错,无论有意还是无意,都会被逮个正着。"

"你觉得其他国家也会效仿吗?"我问。

梅丽莎说:"它们已经在这样做了。"

意大利正在引入电子发票。欧盟有一项关于企业与政府之间的发票的指令,即使法律仍然落后,但申报要求和收税方法一直在进步。税务机关要求企业提供越来越多的信息:供应商和客户的数据、数字发票、交易时间、会计分录。它们正在使用人工智能和机器人来确认并反复核对这些信息和其他税务记录。有了更好的信息,它们可以更加肆无忌惮地收税。

梅利莎说:"如果我有15个水管工,我能看到他们缴了这么多税,获得了这么多收入,那么我马上就能看出谁是最出色的水管工。但是,实际的技术要比这复杂得多。在某个国家,通过报纸上某篇文章中提到的支出和研发的数字,他们就能计算出某公司的应缴税额应该是多少。"

我们刚刚开始见证数据、数据分析和机器学习的力量。根据我曾经的购物习惯,甚至其他不可能的联系,亚马逊就在我开始打字之前,已经知道我想买什么了。早在2012年，塔吉特（Target）公司就知道一个十几岁的女孩怀孕了，甚至比女孩自己知道的还要早。2015年，研究人员发现，仅凭脸书上的300个"赞"算法就能比配偶更好地预测出受试者的答案。现在，你的性别、种族和政党归属都可以通过你在脸书上的"赞"来进行判断。特朗普的竞选团队通过分析多个不同来源的数据，锁定那些"容易说服的选民"，然后针对他们定制广告，从而赢得了宾夕法尼亚州、佛罗里达州、俄亥俄州、密歇根州和威斯康星州等关键摇摆州的选票。[①]例如，针对妈妈们的广告会更温和，用柔和的声音表达对未来的担忧；针对年轻男人，语调则会更盛气凌人，更咄咄逼人。受雇做这项工作的剑桥分析公司（Cambridge Analytica）发现，如果一个人偏爱美国汽车，那他就是支持特朗普的选民。如果数据记录显示，有人近几年购买了福特（Ford）或雪佛兰（Chevrolet）等汽车，但没有参加过投票，那么他们就是"容易说服的选民"，而且是特定的目标选民。这样，机器人和算法完成了所有的跑腿工作。

类似的情况也发生在税收方面。例如，英国税务海关总署有一个强大的计算机程序（名为Connect的功能），它已经拥有了比大英图书馆（the British Library）更多的信息。与此同时，该程序扩大了自己收集数据的权力。它可以迫使亚马逊、苹果、爱彼迎和贝宝等平台交出数据，包括卖家和广告商的姓名和地址。而且，它已经能够汇总大多数纳税人的详细情况，如果有必要，还可以购买更多的数据来做更精确分析。就像亚马逊知道你想买什么一样，税务员也会明确地知道你应该缴纳多少税费。

Connect早期有一个成功案例，它发现了一系列在伦敦私人地址进行的信用卡交易。那栋房子价值数百万英镑，但它的所有人却没有纳税

---

① 巴特利特，《人技博弈》，第75页。——作者注

记录，唯一可视收入是国家的养老金。一次例行的网络搜索，从那栋房子所在的地址发现了一份陪护机构的广告，英国税务海关总署随后展开了调查，店主承认已经在那里交易了6年多。

税务机构知道，某些习惯表明一个人在避税。因此，机器会搜集行为模式的数据。简单地说，那些用谷歌搜索避税天堂、购买昂贵香槟、在列支敦士登的比特币交易所开户的人，比那些对火车模型感兴趣的公务员更值得调查。机器人会从社交媒体上搜集证据。如果一名交易员正在申报，说自己的收入很低，但他却在脸书上发布自己奢华的度假照片，这就说明有问题。电视节目《我盛大的吉卜赛婚礼》中，几个人花费了数千美元在镜头前举办豪华的家庭婚礼，英国税务海关总署意识到这是未申报的收入，很快就来敲门了。

根据风险来对纳税申报单进行排序，使美国国税局在不增加调查数量的情况下，多抓住了25倍的逃税者。此外，数据分析会帮税务机构发现隐藏的第二职业的迹象。世界各地的房东越来越多地被地方当局要求登记他们的财产。如果财产登记催生了一种许可制度，那么其中的一部分就需要进行税务登记。如果一家公司符合某种有逃税史的行业形象，它们也将面临更严格的审查。同样，机器人将会完成这项工作。

随着机器懂的东西越来越多，它们不仅会仔细审视你，还会将你量化和排名。这种做法将影响你所得到的工作、你符合条件的贷款协议、你必须支付的保险价格以及你能够获得的服务水平。在机器的帮助下，所有的东西都可以估价。科技将对你做出明智的预测：你什么时候会死亡或生病；你工作会有多努力；你在一份工作上会有多成功；你对配偶的忠诚程度有多少；你犯罪的可能性有多大；你会赚多少钱；你是否有可能破产或逃税。平台并不一定会平等对待人们：那些拥有正确特性的人会比那些没有的人得到更好的待遇。一家公司声称，机器已经可以根据间接证据预测犯罪，通过一张人脸照片来预测一个人是否是罪犯，准确率高达90%。

预测概率对收税的道德影响是相当大的,威权主义者会辩称,如果你没什么好隐瞒的,那就没什么好担心的。自由主义者则会认为,这种活动侵犯了隐私和自由。无论你支持哪一方,这都是即将发生的事情;无论你在世界上的哪个地方,都无法避免。技术和不平衡的政府财政使得这种通过机器和科技来征税的方式成为不可避免的趋势。

杰米·苏斯金德(Jamie Susskind)在《未来政治》一书中写道:"数字生活世界将给人类审视彼此的能力带来变革。第一,那些无法记录或过于复杂而无法完全理解的人类生活,将被那些拥有审查方式的人看到和理解。第二,这种审查将越来越私密,发生在我们以前认为"私密"的空间。第三,通过仔细观察收集到的信息可能会变得越来越不朽,比我们的记忆甚至我们的生命更持久。第四,那些负责展望未来的机器,将更容易预测我们的行为。第五,我们的生活将越来越可评价,这些评价取决于分数、评级和排名……长此以往,我们就将经历前所未有的审查,并且我们也会服从于因此而变得越来越强大的权力。"

收税员将使用他们可以使用的每一种工具——从审查到自动从源扣税,不管这种做法是对是错,这都是我们的未来。

税务机关会公布他们掌握了多少数据,利用恐惧和内疚来阻止逃税和避税。逃税者将面临被起诉的威胁,而自首者受到的惩罚将会更轻。

克里斯说:"像巴西这样的国家,拥有最数字化的税务管理机构。同样也是在这个国家,你会发现拥有最大税务团队的企业,因为你雇用了大量人员来努力合规并处理税务相关的法律事宜。你能想象未来有这样一种情况吗:你的公司只有两个人负责挣钱,却需要十个人处理随之而来的监管问题?我认为,如果你没有发现所有这些事情之间的一致性和连贯性,你通常就可以想象得到我刚才描述的那种场景。"

博弈还在继续:在收税人和纳税人之间;在自由和税收之间;在

尽可能多收税和不妨碍商业活动之间。工具已经改变了，但博弈是永恒的。

这是一项国际性努力

数据共享和分析正在成为一项国际性的努力，税务机关不仅已经分享了它们的数据，而且还有更多其他信息。《通用报告标准》使全球47个不同国家的银行存款、利息、股息、资本利得和收入的详细信息能够与本国政府共享。最近，瑞士信贷银行（Credit Suisse）同时受到英国、法国和荷兰的调查，这也是跨境合作的另一种表现。

然而，税收系统本身仍未一体化。梅丽莎叹息道："监管是如此的支离破碎，不成体系，这太疯狂了。这是我们大多数客户都非常纠结的问题——你们如何才能遵守这么多不同的规定？"

克里斯说："更大的确定性是所有人都渴望的东西。然而，每次我都能看到经济合作与发展组织提出一些大型框架并要求各国逐一做报告。每个国家的解读都不一样，所以你最终得到了57种不同的版本，却没有一个说的是同一件事。"

克里斯和梅丽莎都认为未来几年这种分裂会更严重，这种情况全因竞争而起。他们说，越来越严重的分裂，肯定会降低公司的营业税。

在这一切中，我们需要考虑所谓避税天堂的作用，尽管避税天堂的定义因政治立场而异。如果某个人提供有竞争力的税率，那他对另一个人来说就是天堂。但是，只要不同国家仍然可以提供不同税率来吸引国际商业和投资，竞争就会继续存在，而这种竞争必将压低企业税率。一些税收活动家呼吁全球共同努力打击避税天堂，以贸易禁运等方式来惩罚它们，但在全球主要经济体的协调下，这种激进的措施看起来根本不太可能实现。法国会停止与瑞士的贸易吗？英国和爱尔兰会吗？

美国和自己的特拉华州呢？尼古拉斯·沙克森（Nicholas Shaxon）在他的《金银岛》（*Treasure Islands*）一书中说，全球超过50%的贸易是通过避税天堂来完成的。加布里埃尔·祖克曼（Gabriel Zucman）在他的《国家的隐藏财富》（*Hidden Wealth of Nations*，也译作《谁动了国家的奶酪》）一书中写道，约7.6万亿美元的私人财富储存在离岸避税天堂中，这些财富占全球家庭财富的8%。如果要对这些避税天堂实行贸易禁运，那将是相当大的一场行动。

还有一种强势观点认为，避税天堂在国际上扮演着重要的角色，它对那些可能倾向于更高惩罚性税收水平的政府进行审查，并为个人提供一种逃离不尊重私人财产的威权国家的途径。无论当时的政治共识是什么，你都很可能会辩称，你的财富不是公共财产。

梅丽莎说："我想知道你最终会不会缴纳两种税。一种针对的是有形资产，你说它们必须在这里，所以我们拿走了20%或30%；还有一种是针对无形资产，你可以去世界上任何地方，比如在爱尔兰缴纳12.5%，在英国缴纳10%。这样一来，你就会推动一种介于旧世界实体互动和新世界无形互动之间的双层体系的建立。"

一些人认为爱尔兰是避税天堂，因为它的公司税仅为12.5%。但是，收入超过38,500欧元的工人却要承担40%的个人所得税，所以他们并不认为爱尔兰是避税天堂。这其中还存在另一个问题：以不同的税率对不同的经济领域征税所造成的经济扭曲。对收入征税如此之重，而对资本征税如此之轻，是导致近年来不断加剧的经济不平等以及随之而来的政治动荡的一个主要因素，我们将在下一章中探讨这一点。

我觉得，也许标准化会从后门进来。跨国公司都在会计中使用机器人过程自动化（RPA）。与人类不同，机器人每天工作24小时，分析公司达成的每笔交易并自动完成支付、销售和营业税申报以及其他日常活动。随着机器快速学习，它一直在做出越来越精明的决策和判断。来自每个地区、每个部门的数据被输入中央存储库——实际上是由来自世界各地的多个电子表格所组成的数据仓库。数据分析将发票与来自供应商和客户的会计数据和信息进行匹配，以提高效率。并且，正如会计师所说，"识别税务规划机会"，数据和数据分析一直在改进，这就是税务管理的数字化。尽管税收制度千差万别，但在软件方面是一致的。这种集中化的数据可以用于不同司法管辖区的不同审计。如果一个国家看到另一个国家达成了一项审计协议，它们会期望自己的国家也能达成同样的协议，甚至更好的协议。因此，我们误打误撞地从后门进入了"全球统一税"的厅堂。

克里斯说："有一天我们会达成这一目标，但我们现在离成功还很遥远，首先你会看到更多的分裂。任何新上任的领导人，或者想要连任的老领导人，他们都会想：'我要改革税收制度来促进投资——就像特朗普那样。'对当选或连任的渴望将超过经济合作与发展组织的某些指示。"

梅丽莎说："我们终会进入共识阶段。但是，我们必须先度过分裂性的阶段。"

科技如何赋能那些坚持税收正义的斗士

虽然税法跟不上科技的发展，但许多媒体却跟上了。它们利用新技术和自己的平台来攻击和揭露它们眼中的个人和企业的不法行为。

克里斯和梅丽莎似乎都不相信跨国公司是在故意欺骗税务人员以避税，守法通常不像听起来那么容易。梅丽莎说："这是一个有趣的讨论，因为对于与我合作的大多数企业来说，它们讨论的都是关于缴纳正确数额的税。因此，如果这项税是依法缴纳的，那么讨论的就是关于缴纳该项税款的话题。我认为这与欺骗无关。公众舆论对企业很重要，因为它知道，数据和技术让正在发生的事情有了更多的可见性和透明度。"

尽管企业希望在法律允许的范围内缴纳尽可能少的税费——并且有相应的结构来确保达成这一目标——但它们也不希望出现丑闻。许多大型会计师事务所现在都设立了专门负责"管理税务争议"的部门以应对公司的声誉风险。税收羞辱的最终结果往往是税收事务的重组。现在，即使有关实体按照法律条文来处理其税收事务，遵守法律往往是不够的，因为讨厌的媒体会聚焦它们的事务，只盼能挖出其他黑料。

苹果、谷歌、脸书、亚马逊、星巴克和沃达丰（Vodafone）等跨国公司似乎总是因其安排税收事务的方式而上新闻，它们绝非个例。税务丑闻已成为全球企业界的常事，但它绝不仅限于企业，高净值个人和家庭的税务问题也受到了类似的新闻调查。足球运动员莱昂内尔·梅西（Lionel Messi）和克里斯蒂亚诺·罗纳尔多（Cristiano Ronaldo），歌手夏奇拉（Shakira）、贾斯汀·汀布莱克（Justin Timberlake）、麦当娜（Madonna），演员凯拉·奈特利（Keira Knightley）和阿米塔布·巴克强（Amitabh Bachchan）甚至英国女王和查尔斯王子（Prince Charles）都发现自己受到了讨厌的审查。

2015年的"瑞士泄密"丑闻披露了10万个账户和2万家离岸公司的细节，它们被指参与了一项巨大的逃税计划。然后是2016年的"巴拿马文件"丑闻中，一名自称"乔·多伊"（Joe Doe）的匿名人士向德国《南德意志报》的记者泄露了约150万份文件，其中详细介绍了自20世纪70年代以来214,488家离岸实体的私密财务和法律信息。

登录亚马逊，输入"税"。你会发现，关于税收的过去、现在和未来等重要主题的书籍很少，但关于离岸银行业这一暴利行业的书籍却比比皆是。此外，还有许多电影、电视和广播节目所做的调查揭露，而且所有博客也都在关注它。那些进行调查的人非常执着，或许是因为他们有一个极其强大的动机：他们意识到自己在向不公正宣战，他们在一场对与错的战争中占据了道德高地。在一本已激烈的政治和意识形态战争中，税收羞辱已成了一种武器。由于财政收入不足，政府服务支出将面临进一步削减，而这一动机只会变得更加强烈。

税收羞辱的趋势正在愈演愈烈，这将是未来几年的一个重大主题。2016年，《国际税务评论》将"国际调查记者联盟"在其"全球税务50强"榜单中排在第二位。该榜单列出了税务界最具影响力的个人、组织、事件和趋势。其中，欧盟委员会竞争事务委员玛格丽特·维斯塔格（Margrethe Vestager）排名第一，因为她承担了众多跨国企业中苹果公司的税收事务。2017年，针对税收羞辱调查的记者们联合起来成为一个团体，以"第五等级"的名义开展调查，他们排在第四位。

由于那些"有效管理税务以减少纳税"的人被点名羞辱，普通人也因此变得更加激动。因为不公平的规则，世界范围内正在掀起越来越强烈的政治不满浪潮，同时也激怒了如此多的民众。这种不公平主要表现在：竞争环境不公平，而且规则因人而异——对某些人是一种规则，对其他人则是另一种规则。未来几年，世界上还将不可避免地存在各种不满，但对"不公平"的愤怒，仍会是这些"不满"的主要特征。

英国税务海关总署正在玩一场类似"点名和羞辱"游戏。该机构每三个月在其网站上公布一份名单，上面列出了那些逃税超过2.5万英镑的人的详细信息。这份名单公布他们的名字、他们的企业名称以及他们逃税的数额和相应的惩罚。同时，税务机关鼓励个人举报任何形式的欺诈或逃税行为。英国人通常把这种举报作为一种报复手段，英国税务海关总署去年收到了超过11.3万份报告，并支付了超过50万英镑的奖金。

但是，重大问题仍然存在。

如果某家公司或某个个人在法律上是合规的，那么，无论某些媒体或民众觉得多么愤怒，该主体仍然是合规的。这是法律的过错，数字技术或许赋予了政府巨大的权力，但如何对无形的在线数字世界征税这一根本问题仍未得到解决。全球各地都有可见的透明供应链——可惜它们都超出了税务部门的监管范围，让税务员们无能为力——但迄今为止，还没有人找到对这些价值征税的方法。

约翰·佩里·巴洛在《网络空间独立宣言》中的表述是多么正确啊！他说："各国政府没有任何让我们真正有理由害怕的执法手段……网络空间由交易、关系和思想本身组成，就像我们通信网络中的驻波[①]那样排列着。我们的世界是一个既无处不在又无迹可循的世界，但它不是公司或个人等主体居住的地方……你们关于财产、表达、身份、活动和环境的法律概念不适用于我们这个世界，因为它们都是以物质为基础的，而这里没有物质。"

只有找到一个切实可行的方法来解决全球化、无形的数字经济的征税问题，国际税收的一体化才能实现。在那之前，因为不同的国家尝试着不同的方法，所以分裂仍会存在。

随着现行制度的实施，税收本身将变得越来越无情，更加侵犯隐私和更加咄咄逼人。为了追讨税款，政府会要求所有人，包括会计、律师和财务顾问披露相关的税务信息。政府身无分文，它们别无选择。但是，它们的处理方式可能会不太公平，因为一些目标（有形经济）比其他目标更容易征税。也许，我们应该少关注作弊行为，而应该更多地关注如何找到一个有效的系统。如果找不到这样一个体系，政府的角色就必须改变。

政府必须做得更少才行。

[①] 驻波是指频率相同、传输方向相反的两种波，沿传输线形成的一种分布状态，其中的一个波一般是另一个波的反射波。

第二十章
体系瓦解

纳税时，虽然收入相同，但正直的人会比不正直的人缴纳更多的税费。

退款时，正直的人一介不取，而不正直的人寸利必得。

——柏拉图（公元前380年）

现在的社会民主制度建立在这样的原则之上：政府不仅要提供对人民的保护，而且还要重新分配财富并平等分配生活中的各种机会，以抵消市场经济的不平等。

税收本该是实现这一目标的手段。

然而，社会仍然极度不平等，从某些方面看，不平等程度与自由世界以往的任何时候都一样。

财富极不平等。乐施会（Oxfam）[①]每年都会发布一系列令人担忧的统计数据来证明这一点。2018年的统计数据包括：美国一家公司的CEO一天的收入相当于普通美国工人一年的收入；亿万富翁的财富增长速度是普通工人的6倍；世界上最富有的1%的人的财富加起来，比其他99%的人的财富还要多。

人类健康方面也存在着巨大且日益严重的不平等。众所周知，人们的健康状况难以量化，但最常用的衡量标准是预期寿命和婴儿死亡率。在英国，现在最富有和最贫穷人群的预期寿命差距正处于有史以来的最高水平，而最贫穷人群的婴儿死亡率与全国平均水平之间的差距也扩大了。这种健康不平等的现象绝不仅仅存在于英国，在美国，家庭年收入中值低于2.5万美元的社区与家庭年收入中值高于5.3万美元的社区相比，前者人口的预期寿命比后者短了约14年。即使两个地区相邻，富裕地区居民的预期寿命也比贫穷地区的多30%以上。

机会也不平等。在全球范围内，接受私立教育的人，其表现优于那

---

① 乐施会（Oxfam）是一个具有国际影响力的发展和救援组织的联盟，它由14个独立运作的乐施会成员组成［英国、爱尔兰、加拿大、美国、魁北克（独立于加拿大分部）、新西兰、澳大利亚、荷兰、比利时、法国、德国、丹麦、中国香港、印度］。1942年，Canon Theodore Richard Milford（1896—1987年）在英国牛津郡成立，原名Oxford Committee for Famine Relief。成立的目的是在第二次世界大战中运送食粮到被同盟国封锁的纳粹德国占领的希腊。1963年，在加拿大成立了第一家海外分会。 1965年起改以电报地址OXFAM作为名称。乐施会是跨越种族、性别、宗教和政治界限，与政府部门、社会各界及贫穷人群合作，一起努力解决贫穷问题，并让贫穷人群得到尊重和关怀的组织。"助人自助，对抗贫穷"是乐施会的宗旨和目标。乐施会于1976年由一群关注贫困问题的志愿者在中国香港成立，1988年在中国香港注册成为独立的扶贫、发展和救援机构，先后在全球超过60个国家和地区推行扶贫及救灾工作，开展综合发展、紧急援助、教育、卫生和水利等项目，帮助贫穷人改善生活，自力更生。乐施会在中国的项目由香港负责统筹，确保符合国情、社情以有效推行。——译者注

些接受公立教育的人。在英国，只有7%的学生接受私立教育，但他们占据了绝大部分重要岗位，比如61%的医生和74%的法官。

这种差距很大程度上可以追溯到税收制度和货币体系。

以财富不平等为例，对于那些一无所有的人，尤其是那些刚起步的年轻人来说，他们唯一可用的资源就是他们的劳动力。然而，我们却不断地对劳动报酬课以重税，这主要是因为事实已经证明所得税易于征收。但对劳动报酬征税如此之重，就限制了那些劳动的人获得进步的可能性。

除了那些极少数拿着高薪的人，比如跨国公司的首席执行官、体育运动员等，超级富豪们不可能通过有偿劳动而获得现在的地位，虽然他们也会很努力地工作。但他们中的更多人，是通过业务扩张和资产增值——房子、土地、公司、股票、股份和债券、艺术品……靠这些方式他们才取得了现在的成就。这些业务和资产无须按照所得税的方式年复一年地纳税（我没有说它们应该纳税）。甚至，如果这些超级富豪通过出售资产而获得收益（假设他们会出售），税率通常也会更低。况且，很多富豪会尽量避免出售，或者在收益变成应税利润之前就采用了规避和再投资计划。

简而言之，工人这一群体纳税的税率更高，对所得和资本征收了不平等的税费，这就是造成不平等的原因。美国的资本与劳动力比率已从20世纪60年代的67∶33降至金融危机后的56∶44。也就是说，劳动力的相对价值已经急剧下降。如果工作岗位被自动化取代，前述的价值只会进一步下降，双层税制固有的不公平是显而易见的。

通货膨胀税也会产生赢家和输家。实际上，它有利于那些拥有土地、房产、公司、股票、股份甚至艺术品和古董等资产的人，因为货币的价值下降时，这些资产的价格往往会上涨。与此同时，通货膨胀税伤害了那些依赖工资或储蓄而生活的人，因为它侵蚀了他们挣的钱的价值,同时推高了他们想要购买的资产的价格,尤其是房产。

工薪阶层受到了双重打击,税收制度没有平等地对待民众。一些人受罚,而另一些人受益。这就是为什么如此多的经济体都围绕着资产所有权转。实际上,正是我们的税收制度和货币体系导致了不平等。

政府和社会正在不断地剥夺中产阶级和工人阶级的各种权利。因此,未来几年,这些阶级似乎不太可能愿意承担日益失衡的税收负担。这意味着更严重的社会和政治动荡的到来。

至于健康和教育的不平等,你能找到国家教育或医疗体系运作良好的例子,但是你也会发现其中很多都令人失望。关于这两者的争论从未停止,可见人们的不满程度有多高——远远高于政府较少参与供应的食品、服装或科技等经济领域。政府提供的最常用的解决方案是在卫生、教育和福利方面投入更多。这可能只是巧合,但自第二次世界大战以来,英国医疗不平等的问题实际上在1997年至2007年期间最为明显,而当时国民医疗保健服务制度在这方面的支出占GDP的比例最高。这表明,仅仅增加支出可能不是解决问题的办法。

如果我们走另一条路,停止通过税收为医疗保健和教育等服务提供资金,会怎么样?如果我们把钱留在人们的口袋里,让他们决定如何消费,又会怎么样呢?医疗保健、福利和教育是人类的基本需求,它们不会消失,19世纪的互助组织在当时的时代背景下非常成功,它们在没有政府赞助的情况下自然地增长。现在我们可以想象,一个21世纪版本的互助组织可能会出现。

亚当·斯密的四大准则

亚当·斯密在《国富论》中提出了任何税收制度都应该遵循的四项基本原则。在1776年发表时,它们就得到了广泛应用。现在,它们的应用程度丝毫不亚于当时。

他的第一项原则是税收应该公平。市民应该"根据自己的能力尽可能地为政府提供支持"。如上所述，由于所得税和通货膨胀税如此之高，这一原则没有得到遵守。

通货膨胀税和其他隐形税也违背了斯密的第二条原则，即"应让纳税人明确、清晰地知晓缴纳的时间、方式和金额"。即使不考虑通货膨胀，现代税收制度，除了中国香港地区和新加坡等这些明显的例外，既不明确，也不清晰，因为它们太复杂了。以英国为例，它是税法最复杂的国家，因为它拥有世界上最长的税则，篇幅达1,000万字和21,000页。从某种角度来说，它的篇幅大约是《圣经》的12倍。马塞尔·普鲁斯特（Marcel Proust）的《追忆似水年华》是世界上最长的小说，拥有126万字的吉尼斯世界纪录。然而，英国税则的篇幅，是该小说的8倍。1,000万字的篇幅，比大多数人一生所读的书还要多。

然而，阅读英国税则是一回事，理解它又是另一回事，其中很多语言是出了名的难以理解。

在1983年至1989年期间担任英国财政大臣的尼吉尔·劳森制定了在每次预算中取消一项税收的政策，并一连取消了6次，他还将所得税的等级减少到两个。但从那以后，税收立法的数量激增。戈登·布朗（Gordon Brown）是最严重的违规者，在他担任财政大臣期间，税则的篇幅扩大了3倍。乔治·奥斯本上台时承诺将彻底简化税制，称英国税则是世界上"最复杂、最不透明的税制之一"。他甚至设立了税收简化办公室。然而，在他的任期内，税则的篇幅又翻了一番。

这种复杂性并不仅限于英国，可以说是对西方世界的诅咒。美国《国内税收法规》——240万字——篇幅大约是1955年版本的6倍，1985年版本的2倍。美国国税局另外颁布了770万字的税务条例以说明这些法规在实践中如何使用。此外，美国还有6万多页税收相关的判例法，它们对会计师和税务律师计算客户的欠税数额至关重要。阿尔伯特·爱因斯坦（Albert Einstein）被自己的纳税申报表搞得狼狈不堪，他曾说过一句名言："所得税是世界上最难理解的东西。"

相比之下，中国香港的税则只有276页，其篇幅大约是英国的1.5%。

复杂性加重了不平等。一些个人和公司雇佣专家来寻找和利用税则中的很多漏洞，其他个人和公司则没有资源来这样做，最终只能按比例缴纳更多税费。许多税款减免、税额优惠和税收补贴往往是税法如此复杂的原因，而这种做法本身就造成了不平等。不管是基于经济利益还是信仰体系抑或两者兼而有之，通过游说来获得补贴或减免已经成了常态。同样，有些人拥有游说的资源，但其他人却没有；某些企业得到了特别优待，但其他企业则没有。毫无疑问，规则本该对所有人都一视同仁。

复杂性也会产生错误，正是这些错误让某些负责管理税收的机构如美国国税局和英国税务海关总署声名狼藉。摒弃复杂性，简化税制，你就可以排除许多犯错和避税的范围，同时让竞争环境变得更加公平。

亚当·斯密的第三个原则是，应"尽可能在纳税人最方便缴纳的时间或采用纳税人最方便缴纳的方式"来征收税款。从源扣税或在支付时征税，基本符合前述要求，尽管这些做法不是为了方便纳税人，而是为了最大限度地获取收入。

第四，亚当·斯密建议应该以尽可能少的成本来收税。如果征收1美元的税款要花费50美分，那么这种税就没什么存在的必要了。按照现行税制的运作方式，这种成本通常会转嫁到纳税人身上。例如，雇主必须收取所得税，而卖家必须收取增值税。在美国，税收合规每年给经济带来约4,090亿美元的损失。这相当于36个州生产总值的总和。美国人将花费大约89亿工时来遵守国税局的纳税申报要求。这相当于430万工人除了填写纳税申报单外什么也做不了——430万工人大约相当于美国司机的人数。

在英国，尽管金融和其他技术都取得了进步，但政府的收税成本仍然和50年前一样昂贵。

不难看出，在全球大部分地区，事情都不对劲。

"怒斥吧，怒斥光明的消逝"

自2008年全球金融危机以来，焦虑和不满的浪潮在西方蔓延，并以许多不同的方式表现出来——特朗普的意外当选、英国脱欧、法国"黄背心"骚乱、加泰罗尼亚独立。无论是温和派还是强硬派政治家，在全世界都获得了名声和人气，而中间派则遭到拒绝。一直以来，当局不知道该如何处理这件事，媒体也无法解释这一点。

这种不满并不是什么新鲜事，它与公元前3000年拉格什的乌鲁卡基那追随者、1381年的英国农民或1789年的法国革命者感到的不满是一样的。许多人觉得，在一个造成如此多经济不公的税收体系中，他们没有代表权。不同之处只是在于，如今许多影响因素都很难确定，因为有太多的税收是隐藏的，不能直接也不会立即被察觉到。所得税在人们收到工资之前就从源头上扣除了，购买价格包括增值税和销售税，还有燃油税和"罪孽税"（对喝酒、吸烟和赌博等"罪恶行为"征税）。隐性税是看不见的，正如凯恩斯所说，通货膨胀税发生时，"一百万人中也没有一人能对其有所察觉"。作为债务的税是扔给后世子孙的。

但是，常言道："你可以逃避现实，但你无法逃避因为逃避现实而产生的后果。"人们可能难以表达这种不满情绪，但政府和社会仍能感受到这种重税的后果。

许多家庭艰难度日，父母双方都必须工作，才能享受中产阶级的生活方式，而这种生活方式和上一代相比，仅仅靠一份工资就能负担得起。相比之下，现在的很多人推迟成家，生更少的孩子，却背负着更多的债务，住更小的房子，置房产几乎成了不可能的事。整个西方也是如此，我这一代比我们的父辈更穷，而下一代比我这一辈更穷，生活水平站在了进步和发展的对立面。除了战争时期，这种情况在历史上很少见，你也许要回到黑暗时代（欧洲中世纪）才能找到这种情况最后一次在欧洲出现的时间。

在被压榨的同时，人们看到自己挣来的钱以自己不同意的方式花了出去——用在了战争、福利或浪费等方面。然而，除了每5年给代表不同灰色地带的政党进行一次无关痛痒的投票外，他们几乎没有发言权。"税收是我们为文明社会付出的代价"这句话镌刻在华盛顿特区国税局大楼的外墙上。人们必须在这样一个不公平的体制下工作，从而为我们不同意的东西提供资金。我不确定这种做法是不是所谓的文明。如果你对花钱买来的任何东西不满意，你却无法要求退款，也无法光顾其他地方，除非你离开这个国家。如果你不缴税，你就面临牢狱之灾。事实上，因为政府从源扣除了众多税收，人们很大程度上已经无从选择拒缴或坐牢了。

到2030年，人类将过着悠闲的生活，每天只工作3小时，也摆脱了"紧迫的经济焦虑"。这是20世纪最有影响力的经济学家约翰·梅纳德·凯恩斯在1930年做出的著名预测。凯恩斯关于提高生产力的观点是正确的。食物、衣服、技术甚至是建筑房屋的成本（不包括土地）——在过去的几百年里，所有这些东西的价格急剧下降，质量却快速上升。1900年，工人收入的80%到90%用于食物、衣服和住所。现在这一比例只有40%。但是，凯恩斯对我们工作时间的估计大错特错，因为他忽视了一个巨大的成本：国家本身的成本。在所有支持政府开支的人中，他竟然没有注意到这一点，还真是一种讽刺。在整个西方世界，国家成本是所有人生活中最大的支出，比房子、汽车、养老金或教育的成本都要高。政府做了那么多——因此我们也必须缴纳那么多税费——以至于现在在任何一个发达国家（有一两个例外），国家成本已经逐渐成为人们一生中最昂贵的消费。

现在，一部分人似乎享受着惊人的财富和机会，但更多人感到自己被剥夺了权利，且没有代表权，所以又到了革命一触即发的时刻。

民族国家的终结

国家作为最高政治机构出现，这也许是过去200年国际历史的典型特征。

用科技作家杰米·巴特利特的话说，整个世界直到19世纪都由"无序扩张的帝国、无人拥有的土地以及城邦和公国这些成分组成。旅行者无须检查护照就能穿越这些地方"。战争、革命、工业进步和社会化福利改变了这种状态，但随着时间的推移，国界发生了变化。在成长的过程中，我们可能会想到一些拥有特定边界的特定国家，但在历史背景下，民族国家才是相对新型的模式。这种模式在很大程度上诞生于17、18和19世纪的税收革命。只有增加足够的税收来覆盖所有的开支，民族国家这种模式才能得以延续。

虽然很多国家已经出现赤字，但许多领导人正试图通过扩大支出计划来抵消日益高涨的政治不满浪潮。特朗普承诺将在基础设施上投入巨额资金。在英国，财政大臣菲利普·哈蒙德（Philip Hammond）保证会增加国民医疗保健服务制度方面的支出，这意味着到2023年国民医疗保健服务制度将占到GDP的38%。这种做法将增加对税收收入的需求，但税收收入的那些来源并不一定会继续存在。

或许，这种对民族国家模式的威胁始于20世纪90年代中后期。当时，整个社会对无形资产的投资首次超过了对有形资产的投资。几个世纪以来，所有的经济体一直围绕着实物的生产和消费在运转——从汽车到奶牛，从谷物到黄金。如今，最有价值的却是非物质和无形的资产——软件公司、品牌、知识产权、操作系统、独特的供应链，甚至金钱本身也不再是有形的了。以无形资产为核心的公司发展得更快，如果一个系统——比如谷歌的搜索引擎运转正常，它可以比一家"实体"公司提供的任何服务都更快地扩展。一个应用程序只需要上传一次，但它可以被下载数百万次。这种潜在的增长速度吸引了投资，从而加速了无形资产扩张的进程。

与此同时，科技公司新的"非盈利"商业模式以及它们在任何地方立足的能力，让它们能够缴纳更少的税费，而其他公司则缴纳得更多。因此，科技在这方面也有优势。低税收意味着更多的资本可用于投资和发展，所以技术进步了，也更能干了。随着成本的下降，就连计算机能力本身也在以指数方式增长，大约每两年翻一番。科技公司在我们社会中的影响力也在以同样惊人的速度增长。正如卡尔·马克思的著名论断——当主导的生产方式发生变化时，政治和社会结构也会发生变化。

民族国家及其税收体系是围绕物质世界建立起来的。即使现在，英国的GDP中也不包括市场调研和品牌推广方面的支出。除非各国适应周围的新世界和向数字化的过渡，否则民族国家的模式本身就会受到质疑。要么它们必须找到办法对无形资产征税，同时保持与其他国家的竞争力，要么它们必须削减开支。否则，破产迫在眉睫。

政府破产、税收中断、债券市场的潜在危机、对本国货币失去信心——在一个已经充斥着政治不满和渴望变革的世界里，这些都是具有非常可能性的现实。政治不满和渴望变革也会是革命和内战的导火索。如果某些国家能率先采取行动，并最能适应我们周围的新经济世界，适应了这些现实，它们就能避免这种命运。这种适应，也意味着国家应该调整它们的管理方式，并优化政府提供的各种服务。

小国往往更灵活，它们适应变化的迹象已经很明显了。例如，我们看到冰岛（实际上是一个"众包"宪法的国家）、爱沙尼亚和马耳他，还有各个加勒比岛屿，在它们的税法和政府服务中都采用了区块链技术，而其他国家则对此感到困惑。小国在这方面比那些大国做得更好。在世界上人均收入最高的10个国家中，没有一个国家的人口超过1,000万。在世界上最富有的20个国家中，只有美国和德国的人口超过2,000万。然而，在1950年，情况却大不相同。当时，美国是世界上最富有的国家。购买力平价数据不准确，但10个最富有的国家中至少有4个国家的人口超过1,000万——美国、委内瑞拉、澳大利亚、加拿大、荷兰，而比利时、法国和阿根廷则刚好错过。小国的经济状况已经变得很美好了，但情况并非总是如此。

对小国的倾向以及人们对更多地方统治的期待，在政治上表现得也很明显。例如，英国投票决定退出欧盟；加泰罗尼亚希望从西班牙独立出来；在过去的25年里，南斯拉夫变成了波斯尼亚-黑塞哥维那、克罗地亚、科索沃、马其顿、黑山共和国、塞尔维亚和斯洛文尼亚。未来我们还将看到更多类似的事件发生，尽管通往更小国家的道路并不容易。西班牙已经表明，它不会轻易允许加泰罗尼亚独立；英国退欧已经变成了"毒药"，双方争执的主要领域——关税联盟和单一市场准入——全都关乎税收问题。历史表明，一个国家想要实现变革以及随之而来的有意义的税收改革，往往需要某种革命、破产危机或战争。政府很少会主动提供这些契机，但不断减少的税收收入将迫使它们采取行动。

随着国家的分裂，随后的税收制度将由新国家所选择的统治体系来决定。但是，所有国家都在争抢生意。如果某些国家出台了强大的私人财产法，并同意为全球新公民和公司提供最有吸引力的税率，那它们就能吸引到最多的生意。这种竞争将给其他国家带来更大的压力，迫使它们调整自己的方式。

随着科技开始取代政府服务（许多人在教育、医疗和交通方面求助于科技），它同时也为降低政府支出打开了大门。但有人怀疑，大多数政府是迫于某种财政压力，而不是自愿选择科技。在高支出根深蒂固的文化中，低税收将面临巨大阻力。许多政府将试图提高税率并开征新税——可能是财富税、豪宅税、房屋空置税或流转税。此外，选民不会直接感受到，至少一开始不会察觉的通货膨胀税，将会不可避免地越来越多。例如，现代货币理论（MMT），即政府创造货币来为支出提供资金从而管理经济的这种模式，正在获得越来越多的支持。

政府对逃税、避税和避税天堂的打击将变得更加严厉，收税方式将变得更加激进，这其中包括一个越来越普及的道德论调已经在社会上起作用——如果你不支持高税收或不同意它们的使用方式，你就是一个坏人。同样的道德枷锁也加在了中世纪的骑士身上：他们不想随国王出征，所以必须缴纳懦弱税。历史表明，这些循环通常得不到善终。

及早进行有意义的税收改革可以减轻损害。但历史也表明，这种改革并非易事，它通常是由某种危机促成的。除了那些铁腕政治家，所有的政客都会选择阻力最小的道路，即一边在边缘上修修补补，一边朝着增加税收、增加税法复杂性和提高税率的大方向前进。要想尝试和完成这种改革，国家需要推选一位极具魄力和胆识的政治家并为其赢得足够的任期和充分的权力，使其不受极端环境的影响。但是随着亚洲的不断前进，西方世界特别是欧洲如果不想被甩在后面，就必须改变对人民征税的方式。

大政府与小政府、威权主义与自由主义、旧商业惯例与新技术、增税与减税之间的意识形态斗争将继续下去，双方都不会自愿让步。但是，那些选择低水平、公平和简单的税收制度的国家将会逐渐走向繁荣。在税收最低的地方，也就是人们最自由的地方，我们将看到最多的发明、最多的创新和最大的财富创造。历史上一直如此，将来也会如此。

第二十一章
构建乌托邦

> 我赞成只要有可能，政府在任何情况下以任何理由来减税。
>
> ——米尔顿·弗里德曼（2003年）

从来没有一种无税收的文明。

尽管我们非常厌恶税收，但我们的一些劳动和财产将不可避免地被用于"公共利益"。问题是，其中有多少会被提取呢？自由和税收是对立的。如何征税最终取决于你的价值观，你希望乌托邦会是什么样的国家呢？

你认可当今欧洲大部分国家的社会民主模式吗？在这种模式下，人们缴纳很高的税费，而政府是福利、教育、养老和医疗保健等领域的主要提供者，最终会导致低水平的经济自由和个人责任。

你会喜欢更高的税收、更多的政府干预和更少的自由吗？

还是更喜欢低税收、更多的政府干预和更多的个人责任，并相信政府不是教育、福利等领域的最佳提供方呢？

如果你更喜欢我们现有的模式，或者想要从中获得更多，那么争论的焦点就是如何使用这些资源。

让我们从大字标题开始。如果你还记得的话，在发达国家，税收占GDP的40%—60%。在乌托邦中，我们回到了一个更接近古老的什一税的数字，包括债务和通货膨胀在内的总体税收负担应该在GDP的15%左右，这大约是我们目前缴税的1/3。政府支出不应超过这个数字。不过，如果你给我20%，我还是会迫不及待地接受。

乌托邦中有所得税，也有增值税，但这些从来不会超过15%。特别是增值税方面，几乎没有免税。我们也有一些庇古税——以20世纪早期的英国经济学家阿瑟·C.庇古（Arthur C. Pigou）的名字命名。这是一种对有负面后果的活动征收的税，例如，带来污染的工业或活动，或导致公共医疗成本增加的活动（尤其是吸烟）。庇古税，如罚款，会直接用于被破坏了的公共活动。例如，烟草税直接用于公共医疗卫生服务。毒品在乌托邦是合法的，这些毒品也按15%的统一税率征税。所得的税费也会直接用于医疗保健和成瘾治疗。

乌托邦没有公司税，因为没有必要。股息和收入的税率是一样的，而且公司员工的收入也要缴税。零公司税将吸引大量海外投资。此外，公司还将缴纳场地使用税——稍后将对此进行更多说明。

乌托邦也没有国民保险、资本利得税、遗产税、市政税、印花税、关税、营业税、电视牌照费和车辆消费税。此外，机场旅客税和燃油税都减半，由此产生的任何收入都只用在相关的基础设施上。

乌托邦税则的篇幅急剧缩小不会像英国现有的税则那样多达21,000页，而是只有300页左右。

低税收有一个实际的后果：逃税减少了——因为冒险的动机减少了，而低税收往往会激发更大的忠诚度。正如中国香港的经验所表明的那样，较低的税率也会增加来自海外的投资。

地段、地段、地段：乌托邦需要一项新的税收

你可能会认为我的乌托邦里全都是减税政策，而不会引入任何新的税种。

但是，我认为有一种新税是必要的，这是一种基于你所拥有土地的地段而征收的税，我喜欢称之为"地段使用税"（LUT）。这是我能想到的最公平的税收之一，它将有助于将税收负担从劳动力上转移到资本上，从而有助于鼓励生产活动。

这个想法可以追溯到17世纪的重农主义者。重农主义主张的是"自然秩序"，它认为世界上有两种财富：一种是人类创造的，另一种是大自然赐予我们的。房子是由人建造的，但它下面的土地、它周围的领空和广播频谱以及附近的任何矿产资源都来自大自然。人造财富应该属于创造它的人，而自然财富应该共享。如果你在一块土地上盖房子，你是在改良这块土地，所以你努力的结果应该属于你。但是，这片土地本身一直在那里，它的一些"尚未改良"的价值应该为所有人共享。

启蒙运动哲学家托马斯·潘恩在1797年写道："地球不是人类创造的，现在的社会仅仅是改良的价值，属于个人财产，而不是地球本身的价值……每一位土地持有者都应向社会缴纳土地使用费。"

想象一下，在一个城市中心有两片相同的地块。一片是未开发的灌木丛，另一片上面有一座宏伟的建筑，而政府将对它们以相同的税率征税。唯一要考虑的事就是未改良的土地的价值，它可能是一座价值1,000万美元的房子，但我们只关心下面土地的未改良价值。建筑带来的财富应该由承担风险的开发商或新业主持有。但是，如果未开发地块仅仅因为城市的发展和越来越多的人想住在该地区而增值，那么这种增值就是不劳而获的财富，其中一部分应该被分享。通常情况下，土地升值是因为税收被用来在附近修建高速铁路。这种收益不是由于地块所有

者的努力，而是由于某种公共活动而造成的，因此，不劳而获的收益应该被分享。

如果你想独家使用一个地块，并且你想要政府来保护你对该地块的所有权，那么你就应该根据该地块未改良的价值向社会支付费用。该地块在未改良状态下会有相应的年租赁价值，而你应按照年租赁价值的特定百分比来支付相关费用。建造一所房子可能要花40万美元，而这块地本身可能价值10万美元，因此，在公开市场上购买这栋房子要花50万美元。在未改良的状态下，这块价值10万美元的地块的年租赁价值可能是1万美元。因此，独家使用该土地所需支付的费用将是1万美元的某个百分比。如果在该地块附近建一个火车站，其价值可能会增加到20万美元。现在，每年的租金可能是2万美元，那么支付的土地使用费将是其中的一部分。

19世纪的经济学家亨利·乔治（Henry George）普及了这种税收的想法。他称其为"单一税"，因为他认为，它应该取代其他所有的税收。关于这个主题，他于1879年出版了《进步与贫困》一书，销量达数百万册，成为美国有史以来最畅销的书籍（在那个时期）。他的一位读者甚至发明了一种棋盘游戏来警示人们现行土地所有权制度的危险。我们都知道，这个游戏名叫《大富翁》。

现在，乔治的单一税被称为地价税。我不喜欢这个称呼，因为它表明，农村土地所有者将支付大量的税款，而实际上，那些在城市中心拥有优质房地产的公司或个人的税收负担最重。这就是我更喜欢"地段使用税"这个术语的原因。实际上，这是一种消费税，你使用的土地越有价值，你缴的税就越多。

地段使用税并不是17世纪的哲学家或19世纪的经济学家凭空想象出来的，在某些地方，该方案早已付诸实施。除了中国香港，还有哪里呢？那里约40%的财政收入来自土地价值。特区政府拥有所有的土地并将其出租。通过这种方式，一部分因当地人民的产业发展所带来的土地增值被人们分享了，而不是被少数拥有黄金地段的幸运儿所侵占。政府也保留了75%的土地作为空地，只有25%是已建成区域。①

新加坡和韩国也找到了对场地价值征税的办法，这有助于它们的经济增长，因为场地税使得它们能够在其他地方减税。不幸的是，这样一项税收实施起来举步维艰。

1909年，大卫·劳合·乔治和温斯顿·丘吉尔在英国尝试过这种税。丘吉尔在下议院怒吼道："道路修好了，街道整饬了，服务改善了，电灯有了，夜如白昼，水也从100公里外的山中水库运来了——而地主却一直坐着不动。每一项改进都受到其他人和纳税人的劳动力和成本的影响，土地垄断者并没有对任何一项改进做出贡献，对社会、对公共福利，甚至对自己获得财富的过程，都没有任何贡献。但他们中的每一个人土地的价值都提高了。"但是，主要由土地所有者组成的上议院否决了该法案，现在任何引入这种地段使用税的尝试都可能面临同样的失败，除非它能明显地取代其他税收。

但这里是乌托邦。在这里，我们可以做我们喜欢的事。我们不希望社会上的房主们眼睁睁地看着自己的房子升值而无动于衷，却牺牲了下一代的利益。我们正在构建一个生产力得到回报、不劳而获的财富得不到回报的社会。在乌托邦里，就像约翰·斯图尔特·密尔所说的那样，"不工作、不冒险、不节约，却在睡梦中变得更富有"的房东是没有容身之地的。他认为，由于整个社会的共同努力而使土地价值增加了，这些土地的价值应该属于社会，而不属于那些可能拥有所有权的个人。

下面就是它的工作原理。

---

① 然而，现在的租赁制度并不完美。如果政府想要扩大面积，它会将租约进行拍卖。但是，预付款太高了，只有资金足够充裕的开发商才能负担得起。而且，建筑行业已经变成了某种形式的垄断利益集团。——作者注

这个国家的每一块土地都是根据其未改良的租赁价值进行评估的，即土地的价值，仿佛它从来没有被以任何形式开发过：没有建筑，没有农场，也没有工厂，只有土地。我们评估的不是哈罗德百货公司（Harrods）或布鲁明戴尔百货公司（Bloomingdale's）的价值，而是它们脚下的土地。因此，就租赁价值而言，土地的位置往往比土地的数量更重要。例如，位于偏远地区、没有规划许可且无人问津的灌木林地，其租赁价值很低。相反，市中心的黄金地段，附近有良好的基础设施，租赁价值就很高。

地政局会记录每一块土地的所有权。[①]然后，业主支付年费，这将是未改良租赁价值的特定百分比。该百分比是多少呢？这取决于你想要的社会类型。如果你想要大政府和大支出，这个百分比会很高。如果你想要小政府和最少的支出，那这个百分比会很低。征税的比例可以让政党辩论，并由投票箱里的选票决定。

米尔顿·弗里德曼是一个一直以来都支持低税收的人，他将地段使用税称之为"最不坏的税收"。原因很简单，地段使用税没有对生产力征税，针对的是不劳而获的财富。这种税施行起来很简单——一旦税收制度就位，唯一的问题就是每年重新估值。这是一种无法逃避的税种，因为你无法隐藏土地，而且土地也无法像资本那样可以离岸。土地所有者的姓名已经在地政局备案，他们无所遁形。此外，地段使用税是透明的，与债务、通货膨胀或其他隐性税收不同，地段使用税的纳税人能直接感受到政府支出，这就迫使政府承担责任。在我看来，地段使用税是对跨国数字无形资产征税这一问题的理想解决方案。无论你软件的知识产权是属于在巴拿马的一家公司，还是你的服务器位于冰岛，如果你正

[①] 目前，英国约有15%的房地产处于未登记状态。征税将会导致一种后果，那就是，所有的土地都会登记在册。——作者注

在使用这块土地作为数据中心,或者你正在使用这里的带宽,又或者你在这座城市的黄金地段设立总部,那么你正在独家使用的属于社会的自然财富必然具有一些未改良价值,而你必须将这些价值与整个社会共享(顺便说一下,地段使用税不仅适用于土地,而且适用于大自然赋予的任何资产——领空、矿产资源甚至广播频谱)。

更重要的是,地段使用税往往有助于更有效地利用土地。那些持有未开发土地、等待其升值的人——这种做法被称为土地储备——被迫要么将土地立即投入使用,要么将其出售给其他想要立即使用的人。出于同样的原因,地段使用税也抑制了房地产投机,而房地产投机多年来已经导致了经济的多次崩溃。

土地是最基本的财富,但它的分配也最不平等。在世界各地,一些特定的个人、公司和政府部门拥有不成比例的大量土地——无论是在城市还是在农村,巴西、西班牙和英国是土地分配最不平等的国家。尤其是在英国和欧洲,许多大地主不仅不用为他们使用的土地缴纳税费,而且实际上还因此获得了各种补贴。而补贴的资金主要来自工人所缴纳的税款。我确信,在大多数情况下,工人们都想成为土地所有者,但相反,他们缴纳的税款成为土地所有者的补贴。工人间接地资助了资产所有者,这就难怪两者之间有如此大的贫富差距了。

地段使用税不仅会改变我们对土地和土地所有权的看法,还会改变一个社会的思维方式和行为方式,因为与其他税收相比,地段使用税带来的回报和激励是不同的。在乌托邦,努力是有回报的,而土地储备则不然。

没有一个国家在以最纯粹的形式来施行地段使用税——以牺牲所有其他税收为代价。但是,那些以牺牲部分其他税收为代价的国家和地区,比如韩国、丹麦、新西兰、博茨瓦纳、爱沙尼亚和澳大利亚部分地区,在经济上都有不俗的表现。

在乌托邦中，我们主张地段使用税应占政府收入的1/3左右，其余政府收入由所得税、增值税和其他税收（包括上文概述的庇古税）构成。然而，如果某个地区愿意，那该地区可以只征收地段使用税，而免征其他税收，因为不同的地区将能够设定自己的税率。我们正在将权力下放到各个地区。

在这方面，我们借鉴了瑞士和斯堪的纳维亚地区的模式，在这些模式中，更高比例的税收是由地方政府决定和征收的。这种做法不仅使税收的收集者和支出者承担更大的责任，也使纳税者拥有了更大的透明度：他们能够监督自己的钱是如何花出去的，而不是看着钱消失在某一个集中的地方——他们更接近真相。在乌托邦中，城市和地区可以制定自己的税收政策和税率，很大一部分税收权力将移交给地方。

权力下放的结果将是促进地区税收竞争。随着竞争、问责和选择等效应的完全发挥，亚当·斯密的"看不见的手"可以被引入政府。随后，那些拥有最合适税率的地区将会繁荣发展，那些效果最好的政策将被效仿，而那些效果不好的政策将被抛弃。如果一个地区想要高税收和高支出，而另一个地区不想要，这样的结果将成为可能。而且，未来的结局会说明哪种政策的效果最好，负责任的地方政府将比中央政府更有能力改变和适应环境。

乌托邦还将引入现代商业的订阅模式。

订阅模式如何在公共服务中发挥作用

20世纪90年代以前，你只能购买实体形式的报纸、音乐和电影。向数字化的转变意味着人们现在可以快速地、低价地、保质地复制媒体资源（这与从黑胶唱片到盒式磁带或从电视到录像带的转变大不相同），然后自由地、即时地发行这些资源。从那以后，人们逐渐停止购买报纸、激光唱片、数字影碟或其他"实体"媒体资源。然而，一种矛盾的情况出现了：人们实际上消费了更多的内容——他们比以前读了更多的文章，听了更多的音乐，看了更多的视频——但创作者的收入却大幅下降。内容的价值下降了，在某些情况下接近于零。正是订阅服务拯救了许多企业。

2010年，《泰晤士报》成为英国首家设立付费墙的主流报纸。不久之后，其网站的访问量下降了90%以上。《泰晤士报》因此而遭到了群嘲。但在2014年，《泰晤士报》记录了自2001年以来的首次盈利。在英国的主要报纸中，只有《卫报》仍然对所有人免费开放。它的撰稿者们喜欢这个免费的平台，因为《卫报》让他们比其他记者更有声望。但是，多年来，它的收入一直在大量流失。直到2019年，《卫报》经过大幅削减成本并通过向读者征集捐款和订阅，才勉强实现盈利。此外，自愿订阅也弥补了脸书和谷歌在广告收入方面的损失。许多小型出版物尤其是任何出售各种建议的出版物，之所以能够蓬勃发展，实际上也得益于订阅模式。

音乐行业也不得不重塑。它的生存不仅得益于现场演出（现场报道也成为许多报纸的一个有价值的收入来源），而且也归功于订阅模式。例如，人们每月向YouTube频道或声破天（Spotify）等流媒体服务商支付费用，才能获得各种各样的音乐。

订阅模式在电视行业的效果可能最好。先是天空电视台（Sky）和美国家庭影院（HBO），然后是网飞、亚马逊Prime视频、英国电信（BT）和Now TV，它们把好莱坞制作标准带到了小屏幕上。现在，电视为我们提供了一些这个时代最好的视频。

在大约20年的时间里，这些行业经受了从"付费"到"免费"、从"危机"到"订阅"的历程。记者安德鲁·威尔希尔（Andrew Willshire）表示，公共服务也在经历同样的过程。

在1911年英国的《国民保险法》和第一次世界大战之前，教育和医疗保健都由个人直接支付，通常是经由互助组织来实现的。慈善机构和教堂给予帮助，为最贫穷的人提供医疗、福利和教育补贴，但它们会期望所有人都能尽其所能地捐款。随着国家开始负责提供医疗和教育，个人所支付的费用和他所得到的服务之间的联系被打破了。我们从"付费"到"免费"享受这些公共服务。现在，人们对这些服务的需求和对标准的期望都很高。这两项支出都远远超出了政府通过征税来支付的能力。很少有人愿意缴纳更高的税费（至少那些必须缴纳这些税费的人不愿意），然而大多数的公共服务经费都非常紧张。几乎每周都会有一些关于公共服务陷入危机的报道或其他新闻。过高的公共债务水平意味着政府目前没有找到有效的解决方案，因此，我们现在正处于威尔希尔周期的"危机"阶段。

在其他经济领域，订阅是司空见惯的事。我们可以选择在推特、脸书或照片墙上关注谁，也可以选择我们想看的电视节目或我们想听的博客，还可以选择我们的供应商，然后支付每月的手机资费、宽带资费、电视资费、音乐资费、新闻资费、健身资费以及保险资费等。即使我们当月没有使用这项服务，我们往往也不指望能拿回我们的钱。现在订阅已经成为常态，因为人们的行为模式已经改变了。

在大多数订阅中，基本服务都是按照统一标准来收费的——通常情况下基本模式甚至是免费的，还有一些可选的额外功能。我们可以在非高峰时间去健身房，但如果我们想在繁忙的时候去，就要多付钱。如果我们某个月需要在手机上使用额外的数据或者我们想看一场特定的体育比赛，我们就需要额外支付一些费用。有时候，虽然对供应商来说成本很低，但"一点点额外的费用"也可能是一大笔钱。这就相当于飞机或火车的头等舱与标准舱之间的关系。在很多情况下，这些额外的费用就是大部分利润的来源。

以上是订阅模型的工作原理。以下是《乌托邦》使用订阅模式的方法。

所得税将涉及所有形式的收入——股息、工资、租金，按15%的均一税率征收。这种单一所得税很容易管理。在如此低的税率下，避税的情况也会减少。同时，所有的个人免税额都会取消。相反，每个人都会得到普遍性的基本收入，而这种基本收入作为单一所得税的一部分来征税。因此，这也将简化福利和税收。

我们会把单一所得税的收入分配给多个订阅领域，达到特定收入用于特定支出的目标。经济学家称之为"特定目的担保税"。因为我们知道"这笔钱将花在某种服务上"，所以公共支出将变得更加清晰透明。拨款将由财政大臣决定，因此它将成为一项经由各政党辩论并在选举中投票表决的重要议题。

第一个订阅领域是"社会成员"，以支付政府的基本费用——国防、基础设施、警察等；第二个是再分配——福利和养老金；第三个是教育；第四个是医疗保健和相关社会服务。

对每一个订阅领域，政府都必须有明确的费用支出说明——为多大的军队规模、什么样的国民医疗保健服务制度疗法或药物以及怎样的学校教育等等提供经费。除了这些基础支出，政府也应该为其他领域埋单。透明的纳税申报表显示，所有公民为每种公共服务缴纳的费用名义上都是相同的，但低收入者实际上得到了补贴。高收入者将清楚地看到他们做出的额外贡献。

在每个阶段，政府都会鼓励人们在使用公共服务时支付相关费用。你可能不想缴纳更高的税费，但会很高兴为自己、朋友或家人支付额外的费用，以获得医院的私人病房，或者更好的食物。政府会将额外的收入用于需要资金的公共服务领域，威尔希尔称之为"共同支付"。为了行之有效，这种额外服务的价格必须远远高于提供这种服务的成本。例如，火车或飞机头等舱的票价通常是标准票的两倍多，但承运人并不需要为此支付两倍的费用。因此，那些选择额外服务的人（通常是那些更有钱的人）都是为了自己的切实利益而自愿支付报酬，但同时也为其他人享受这项服务提供了补贴。如果共同支付的收入相当可观，那政府甚至可能会因此而降低单一税率。这样，我们的乌托邦就产生了一个自愿的累进税制。

共同支付还恢复了许多公共服务中缺失的买卖双方的动态。例如，目前国民医疗保健服务制度的用户可以不去赴约，或者对工作人员举止粗鲁，但几乎不会被追究责任。另一方面，医生可以提供不理想的服务而不用承担责任。

为了便于理解，我们可以将上述情况比喻成商业场景。在大多数商店和餐馆中，你会从想取悦你的服务员那里得到优质的、快捷的服务，因为服务提供者对你这位顾客负责。为了促进销售，制造商尽力生产最好的产品。如果你没有得到好的服务或者产品，你不会成为回头客，或者你会给出差评等等。相反，如果客户表现不好，商家也不会总是希望他们再来光顾。同样，这些客户也可能会得到糟糕的反馈，并影响他们的声誉。这种动态迫使参与者做出良好的行为，买方监管卖方，卖方同时也监管买方。它很自然地发生，并激励各方不断地改进。

订阅和共同支付制度还可以为慈善机构和私营部门的捐款提供空间。当地的慈善机构可以主动为某些弱势群体提供共同支付，而且保险公司可以出售相关产品来抵消追加服务的成本，等等。这种制度可以非常灵活地融入未来的世界，届时科技将取代现有的政府服务。

订阅模式简化了税收和福利，给政府带来了更大的透明度；它从高收入者那里获得了更多的财政收入，但这是他们自己的选择。因此，我们有了自然而然但不是任意强加的累进税等级。

221 解决了税收问题，你就能解决社会问题

没有任何一种税收或税收制度会一直适合所有人的口味。但是，我希望这个乌托邦税收体系能够接近这一目标。

我认为，我们有必要把税收问题重新提上议程：我们要像启蒙运动时期的人们那样，研究、讨论和辩论税收及相关制度。我希望我在这本书中提出的想法能让事情有所进展。

通过税收，我们可以为子孙后代塑造适合他们生活的世界。

历史已经一次又一次地证明：误入歧途的、考虑不周的或不合时宜的税收立法可能会带来可怕的后果。因此，我们需要全新的、更好的税收制度来反映21世纪的新经济。

税收改革是政客们能真正改变世界为数不多的方法之一。解决了税收问题，你就能解决社会问题。

税收才是零号病人。

我们开始吧！

致　谢

这本书诞生于2016年,是爱丁堡艺术节上的一部喜剧(类似)节目,名为《让我们谈谈税收》。当时,我以为把它写成书是一件既简单又快速的事——就是例行公事而已。结果,这件事足足花了我三年的时间。税收与文明一样古老,我发现自己有时会从税收的角度重写整个文明史。呜呼!在这方面,我想首先感谢我的编辑玛蒂娜·奥沙利文,感谢她无尽的耐心。虽然一个又一个截止日期在夜里悄悄地过去了,但她从未跟我发脾气。此外,我也要对玛蒂娜在刚开始委托我写这本书时所展现出来的先见之明表达我的感激和钦佩之情。

我还要感谢并赞扬西莉亚·布祖克(Celia Buzuk)和简·塞利(Jane Selley)在编辑期间的杰出贡献。

还要感谢我在《财经周刊》的前老板托比·布雷(Toby Bray),因为他通读了我所有的书,毫不留情地找出了其中无聊的部分,然后像篱笆修剪机一样把它们无情地砍掉了。

感谢罗杰·维尔、达伦·琼斯(Darren Jones)、毕马威的梅丽莎·盖格、克里斯·唐宁和艾德·佛斯林汉姆·史密斯(Ed Fotheringham Smith)对我的研究提供的帮助。

还有一位因远见卓识而需要感谢和钦佩的人,那就是我的文学经纪人——费利西蒂·布莱恩联合公司的萨利·霍洛威（Sally Holloway）。节礼日后的第一天，她给我发了一封投机性的电子邮件来跟我签约。（如果有初露头角的作家在读这封邮件，请在圣诞节和新年之间那一周里寄出你的求职信。那一周我不太忙，所以你的求职信会有更大的机会得到关注。）

我的喜剧经纪人克里斯蒂安·诺尔斯（Christian Knowles）和维姬·马修斯（Vicky Matthews）也帮了不少忙。他们首先把爱丁堡的演出安排好了，那场演出的规模和CKP旗鼓相当。没有他们，我这本书永远也写不出来。

目前我还不知道谁在为这本书做公关，但提前感谢你为此所做的大量工作。

也特别感谢苏菲·泰勒（Sophie Taylor）的耐心。

如果没有我的父亲特伦斯·弗里斯比（Terence Frisby），我现在也不会成为作家。他是他那一代人中最被忽视的剧作家，我现在和他一样了不起了。

我不能感谢了我的父亲，却不感谢我的母亲，所以我也感谢母亲。在过去的两年里，因为受到她前夫（不是我父亲）的欺骗，她经历了地狱般的痛苦。关于这个故事，我也写了一本书，但这里不方便多谈。

最后，这本书亏欠得最多的人是美国税务历史学家查尔斯·亚当斯（Charles Adams）。正是他首先激发了我对这一课题的兴趣，而我一直在借鉴他的研究。亚当斯在2013年去世了，所以我们素未谋面，但我希望我们能在天上的避税天堂里相遇。

参考资料

Abrahamlincolnsclassroom.org (2018). *Abraham Lincoln and the Tariff*. Available at: http://www.abrahamlincolnsclassroom.org/abrahamlincoln-in-depth/abraham-lincoln-and-the-tariff/ (accessed 16 April 2018).

Abrahamlincolnonline.org (2018). *Abraham Lincoln's 1855 Letter to Joshua Speed*. Available at: http://www.abrahamlincolnonline.org/lincoln/speeches/speed.htm (accessed 3 May 2018).

Abrahamlincolnonline.org (2018). *Lincoln's Eulogy on Henry Clay*. Available at: http://www.abrahamlincolnonline.org/lincoln/speeches/clay.htm (accessed 26 April 2018).

Adams, C. (1993). *For Good and Evil*. Lanham, Md.: Madison Books.

Aeon.co (2018). Sheri Berman, *It wasn't just hate. Fascism offered robust social welfare*. Available at: https://aeon.co/ideas/fascism-was-a-rightwing-anti-capitalist-movement (accessed 30 June 2018).

Ali, I. (n.d.). *Imam Ali's Letter to Malik alAshtar, the Governor of Egypt, Revenue Administration*. Al-Islam.org. Available at: https://www.al-islam.org/richest-treasure-imam-ali/revenue-administration (accessed 8 December 2018).

Allen, G. (2012). *Inflation: the Value of the Pound 1750–2011* (ebook). London: House of Commons Library, pp.6, 17. Available at: http://researchbriefings.files.parliament.uk/documents/RP12-31/RP12-31.pdf (accessed 24 September 2018).

Allen, J. (2017) *Technology and Inequality: Concentrated wealth in a Digital World*. Cham: Springer.

Allen, M. (2002). *The Business of Genocide*. Chapel Hill: University of North Carolina Press.

Aly, G. (2016). *Hitler's Beneficiaries: Plunder, Racial War, and the Nazi Welfare State*. London: Verso.

Api.parliament.uk (2018). *The Financial Statement – the Budget (Hansard, 6 March 1854)*. Available at: https://api.parliament.uk/historic-hansard/commons/1854/mar/06/thefinancial-statement-the-budget (accessed 9 June 2018).

Archive.org (1860). *The address of the people of South Carolina assembled in convention, to the people of the slaveholding states of the United States: South Carolina. Convention (1860–1862): Free Download, Borrow, and Streaming: Internet Archive.* Available at: https://archive.org/details/addressofpeopleo00sout (accessed 6 May 2018).

Archive.org (2018). *Full text of ' Interview between President Lincoln and Col. John B. Baldwin, April 4th, 1861: statements & evidence'.* Available at: https://archive.org/stream/interviewbetween00bald/interviewbetween00bald_djvu.txt (accessed 7 May 2018).

Archive.spectator.co.uk (2018). *HouseTax v. IncomeTax.* Available at: http://archive.spectator.co.uk/article/13th-september-1873/8/house-taxv-income-tax (accessed 28 March 2018).

Archives.gov (2018). *The Magna Carta.* Available at: https://www.archives.gov/exhibits/featured-documents/magna-carta (accessed 1 April 2018).

Ash.org.uk (2018). *Large national survey finds 2.9 million people now vape in Britain*: For the first time over half don't smoke. Available at: http://ash.org.uk/media-and-news/press-releases-media-and-news/large-national-survey-finds-2-9-million-people-now-vape-in-britainfor-the-first-time-over-half-no-longer-smoke/ (accessed 25 October 2018).

The Assyrian Dictionary of the Oriental Institute of the University of Chicago(1958). Chicago, Ill.: Oriental Institute.

Austen, J. (1870). *Pride and Prejudice.* Wordsworth Classic Edition.

Avalon.law.yale.edu (2018). *Avalon Project – Constitution of the Confederate States ; March 11, 1861.* Available at: http://avalon.law.yale.edu/19th_century/csa_csa.asp (accessed 3 May 2018).

Avalon.law.yale.edu (2018). *The Avalon Project: First Inaugural Address of Abraham Lincoln.* Available at: http://avalon.law.yale.edu/19th_century/lincoln1.asp (accessed 11 April 2018).

Balderston, T. (1989) ' War Finance and Inflation in Britain and Germany, 1914–1918'. *The Economic History Review*, 42(2), pp.222–44.

Bank, S., Stark, K. and Thorndike, J. (2008). *War and Taxes.* Washington: Urban Institute Press.

Barlow, J. (1996). *A Declaration of the Independence of Cyberspace.* Electronic Frontier Foundation. Available at: https://www.eff.org/cyberspaceindependence (accessed 24 October 2018).

Bartash, J. (2018). *Repatriated profits total $465 billion after Trump tax cuts –*

leaving $2.5 trillion overseas. MarketWatch. Available at: https://www.marketwatch.com/story/repatriated-profits-total-nearly-500-billion-aftertrump-tax-cuts-2018-09-19 (accessed 12 October 2018).

Bartlett, J. (2018). *The end of a world of nationstates may be upon us*. Aeon. Available at: https://aeon.co/essays/the-end-of-a-world-of-nation-statesmay-be-upon-us (accessed 31 October 2018).

Bartlett, J. (2018). *The People vs Tech*. 1st edn. London: Ebury.

Basler, R. P. ed. (1955). *Collected Works of Abraham Lincoln,* Vol. IV. New Brunswick: Rutgers University Press.

Bbc.co.uk (2018). *Government to pay off WW1 debt*. Available at: https://www.bbc.co.uk/news/business-30306579 (accessed 19 June 2018).

Bbc.co.uk (2018). *Vaping – the rise in five charts*. Available at: https://www.bbc.co.uk/news/business-44295336 (accessed 25 October 2018).

Belloc, H. (1913). *The Servile State*. Edinburgh: T. N. Foulis.

Benedictow, O. (2005). *The Black Death: The Greatest Catastrophe Ever*. Historytoday.com. Available at: https://www.historytoday.com/ole-j-benedictow/black-death-greatest-catastrophe-ever (accessed 16 September 2018).

Benson, W. (2010). *A Political History of the Tariff 1789–1861*. USA: Xlibris Corporation.

Bestvalueschools.com (2018). *Understanding the Rising Costs of Higher Education*. Available at: https://www.bestvalueschools.com/understanding the-rising-costs-of-higher-education/ (accessed 22 October 2018).

Bevan, E. R. (1927). *The House of Ptolemy*, pp.263–8, via: http://www.allaboutarchaeology.org/rosetta-stone-english-translation-faq.htm (accessed 15 February 2017).

Bibula.com (2018). *Straty ludzkie poniesione przez Polskę w latach 1939–1945 – Bibula – pismo niezalezne*. Available at: http://www.bibula.com/?p=13530 (accessed 30 June 2018).

Bloom, E. (2017). *Here's how much money the average firsttime homebuyer makes*. CNBC. Available at: https://www.cnbc.com/2017/04/25/hereshow-much-money-the-average-first-time-home-buyer-makes.html (accessed 4 September 2017).

Bloom, J. (2018). *The digital nomads wandering the world*. BBC News. Available at: https://www.bbc.co.uk/news/business-43927098 (accessed 5 October 2018).

Bloomberg.com (2018). *These Are the Economies With the Most (and Least) Efficient Health Care*. Available at: https://www.bloomberg.com/news/articles/2018-09-19/u-snear-bottom-of-health-index-hong-kong-andsingapore-at-top (accessed 21 December 2018).

Bloy, M. (2019). *The Campaign for the Repeal of the Corn Laws*. Historyhome.co.uk. Available at: http://www.historyhome.co.uk/peel/cornlaws/c-laws2.htm (accessed 11 March 2019).

Bls.gov (2018). *Contingent and Alternative Employment Arrangements Summary*. Available at: https://www.bls.gov/news.release/conemp.nr0.htm (accessed 1 October 2018).

Bluche, F. (1990) *Louis XIV*. Paris: Franklin Watts.

Booth, P. and Bourne, R. (2017). *Taxation, Government Spending & Economic Growth: In Brief*. Iea.org.uk. Available at: https://iea.org.uk/publications/taxation-government-spending-economic-growth-in-brief/ (accessed 3 June 2018).

Boyce, M. (2001). *Zoroastrians: Their Religious Beliefs and Practices*. London: Psychology Press. p.148.

Bridge, M. (2018). *The scifi future where tech is everywhere . . . and inside us*. Thetimes.co.uk. Available at: https://www.thetimes.co.uk/article/the-sci-fi-future-where-tech-is-everywhere-and-inside-us-sps78rm79 (accessed 27 October 2018).

Brown, J. (2018). *Cash Flow*. The Reformed Broker. Available at: https://thereformedbroker.com/2018/04/24/cash-flow/ (accessed 27 September 2018).

Browne, R. (2018). *70% of people globally work remotely at least once a week, study says*. CNBC. Available at: https://www.cnbc.com/2018/05/30/70-percent-of-people-globally-work-remotely-at-least-once-a-week-iwgstudy.html (accessed 5 October 2018).

Burgan, M. (2003). *The Louisiana Purchase*. Minneapolis, MN: Compass Point Books.

Burlingame, M. (2012). *Abraham Lincoln*. Baltimore: Johns Hopkins University Press.

Burns, D. (1992). *Poll Tax Rebellion*. Stirling: AK Press.

Cahill, K. (2010). *Who Owns the World*. New York: Grand Central Pub.

Capella, R. (2012). *The Political Economy of War Finance*. Publicly accessible Penn. Dissertations. 1175. Available at: http://repository.upenn.edu/edissertations/1175.

Carswell, D. (2012). *The End of Politics*. London: Biteback Publishing.

Cato Unbound (2009). Peter Thiel, T*he Education of a Libertarian*. Available at: https://www.cato-unbound.org/2009/04/13/peter-thiel/education libertarian (accessed 11 September 2018).

Cazel, F. A. (1955). ' The Tax of 1185 in Aid of the Holy Land', *Speculum*, Vol. 30,

No. 3, pp.385–92, University of Chicago Press.

Cbsnews.com (2018). *How would you feel about a 94% tax rate?* Available at: https://www.cbsnews.com/news/how-would-you-feel-about-a-94-taxrate/ (accessed 28 June 2018).

Center on Budget and Policy Priorities (2018). *Policy Basics: Where Do Federal Tax Revenues Come From?* Available at: https://www.cbpp.org/research/federal-tax/policy-basics-where-do-federal-tax-revenues-comefrom (accessed 28 March 2018).

Cervantes, M. (2011). *Don Quixote.* London: Vintage, p.397.

Cesarani, D. (2015). *Nazi Underworld.* National Geographic – Videos, TV Shows & Photos – Asia. Available at: http://natgeotv.com/asia/nazi-underworld/about (accessed 23 September 2018).

Chanel, G. (2016). ' Taxation as a Cause of the French Revolution: Setting the Record Straight'. *Studia Historica Gedanensia,* 6.

Chesky, B., Gebbia, J., Blecharczyk, N., Johnson, B., Axelrod, B. and Chesnut, R. (2018). *Airbnb.* Craft.co. Available at: https://craft.co/airbnb (accessed 27 September 2018).

Ching, F. (1974). *The Population of Hong Kong.* Hong Kong: Department of Statistics, University of Hong Kong.

Chodorov, F. (2017). *Income Tax: Root of All Evil.* Aubum, Ala.: Dead Authors Society.

Chu, B. (2016). *The charts that shows how private school fees have exploded.* Independent.co.uk. Available at: https://www.independent.co.uk/news/uk/home-news/the-charts-that-shows-how-private-school-feeshave-exploded-a7023056.html (accessed 22 October 2018).

Churchill, W. (1909). *Land Monopoly.* Landvaluetax.org. Available at: http://www.landvaluetax.org/current-affairs-comment/winston-churchillsaid-it-all-better-then-we-can.html (accessed 23 December 2018).

Cia.gov (2017). *The World Factbook – Central Intelligence Agency.* Available at: https://www.cia.gov/library/publications/the-world-factbook/rankorder/2186rank.html (accessed 5 September 2017).

Civil War Trust (2018). *Civil War Facts.* Available at: https://www.civilwar.org/learn/articles/civil-war-facts (accessed 7 May 2018).

Civilwarcauses.org (2018). *Robert Toombs's Speech to the Georgia Legislature.* Available at: http://civilwarcauses.org/toombs.htm (accessed 2, 4 May 2018).

Clark, T. and Dilnot, A. (2002). Long *Term Trends in British Taxation and Spending.*

Ifs.org.uk. Available at: https://www.ifs.org.uk/bns/bn25. pdf (accessed 27 June 2018).

Clarke, D. (2017). *Poll shows 85% of MPs don't know where money comes from.* Positivemoney.org. Available at: http://positivemoney.org/2017/10/mp-poll/ (accessed 11 September 2018).

Cobbett, W. (1803). *Cobbett's Parliamentary History of England: From the Norman Conquest, in 1066 to the Year 1803. Comprising the period from the battle of EdgeHill, in October 1642, to the restoration of Charles the second, in April 1660, Volume 3.* London: Bagshaw.

Coffield, J. (1970). *A Popular History of Taxation.* London: Longman.

Collins, P. (2014). *Virtue and vice: Labour needs to shift tax burdens to unearned wealth.* Fabians.org.uk. Available at: http://fabians.org.uk/virtue-andvice-labour-needs-to-shift-tax-burdens-to-unearned-wealth/ (accessed 30 September 2018).

Cooper J. S. (1986). ' Clay Cones La 9.1 Presargonic Inscriptions'. The American Oriental Society, New Haven, Connecticut. See: http://www.humanistictexts.org/sumer.htm#4%20Praise%20of%20Urukagina.

Cooper, W. J. (2001). *Jefferson Davis, American.* New York: Vintage.

Copernicus, N. (1526). *Monete cudende ratio (Essay on the Minting of Money).*

Cosgrave, J. (2018). *UK finally finishes paying for World War I.* Cnbc.com. Available at: https://www.cnbc.com/2015/03/09/uk-finally-finishespaying-for-world-war-i.html (accessed 24 September 2018).

Costly, A. (2018). BRIA 26 2: *The Potato Famine and Irish Immigration to America.* CCrf-usa.org. Available at : http://www.crf-usa.org/bill-of-rightsin-action/bria-26–2-the-potato-famine-and-irish-immigration-to-america.html (accessed 2 May 2018)

Cottrell, L. and Davidson, M. (1962). *Lost Worlds.* New York: American Heritage, p.154.

Dailymail.co.uk (2017). *Six of the world's seven billion people have mobile phones but only 4.5 billion have a toilet sayUN report.* Available at : http://www.dailymail.co.uk/news/article-2297508/Six-world-s-seven-billionpeople-mobile-phones–4-5billion-toilet-says-UN-report.html (accessed 11 June 2017).

Danesi, M. (2007). The Quest for Meaning. Toronto: University of Toronto Press.

Danziger, D. and Gillingham, J. (2004) *1215: The Year of Magna Carta.* London: Hodder Paperbacks.

Data.worldbank.org (2018). *GDP per capita (current US$).* Available at: https://data.worldbank.org/indicator/NY.GDP.PCAP.CD (accessed 21 December 2018).

Data.worldbank.org (2018). *GDP per capita, PPP (current international $).*

Available at: https://data.worldbank.org/indicator/NY.GDP.PCAP. PP.CD?year_high_desc=true (accessed 5 November 2018).

Data.worldbank.org (2018). *GDP per capita, PPP (current international $)*. Available at: https://data.worldbank.org/indicator/NY.GDP.PCAP. PP.CD?locations=HK-US-GB&year_high_desc=true (accessed 21 December 2018).

Data.worldbank.org (2018). *Military expenditure (% of GDP)*. Available at: https://data.worldbank.org/indicator/MS.MIL.XPND.GD.ZS (accessed 10 July 2018).

Davidson, I. (2010). Voltaire: *A Life*. London: Pegasus.

Davies, L. (2011). UK *National Ecosystem Assessment Technical Report* (ebook). Cambridge: UNEP-WCPC, Chapter 10, p.368, Table 10.3. Available at: http://uknea.unep-wcmc.org/LinkClick.aspx?fileticket=u60Ugtegc28%3d&tabid=82 (accessed 11 September 2018).

Delaney, K. (2017). *The robot that takes your job should pay taxes, says Bill Gates.* Qz.com. Available at: https://qz.com/911968/bill-gates-therobot-that-takes-your-job-should-pay-taxes/ (accessed 7 January 2019).

Dell, S. (2016). *Let there be light ! Candles in the time of Jane Austen.* Jane-austenshouse-museum.org.uk. Available at: https://www.jane-austens-housemuseum.org.uk/single-post/2016/1/12/Let-There-be-light-Candles-in-thetime-of-Jane-Austen (accessed 24 February 2019).

Deloitte Czech Republic (2018). *This Year's Tax Freedom Day Falls on 23 June 2018*. Available at: https://www2.deloitte.com/cz/en/pages/press/articles/cze-tz-den-danove-svobody-letos-pripadne-na-23-cervna-2018.html (accessed 15 September 2018).

Demographia.com (2019). *Greater London, Inner London Population & Density History*. Available at: http://www.demographia.com/dm-lon31.htm (accessed 4 January 2019).

Dennett, Jr., D. C. (1950). *Conversion and the Poll Tax in Early Islam, Harvard*, p.10, citing History of the Patriarchs of the Coptic Church of Alexandra, ed. Evetts (1910), pp.189–90.

Denning, T. (1965). ' The Magna Charta Ceremonies in England'. *American Bar Association Journal*, 51(10).

Desjardins, J. (2018). *The Buying Power of the US Dollar Over the Last Century.* Visualcapitalist.com. Available at: http://www.visualcapitalist.com/ buying-power-us-dollar-century/ (accessed 26 September 2018).

Dickens, C. (1850). *Household Words*. London: Bradbury & Evans.

Dickens, C. (1861). ' The Morrill Tariff'. *All the Year Round, A Weekly Journal by*

Charles Dickens, Vol. 6 (September 1861–March 1862), pp.328–31. Available at: https://ia600208.us.archive.org/29/items/allyearround-06charrich/allyearround06charrich.pdf (accessed 12 September 2018).

Dickens, C. (1863). *David Copperfield*. London: Sheldon, p.137.

Dilnot, A. and Clark, T. (2002). *LongTerm Trends in British Taxation and Spending* (ebook). London: Institute of Fiscal Studies. Available at: https://www.ifs.org.uk/bns/bn25.pdf (accessed 3 July 2018).

Dobson, R. (1970). *The Peasants' Revolt of 1381*. London: Macmillan.

Dowell, S. (1888). *A History of Taxation and Taxes in England from the Earliest Times to the Present Day*. London: Longmans, Green and Co.

Downing, C. (2017). *The future of finance and tax: It's all about the data*. Kpmg.com. Available at: https://home.kpmg.com/uk/en/home/insights/2017/05/the-future-of-and-tax.html (accessed 30 September 2018).

Dunn, A. (2002). *The Great Rising of 1381*. Stroud, Gloucestershire: Tempus.

Dyer, C. (2000). *Everyday Life in Medieval England*. London: Hambledon and London.

Dyson, B. (2012). *Full Reserve Banking Is No Bailout*. Positivemoney.org. Available at: http://positivemoney.org/2012/10/full-reserve-bankingdoes-not-mean-a-bank-bailout/ (accessed 14 September 2018).

East_west_dialogue.tripod.com (2018). *Henry VII's Reign*. Available at: http://east_west_dialogue.tripod.com/europe/id4.html (accessed 21 September 2018).

Ebenstein, A. (2012). *The Indispensable Milton Friedman*. Washington DC: Regnery Pub., p.251.

Edwards, H. and Edwards, D. (2018). *Your primer on talking about the AIled 'fourth industrial revolution'*. Qz.com. Available at: https://qz.com/1090176/how-to-think-about-job-automation-studies/ (accessed 9 October 2018).

Elliott, A. (2018). *How far have fares really fallen since the golden age of flying?* Telegraph.co.uk. Available at: https://www.telegraph.co.uk/travel/ comment/how-airfares-have-fallen-since-golden-age-of-flying/ (accessed 5 October 2018).

En.wikipedia.org (2019). *American Civil War*. Available at: https://en.wikipedia.org/wiki/American_Civil_War (accessed 13 January 2019).

Encyclopedia Britannica (2017). *Ancient Greek civilization*. Available at: https://www.britannica.com/place/ancient-Greece/Classical-Greekcivilization#ref298204 (accessed 17 February 2017).

Encyclopedia Britannica (2018). *United States – World War II*. Available at: https://

www.britannica.com/place/United-States/World-War-II#ref613137 (accessed 13 June 2018).

Encyclopedia.1914–1918-online.net (2018). *War Finance (Germany)*. Available at: https://encyclopedia.1914–1918-online.net/article/war_finance_ germany (accessed 13 June 2018)

Entin, S. (2018). *Tax Incidence, Tax Burden, and Tax Shifting: Who Really Pays the Tax ?* (ebook). Washington DC: Institute for Research on the Economics of Taxation. Available at: http://iret.org/pub/BLTN-88.PDF (accessed 28 March 2018).

Ericsson.com (2018). *Mobile subscriptions worldwide outlook*. Available at: https://www.ericsson.com/en/mobility-report/reports/june-2018/mobile-subscriptions-worldwide-outlook (accessed 21 October 2018).

Europa.eu (2016). *State aid: Ireland gave illegal tax benefits to Apple worth up to €13 billion*. Available at: http://europa.eu/rapid/press-release_IP-16-2923_en.htm (accessed 28 June 2019).

Europa.eu (2018). *State of the Union 2018: Making the EU a stronger global actor – European Commission proposes more efficient decisionmaking in Common Foreign and Security Policy*. Available at: http://europa.eu/rapid/press-release_IP-18–5683_en.htm (accessed 11 October 2018).

Faber, M. (2018). *110: Bryan Taylor* (podcast). Mebfaber.com. Available at: https://mebfaber.com/2018/06/27/episode-110-bryan-taylor-at-some-pointthe-stresses-are-going-to-be-so-great-that-some-of-the-countries-in-theeuropean-union-are-eventually-forced-to-leave/ (accessed 26 September 2018).

Fahey, M. (2016). *Driverless cars will kill the most jobs in select US states*. Cnbc.com. Available at: https://www.cnbc.com/2016/09/02/driverless-cars-will-kill-the-most-jobs-in-select-us-states.html (accessed 10 October 2018).

Fairchild, F. R. (1922). ' German War Finance – a Review'. *American Economic Review*, 12(2), pp.246–61.

Feldman, G. (1993). *The Great Disorder: Politics, Economics, and Society in the German Inflation, 1914–1924*. New York: Oxford University Press.

Fhwa.dot.gov (2018). *The Reichsautobahnen*. Available at: https://www.fhwa.dot.gov/infrastructure/reichs.cfm (accessed 30 June 2018).

Finance.co.uk (2018). *How Much Tax Will I Pay On £100 Earned ?* Available at: http://www.simplefs.co.uk/press-release/how-much-tax-on-100-pounds.asp (accessed 3 June 2018).

First [and Second] Report[s] of the Commissioners for Inquiring Into the State of

Large Towns and Populous Districts, Vol. 2, Part 2, Appendix (p.2010). William Clowes and Sons, 1845.

Founders.archives.gov (2018). *Founders Online: Rules by Which a Great Empire May Be Reduced to a Small One.* Available at: https://founders.archives.gov/documents/Franklin/01–20-02–0213 (accessed 27 May 2018).

Franklin, B. (2007). *Poor Richard's Almanac.* New York: Skyhorse Publishing, p.28.

Fred.stlouisfed.org (2018). MZM *Money Stock.* Available at: https://fred.stlouisfed.org/series/MZMNS (accessed 26 September 2018).

Freehling, W. H. (1990). *The Road to Disunion: Secessionists at Bay 1776–1854.* New York: Oxford University Press.

Friedman, M. (1976). *Monetary Correction: A Proposal for Escalator Clauses to Reduce the Costs of Ending Inflation.* London: Institute of Economic Affairs.

Friedman, M. (1978). *Milton Friedman Interviewed.* Cooperative-individualism.org. Available at: https://www.cooperative-individualism.org/the-timesherald_milton-friedman-interviewed-1978-dec.htm (accessed 23 December 2018).

Friedman, M. (1998). *The Hong Kong Experiment.* Hoover.org. Available at: https://www.hoover.org/research/hong-kong-experiment (accessed 16 December 2018).

Frisby, D. (2013). *Life After the State.* London: Unbound.

Fritschy, W. (1997). 'A History of the Income Tax in the Netherlands'. *Revue belge de philologie et d'histoire,* 75(4), pp.1045–61.

Ft.com (2017). *No country for young men – UK generation gap widens.* Available at: https://www.ft.com/content/60d77d08-b20e-11e4-b380-00144feab7de (accessed 23 August 2017).

Galofré-Vilà, G., Meissner, C., McKee, M. and Stuckler, D. (2018). *Austerity and the rise of the Nazi party.* Nber.org. Available at: http://www.nber.org/papers/w24106 (accessed 1 July 2018).

Gaunt, R. (2014). *Sir Robert Peel.* London: I. B. Tauris.

George, H. (1879). *Progress and Poverty.* New York: D. Appleton and Company.

Giandrea, S. (2018). *Estimating the US labor share.* Bls.gov. Available at: https://www.bls.gov/opub/mlr/2017/article/estimating-the-us-laborshare.htm (accessed 29 October 2018).

Gibson, M. (2018). *Searching for New Atlantis in China.* Reason.com. Available at: https://reason.com/archives/2018/12/07/searching-for-new-atlantisin-china/3 (accessed 21 December 2018).

Gigeconomy.ey.com (2018). *Global Contingent Workforce Study.* Available at:

https://gigeconomy.ey.com/ (accessed 1 October 2018).

Gigeconomydata.org (2018). *MBO Survey*. Available at: https://www.gigeconomydata.org/research/data-sources/mbo-survey (accessed 1 October 2018).

Graeber, D. (2011). *Debt – The First 5,000 Years*. New York: Random House Publisher Services, p.6.

Graetz, H. (1873). *History of the Jews*. American Jewish Publication Society.

Greenslade, R. (2017). *Times Newspapers posts £1.7m profit, first in 13 years*. Theguardian.com. Available at: https://www.theguardian.com/media/greenslade/2014/dec/02/times-newspapers-posts-17m-profit-first-in-13-years (accessed 10 September 2017).

Griffith, M. (2018). *The Confederacy, the Union, and the Civil War – a look at four claims about the War Between the States*. Knowsouthernhistory.net. Available at: http://www.knowsouthernhistory.net/Articles/History/WSI/four_claims.html (accessed 3 May 2018).

Guta, M. (2018). *55% of Remote Workers Now Telecommute Full Time, Survey Says*. Smallbiztrends.com. Available at: https://smallbiztrends.com/2018/08/2018-remote-working-statistics.html (accessed 5 October 2018).

Halliday, J. (2017). *Times loses almost 90% of online readership*. Theguardian.com. Available at: https://www.theguardian.com/media/2010/jul/20/times-paywall-readership (accessed 10 September 2017).

Halstead, M. (1860). *Caucuses of 1860: A history of the national political conventions of the current presidential campaign: being a complete record of the business of all the conventions ; with sketches of distinguished men in attendance upon them, and descriptions of the most characteristic scenes and memorable events*. Follett, Foster and Company, p.135. Available at: https://books.google.co.uk/books?id=Tw4TAAAAYAAJ&pg=PA135&dq=her+whole+delegation+ris+ing+and+swinging+hats+and+canes&hl=en&sa=X&ved=0ahUKEwij44_z1YbjAhX0SBUIHeLvCWUQ6AEILDAA#v=onepage&q=her%20whole%20delegation%20ris-%20ing%20and%20swinging%20hats%20and%20canes&f=false.

Hammond, B. and Hammond, J. (1911). T*he Village Labourer*. London: Longmans.

Hannaford, A. (2017). *The Internet of Things: Could it really change the way we live* ? Telegraph.co.uk. Available at: http://www.telegraph.co.uk/technology/2017/05/06/internet-things-could-really-change-way-live/ (accessed 11 June 2017).

Harding, M., Bradbury, D. and Lahittete, M. (2018). *OECD Revenue Statistics 2017 – Germany* (ebook). Centre for Tax Policy and Administration, p.2. Available at: https://

www.oecd.org/tax/revenue-statistics- germany.pdf (accessed 28 March 2018).

Haskel, J. and Westlake, S. (2018). *Capitalism without Capital*. Princeton, NJ: Princeton University Press.

Hawkins, J. (2019). *An Interview with Milton Friedman*. Rightwingnews.com. Available at: https://rightwingnews.com/interviews/an-interviewwith-milton-friedman-2/ (accessed 1 April 2019).

Hazlitt, H. (1952). *Economics in One Lesson*. New York: Foundation for Economic Education, p.20.

Heritage.org (2018). *2018 Index of Economic Freedom*. Available at: https://www.heritage.org/index/about (accessed 23 December 2018).

Historylearningsite.co.uk (2018). *Henry VII*. Available at: https://www.historylearningsite.co.uk/tudor-england/henry-vii/ (accessed 21 September 2018).

Holst, A. (2019). *Fixed telephone lines worldwide 2000–2018 | Statistic*. [online] Statista. Available at: https://www.statista.com/statistics/273014/ number-of-fixed-telephone-lines-worldwide-since-2000/ (accessed 26 June 2019).

Hookway, A. (2019). *Searching for the owner of unregistered land*. Hmlandregistry.blog.gov.uk. Available at: https://hmlandregistry.blog.gov.uk/2018/02/05/search-owner-unregistered-land/ (accessed 31 March 2019).

Houlder, V. (2017). *Ten ways HMRC can tell if you're a tax cheat*. Ft.com. Available at: https://www.ft.com/content/0640f6ac-5ce9-11e7-9bc8-8055f264aa8b (accessed 26 October 2018).

Hudson, C. (2018). *War on the Home Front: living in a wartime economy 1792–1815*. Historicinterpreter.wordpress.com. Available at: https://historicinterpreter.wordpress.com/2015/06/17/war-on-the-home-frontliving-in-a-wartime-economy-1792–1815/ (accessed 5 April 2018).

Hughes, E. (1992). *The Hampshire Hearth Tax Assessment, 1665*. Winchester: Hampshire Country Council Planning Department.

Hunt, L. (2007). *The Making of the West: Peoples and Cultures: A Concise History: Volume II: Since 1340*, 2nd edn, Boston: Bedford/St Martin's.

Imf.org (2018). *General Government Gross Debt*. Available at: https://www.imf.org/external/datamapper/GGXWDG_NGDP@WEO/OEMDC/ADVEC/WEOWORLD/JPN (accessed 24 September 2018).

Income-tax.co.uk (2018). *Tax Calculator for £27,500 salary*. Available at: https://www.income-tax.co.uk/calculator/27500/ (accessed 8 October 2018).

Indexmundi.com (2018). *Jet Fuel Daily Price*. Available at: https://www.

indexmundi.com/commodities/?commodity=jet-fuel&months=240 (accessed 5 October 2018).

Info.gov.hk (2018). *Hong Kong ranked world's freest economy for 24 consecutive years*. Available at: https://www.info.gov.hk/gia/general/201802/02/P2018020200484.htm (accessed 22 December 2018).

Infoplease.com (2018). *State of the Union Address: James Buchanan* (December 3, 1860). Available at: https://www.infoplease.com/homework-help/us-documents/state-union-address-james-buchanan-december-3–1860 (accessed 10 May 2018).

Inman, P. (2017). *This man was right all along*. Theguardian.com. Available at: https://www.theguardian.com/money/2003/may/10/tax.scamsandfraud?CMP=share_btn_tw (accessed 9 June 2017).

Internationaltaxreview.com (2017). *Global Tax 50 2017*. Available at: http://www.internationaltaxreview.com/Article/3773447/Global-Tax-50–2017.html?&es_p=6011346 (accessed 30 September 2018).

Isaac, A. (2018). *Budget splurge on NHS shows tax rises must come soon, IFS says*. Telegraph.co.uk. Available at: https://www.telegraph.co.uk/business/2018/10/30/budget-splurge-nhs-shows-tax-rises-must-comesoon-ifs-says/ (accessed 4 November 2018).

Islam: From the Prophet Muhammad to the Capture of Constantinople: Politics and War. Trans. Bernard Lewis, 1974. London: Macmillian.

James, S. R. (2002). *Taxation: Critical Perspectives on the World Economy*. Vol. 1. London: Routledge.

Jefferson, T. (1805). *Second Inaugural Address*. Pagebypagebooks.com. Available at: https://www.pagebypagebooks.com/Thomas_Jefferson/Second_Inaugural_Speech/Second_Inaugural_Address_p1.html (accessed 6 January 2019).

Jeffersondavis.rice.edu (2018). *Jefferson Davis' First Inaugural Address*. Available at: https://jeffersondavis.rice.edu/archives/documents/ jefferson-davis-first-inaugural-address (accessed 3 May 2018).

Jenkins, P. (1989). *Mrs Thatcher's Revolution*. London: Pan Books.

Joint Association of Classical Teachers (1984). *The World of Athens*. Cambridge: CUP.

Josephus, Titus Flavius. *The Antiquities of the Jews,* ad 93–4. Trans. William Whiston, 1737.

Katz, L. F. and Krueger, A. B. (2019) ' The Rise and Nature of Alternative Work Arrangements in the United States, 1995–2015'. *ILR Review,* 72(2), pp.382–416.

Kendall, J. (1957). *Michael Faraday, Man of Simplicity*. London: Faber and Faber, p.14.

Kesselring, K. (2016). *The Trial of Charles I: A History in Documents*. London: Broadview Press.

Keynes, J. (1920). *Economic Consequences* of the Peace. London: Macmillan.

Keynes, J. M. (1963) *Essays in Persuasion*. New York: W. W. Norton & Co.

Kharas, H. and Hamel, K. (2018). *A global tipping point: Half the world is now middle class or wealthier*. Brookings.edu. Available at: https://www.brookings.edu/blog/future-development/2018/09/27/a-globaltipping-point-half-the-world-is-now-middle-class-or-wealthier/?utm_campaign=Brookings%20Brief&utm_source=hs_email&utm_medium=email&utm_content=66298094 (accessed 5 October 2018).

Kingsnorth, P. (2017). *High house prices ? Inequality ? I blame the Normans*. Theguardian.com. Available at: https://www.theguardian.com/ commentisfree/2012/dec/17/high-house-prices-inequality-normans (accessed 12 June 2017).

Kinnock, N. (1985). *Classic Podium: End this grotesque chaos*. Independent.co.uk. Available at: https://www.independent.co.uk/arts-entertainment/September 2018).

Klingaman, W. F. (2001). *Abraham Lincoln and the Road to Emancipation*. New York: Penguin.

Knighton, H. and Lumby, J. (1964). *Chronicon Henrici Knighton vel Cnitthon, monachi Leycestrensis*. New York: Kraus Reprint.

Knupfer, S., Pokatilo, V. and Woetzel, J. (2018). *Urban Transportation Systems of 24 Cities*. Mckinsey.com. Available at: https://www.mckinsey.com/~/media/mckinsey/business%20functions/sustainability%20 and%20resource%20productivity/our%20insights/elements%20of%20success%20urban%20transportation%20systems%20of%2024%20global%20cities/urban%20transportation%20systems.ashx) (accessed 21 December 2018).

Kocieniewski, D. (2018). *Airbnb, Others Pay Out Billions Beneath IRS's Radar, Study Finds*. Bloomberg.com. Available at: https://www.bloomberg.com/news/articles/2016–05-23/airbnb-others-pay-out-billions-beneathirs-s-radar-study-finds (accessed 27 September 2018).

Laffer, A. (2004). *The Laffer Curve: Past, Present, and Future*. Heritage.org. Available at: https://www.heritage.org/taxes/report/the-laffer-curvepast-present-and-future (accessed 27 September 2018).

Laffer, A. (2011). *Cain's Stimulating ' 9–9–9' Tax Reform*. Wsj.com. Available at: https://www.wsj.com/articles/SB10001424052970204346104576637310315367804 (accessed 31 March 2019).

The Lancet (1845). 45(1121), pp.214–16.

Lawson, N. (1992). *The View from No. 11: Memoirs of a Tory Radical*. London: Bantam.

Levels, P. (2015). *There Will Be 1 Billion Digital Nomads by 2035*. Talk for DNX Global, Berlin. Available at: https://www.youtube.com/watch?v=4IYOZ6H0UNk.

Lincoln, A. (1832). *Abraham Lincoln's First Political Announcement*. Abrahamlincolnonline.org. Available at: http://www.abrahamlincolnonline.org/lincoln/speeches/1832.htm (accessed 13 January 2019).

Lindholm, R. (1947). *German Finance in World War II* (ebook). American Economic Association, pp.121–34. Available at: http://piketty.pse.ens.fr/files/capitalisback/CountryData/Germany/Other/Pre1950Series/RefsHistoricalGermanAccounts/Lindholm47.pdf (accessed 1 July 2018).

Little, P. (2009). *Oliver Cromwell*. Basingstoke (England): Palgrave Macmillan.

Lordsandladies.org (2018). *Decline of Feudalism*. Available at: http://www.lordsandladies.org/decline-of-feudalism.htm (accessed 21 September 2018).

Lordsandladies.org (2018). *Serfs*. Available at: http://www.lordsandladies.org/serfs.htm (accessed 23 September 2018).

MacKay, A. L. (1977). *A Dictionary of Scientific Quotations*. Bristol: Institute of Physics Publishing.

Mckinsey.com (2018). *Jobs lost, jobs gained: What the future of work will mean for jobs, skills, and wages*. Available at: https://www.mckinsey.com/featured-insights/future-of-work/jobs-lost-jobs-gained-what-the-futureof-work-will-mean-for-jobs-skills-and-wages (accessed 9 October 2018).

Maldonado, C. (2018). *Price of College Increasing Almost 8 Times Faster Than Wages*. Forbes.com. Available at: https://www.forbes.com/sites/camilomaldonado/2018/07/24/price-of-college-increasing-almost-8-times-faster-than-wages/#2dea3b1266c1 (accessed 22 October 2018).

Margaretthatcher.org (1997). *Speech to the First International Conservative Congress*. Available at: https://www.margaretthatcher.org/document/108374 (accessed 1 April 2019).

Marx, K. (2018). *The North American Civil War (1861)*. Tenc.net. Available at: http://www.tenc.net/a/18611025.htm (accessed 10 May 2018).

Master-and-more.eu (2018). *Top 40 education systems in the world*. Available at: https://www.master-and-more.eu/en/top-40-education-systems-inthe-world/ (accessed 21 December 2018).

May, T. (1988). *The Crypto Anarchist Manifesto.* Activism.net. Available at: https://www.activism.net/cypherpunk/crypto-anarchy.html (accessed 19 October 2018).

Mellon, A. (1924). *Taxation.* New York: The MacMillan Company.

Melville, L. (1913). *The Life and Letters of William Cobbett in England & America.* London: John Lane, The Bodley Head.

Miketgriffith.com (2018). *The Tariff and Secession.* Available at: http://miketgriffith.com/files/tariffandsecession.htm (accessed 3 May 2018).

Mill, J. (1848). *Principles of political economy with some of their Applications to Social Philosophy.* Book V, Chapter II: On the General Principles of Taxation.

Millercenter.org (2018). *Abraham Lincoln: Campaigns and Elections.* Available at: http://millercenter.org/president/lincoln/campaigns-and-elections (accessed 16 April 2018).

Mises.org (2018). Thomas J. DiLorenzo, *Lincoln's Tariff War.* Available at: https://mises.org/library/lincolns-tariff-war (accessed 6 May 2018).

Monnery, N. (2017). *Architect of Prosperity.* 1st edn. London: London Publishing Partnership.

Morrill, J. (1993). *The Nature of the English Revolution.* London: Longman.

Nase.org (2018). *Small Biz Survey – 69% of Sharing Economy Entrepreneurs Received Zero Tax Guidance.* Available at: https://www.nase.org/aboutus/Nase_News/2016/05/11/small-biz-survey–69-of-sharing-economyentrepreneurs-received-zero-tax-guidance (accessed 27 September 2018).

National Taxpayers Union (1999). *Interview with Milton Friedman* (video). Available at: https://www.youtube.com/watch?v=mlwxdyLnMXM (accessed 7 January 2019).

Nationmaster.com (2018). *Countries Compared by Economy > GDP per capita in 1950. International Statistics at NationMaster.com.* Available at: http://www.nationmaster.com/country-info/stats/Economy/GDP-per-capitain-1950 (accessed 5 November 2018).

Newint.org (2018). *A short history of taxation.* Available at: https://newint.org/features/2008/10/01/tax-history (accessed 3 July 2018).

Newman, M. (2017). *The Next Leg of the Electric Revolution.* Presentation. Bernstein Long View Series.

News.bbc.co.uk (2018). *One in five yet to pay poll tax.* Available at: http://news.bbc.co.uk/onthisday/hi/dates/stories/august/14/newsid_2495000/2495911.stm (accessed 15 September 2018).

News.bbc.co.uk (2018). *UK settles WWII debts to allies.* Available at: http://news.

bbc.co.uk/1/hi/uk/6215847.stm (accessed 7 December 2018).

Newstatesman.com (2017). T*he great property swindle: why do so few people in Britain own so much of our land* ? Available at: http://www.newstatesman.com/life-and-society/2011/03/million-acres-land-ownership (accessed 11 June 2017).

Norporth, H. (2018). *The American Voter in 1932: Evidence from a Confidential Survey (ebook)*. American Political Science Association. Available at: https://www.gwern.net/docs/history/2018-norpoth.pdf (accessed 25 September 2018).

Novak, M. (2016). *9 Quotes From Winston Churchill That Are Totally Fake.* Paleofuture.gizmodo.com. Available at: https://paleofuture.gizmodo.com/9-quotes-from-winston-churchill-that-are-totally-fake-1790585636 (accessed 1 April 2019).

Noyes, C. (1940). *Economic Controls in Nazi Germany.* Cqpress.com. Available at: http://library.cqpress.com/cqresearcher/document.php?id=cqresrre1940110100#H2_4 (accessed 1 July 2018).

Nps.gov (2018). *Industry and Economy during the Civil War*. Available at: https://www.nps.gov/resources/story.htm%3Fid%3D251 (accessed 11 April 2018).

Nytimes.com (1861). *Sumter and the Administration.* Available at: https://www.nytimes.com/1861/04/17/archives/sumter-and-the-administration.html (accessed 12 January 2019).

Nytimes.com (2018). *A Letter from President Lincoln. Reply to Horace Greeley. Slavery and the Union. The Restoration of the Union the Paramount Object.* Available at: https://www.nytimes.com/1862/08/24/archives/a-letterfrom-president-lincoln-reply-to-horace-greeley-slavery-and.html (accessed 7 May 2018).

Nytimes.com (2018). *The Emancipation Proclamation ; Interesting Sketch of its History by the Artist, Carpenter*. Available at: https://www.nytimes.com/1865/06/16/archives/the-emancipation-proclamation-interestingsketch-of-its-history-by.html (accessed 9 May 2018).

Oates, W. and Schwab, R. (2015). ' The Window Tax: A Case Study in
Excess Burden'. *Journal of Economic Perspectives,* 29(1), pp.163–80.

Observationsandnotes.blogspot.com (2018). *The Decrease in Purchasing Power of the US Dollar Since 1900*. Available at: http://observationsandnotes.blogspot.com/2011/04/100-year-declining-value-of-us-dollar.html (accessed 26 September 2018).

Occhino, F., Oosterlinck, K. and White, E. (2007). *How Occupied France
Financed its own Exploitation in World War II* (ebook, 2nd edn). *American Economic Review, 97 (2)*, pp.295–9. Available at: https://eml.berkeley.edu/~webfac/eichengreen/e211_fa05/white.pdf (accessed 1 July 2018).

Oecd.org (2018). *General government spending*. Available at: https://data.oecd.org/gga/general-government-spending.htm (accessed 13, 22 September 2018).

Oecd.org (2018). *OECD Revenue Statistics 2017 United States*. Available at: https://www.oecd.org/tax/revenue-statistics-united-states.pdf (accessed 15 July 2018).

Oecd.org (2018). *Tax on personal income*. Available at: https://data.oecd.org/tax/tax-on-personal-income.htm (accessed 22 September 2018).

Oecd.org (2019). *Economic Outlook Annex Tables*. Available at: http://www.oecd.org/economy/outlook/economicoutlookannextables.htm (accessed 20 March 2019).

Official Report of Proceedings of the Hong Kong Legislative Council (1961). Legco.gov.hk. Available at: https://www.legco.gov.hk/yr97-98/english/former/lc_sitg.htm (accessed 19 December 2018).

Officialdata.org (2018). *£100 in 1938 → 1951*. Available at: https://www.officialdata.org/1938-GBP-in-1951?amount=100 (accessed 29 June 2018).

Okrent, D. (2010). *Wayne B. Wheeler: The Man Who Turned Off the Taps*. Smithsonianmag.com. Available at: https://www.smithsonianmag.com/history/wayne-b-wheeler-the-man-who-turned-off-the-taps-14783512/ (accessed 14 June 2018).

Ormrod, W. (1990). ' The Peasants' Revolt and the Government of England'. *Journal of British Studies,* Vol. 29 (No.1), pp.1–30. Available at: https://www.jstor.org/stable/175483 (accessed 17 September 2018).

Ortiz-Ospina, E. and Roser, M. (2018). *Public Spending*. Ourworldindata.org. Available at: https://ourworldindata.org/public-spending (accessed 10 July 2018).

Ortiz-Ospina, E. and Roser, M. (2018). *Taxation*. Ourworldindata.org. Available at: https://ourworldindata.org/taxation (accessed 5 July 2018).

Ourworldindata.org (2018). *Number of countries having implemented Value Added Taxes*. Available at: https://ourworldindata.org/grapher/numberof-countries-having-implemented-a-vat (accessed 11 July 2018).

Oxfam.org (2018). *Richest 1 percent bagged 82 percent of wealth created last year – poorest half of humanity got nothing*. Available at: https://www.oxfam.org/en/pressroom/pressreleases/2018–01-22/richest-1-percent-bagged-82-percent-wealth-created-last-year (accessed 24 November 2018).

Oxforddictionaries.com (2018). *Definition of task in English by Oxford Dictionaries*. Available at: https://en.oxforddictionaries.com/definition/task (accessed 11 November 2018).

Packman, A. (2016). *Tax transparency and country by country reporting*. Pwc.com. Available at: https://www.pwc.com/gx/en/tax/publications/assets/tax-transparency-andcountry-by-country-reporting.pdf (accessed 30 September 2018).

Paine, T. (1797). *Agrarian Justice*. Geolib.pair.com. Available at: http://geolib.pair.com/essays/paine.tom/agjst.html (accessed 23 December 2018).

Painter, S. (*1933). William Marshal, KnightErrant, Baron, and Regent of England*. Baltimore: Johns Hopkins Press.

The Parliamentary Debates (Authorized Edition) (1833). Wyman, Vol. 20.

Parliament.uk (2018). *The 1816 repeal of the income tax*. Available at: https://www.parliament.uk/business/committees/committees-a-z/commonsselect/petitions-committee/petition-of-the-month/war-petitions-andthe-income-tax/ (accessed 8 April 2018).

Parliament.uk (2018). *The cost of war*. Available at: https://www.parliament.uk/about/living-heritage/transformingsociety/privatelives/taxation/overview/costofwar/ (accessed 13 June 2018).

Parliament.uk (2019). T*axation during the First World War*. Available at: https://www.parliament.uk/about/living-heritage/transformingsociety/private-lives/taxation/overview/firstworldwar/ (accessed 11 March 2019).

Pettinger, T. (2018). *David Lloyd George Biography*. Biographyonline.net. Available at: https://www.biographyonline.net/politicians/uk/lloydgeorge.html (accessed 15 December 2018).

Phillips, M. (2018). *The Long Story of US Debt, from 1790 to 2011, in 1 Little Chart*. Theatlantic.com. Available at: https://www.theatlantic.com/business/archive/2012/11/the-long-story-of-us-debt-from-1790-to-2011-in-1-little-chart/265185/ (accessed 29 June 2018).

Plato (2007). *Republic*. Oxford: Aris & Phillips.

Pope, T. and Waters, T. (2016). *A Survey of the UK Tax System*. Ifs.org.uk. Available at: https://www.ifs.org.uk/bns/bn09.pdf (accessed 15 July 2018).

Positivemoney.org (2017). *House prices: why are they so high ?* Available at: http://positivemoney.org/issues/house-prices/ (accessed 11 June 2017).

Positivemoney.org (2018). *Infographic: Why are House Prices So High?* Available at: http://positivemoney.org/2012/09/infographics-why-are-house-pricesso-high/ (accessed 11 September 2018).

Presidency.ucsb.edu (2018). *John F. Kennedy: Address and Question and Answer Period at the Economic Club of New York*. Available at: http://www.presidency.ucsb.edu/ws/?pid=9057 (accessed 4 June 2018).

Preyer, N. W. (1959). ' Southern Support of the Tariff of 1816: A Reappraisal', *Journal of Southern History,* XXV, pp.306–22, in Essays on Jacksonian America, ed.

Frank Otto Gatell, New York: Holt, Rinehart and Winston, Inc., 1970.

Price, M. (1980). *The Peasants' Revolt*. London: Longman.

Pwc.co.uk (2018). *UK Economic Outlook*. Available at: https://www.pwc.co.uk/services/economics-policy/insights/uk-economic-outlook.html#dataexplorer (accessed 9 October 2018).

Quod.lib.umich.edu (2018). *Collected Works of Abraham Lincoln. Volume 3*. Available at: https://quod.lib.umich.edu/l/lincoln/lincoln3/1:122.1?rgn=div2;view=fulltext (accessed 27 April 2018).

Quoteinvestigator.com (2019). T*he Hardest Thing in the World to Understand is Income Taxes*. Available at: https://quoteinvestigator.com/2011/03/07/einstein-income-taxes/ (accessed 9 January 2019).

Reaction.life (2017). *How to switch taxation to a subscriber model*. Available at: https://reaction.life/switch-taxation-subscriber-model/ (accessed 10 September 2017).

Recode.net (2018). *The US government doesn't know how big the gig economy is*. Available at: https://www.recode.net/2018/7/24/17603482/the-u-sgovernment-doesnt-know-how-big-the-gig-economy-is (accessed 1 October 2018).

Reichsfinanzministerium-geschichte.de (2018). *Historikerkommission – Reichsfinanzministerium von 1933–1945*. Available at: http://www.reichsfinanzministerium-geschichte.de/ (accessed 30 June 2018).

Reid, J., Nicol, C., Burns, N. and Chanda, S. (2018). *Long Term Asset Return Study – the Next Financial Crisis* (ebook). London: Deutsche Bank Global Research. Available at: https://www.dbresearch.com/PROD/RPS_EN-PROD/Publications_reportsanalysis_and_studies_by_Jim_Reid_for_download/JIM_REID.alias (accessed 25 September 2018).

Reid, J., Nicol, C., Burns, N. and Mahtani, S. (2018). *The History (and Future) of Inflation*. London: Deutsche Bank Research.

Reinhart, C. and Rogoff, K. (2013). *Reflections on the 100th Anniversary of the Federal Reserve* (ebook). San Diego. Available at: http://www.aeaweb.org/aea/2013conference/program/retrieve.php?pdfid=485 (accessed 25 September 2018).

Rivlin, A. M. and McClellan, M. B. (2017) *How to Take on Health Inequality in America*. brookings.edu.

Roantree, B. and Miller, H. (2018). *Tax revenues: where does the money come from and what are the next government's challenges* ? Ifs.org.uk. Available at: https://www.ifs.org.uk/publications/9178 (accessed 28 March 2018).

Roberts, J. and Westad, O. (2014). *The Penguin History of the World*. London: Penguin Books.

Roberts, R. (2018). *Neil Monnery on Hong Kong and the Architect of Prosperity* (podcast). Econtalk.org. Available at : http://www.econtalk.org/neilmonnery-on-hong-kong-and-the-architect-of-prosperity/#audio-high-lights (accessed 17 December 2018).

Roosevelt, F. (1942). *State of the Union 1942*. Let.rug.nl. Available at: http://www.let.rug.nl/usa/presidents/franklin-delano-roosevelt/state-of-theunion-1942.php (accessed 1 April 2019).

Rothwell, H. and Douglas, D. (1996). *English Historical Documents*. London: Routledge.

Sakoulas, T. (2017). *Parthenon*. Ancient-greece.org. Available at: http://ancient-greece.org/architecture/parthenon.html (accessed 17 February 2017).

as-Sallaabee, A. M. (2007). *The Biography of Abu Bakr as Siddeeq*. Riyadh: Darussalam Publisher.

Scencyclopedia.org (2018). *Secession crisis of 1850–1851*. Available at: http://www.scencyclopedia.org/sce/entries/secession-crisis-of-1850%C2%961851/ (accessed 27 April 2018).

Schwab, K. (2016). *The Fourth Industrial Revolution*. Geneva, Switzerland: World Economic Forum.

Scmp.com (2018). H*ong Kong's budget surplus underestimated for eighth year in a row*. Available at: https://www.scmp.com/news/hong-kong/article/1723421/hong-kongs-budget-surplus-underestimated-eighth-year-row (accessed 21 December 2018).

Shaw, G. (1944). *Everybody's Political What's What ?* New edn. London: Constable.

Shaxson, N. (2014). *Treasure Islands*. New York: St Martin's Press.

Shoard, C. (2019). *BAFTA nominations 2019: The Favourite is queen but Steve McQueen snubbed*. Theguardian.com. Available at: https://www.theguardian.com/film/2019/jan/09/baftas-2019-the-favourite-nominationssteve-mcqueen (accessed 9 January 2019).

Sinclair, J. (1785). *The History of the Public Revenue of the British Empire*. W. and A. Strahan for T. Cadell.

Singleton, A. (2006). *Obituary: Sir John Cowperthwaite*. Theguardian.com. Available at: https://www.theguardian.com/news/2006/feb/08/guardianobituaries.mainsection (accessed 21 December 2018).

Sloan, B. (2018). *Taxation Trends in Mainland Europe*. Ec.europa.eu. Available at: https://ec.europa.eu/taxation_customs/sites/taxation/files/taxation_trends_report_2017.pdf (accessed 15 July 2018).

Smith, A. (1793). *An Inquiry into the Nature and Causes of the Wealth of Nations*.

London: printed for A. Strahan and T. Cadell.

Smith, D. (2006). *Living with Leviathan*. London: Institute of Economic Affairs.

Smith, N. (2017). *Who Has the World's No. 1 Economy ? Not the US*. Bloomberg.com. Available at: https://www.bloomberg.com/opinion/articles/ 2017–10-18/who-has-the-world-s-no-1-economy-not-the-u-s (accessed 22 December 2018).

Sourcebooks.fordham.edu (2018). *Medieval Sourcebook: Anonimalle Chronicle: English Peasants' Revolt 1381*. Available at: https://sourcebooks.fordham.edu/source/anon1381.asp (accessed 19 September 2018).

Spartacus-educational.com (2016). *John Wycliffe*. Available at: http://spartacus-educational.com/NORwycliffe.htm (accessed 17 September 2018).

Spartacus-educational.com (2016). *John Ball*. Available at: http://spartacuseducational.com/YALDballJ.htm#section6 (accessed 19 September 2018).

Spartacus-educational.com (2018). *The Peasants' Revolt of 1381*. Available at: http://spartacus-educational.com/Peasants_Revolt.htm (accessed 21 September 2018).

Spence, P. (2015). *Half of all British jobs could be replaced by robots, warns Bank of England's chief economist*. Telegraph.co.uk. Available at: https://www.telegraph.co.uk/finance/bank-of-england/11991704/Half-of-allBritish-jobs-could-be-replaced-by-robots-warns-Bank-of-Englands-chiefeconomist.html (accessed 9 October 2018).

Stampp, K. A., ed. (1965). *The Causes of the Civil War*. Englewood Cliffs, NJ: Prentice-Hall Inc.

Statcounter.com (2018). *Social Media Stats Worldwide*. Available at: http://gs.statcounter.com/social-media-stats (accessed 31 October 2018).

Statista.com (2018). *Apple: number of employees 2017*. Available at: https://www.statista.com/statistics/273439/number-of-employees-of-apple

Statista.com (2018). *Facebook: number of employees 2017*. Available at: https://www.statista.com/statistics/273563/number-of-facebook-employees/ (accessed 27 September 2018).

Statista.com (2018). *IoT: number of connected devices worldwide 2012–2025*. Available at : https://www.statista.com/statistics/471264/iot-numberof-connected-devices-worldwide/ (accessed 3 November 2018).

Statista.com (2018). *Number of Google employees 2017*. Available at : https://www.statista.com/statistics/273744/number-of-full-timegoogle-employees/ (accessed 27 September 2018).

Statista.com (2018). *Search engine market share worldwide*. Available at : https://www.statista.com/statistics/216573/worldwide-market-shareof-search-engines/ (accessed

31 October 2018).

Stolper, G., Hauser, K. and Borchardt, K. (1967). *The German Economy, 1870–1940.* London: Weidenfeld and Nicolson.

Storey, D., Steadman, T. and Davis, C. (2016). *Is the gig economy a fleeting fad, or an enduring legacy ?* Gigeconomy.ey.com. Available at: https://gigeconomy.ey.com/Documents/Gig%20Economy%20Report.pdf (accessed 2 October 2018).

Susskind, J. (2018). *Future Politics.* 1st edn. Oxford: Oxford University Press.

Tanzi, V. and Schuknecht, L. (2000). *Public Spending in the 20th Century.* Cambridge: CUP.

Taplin, J. (2017). *Move Fast and Break Things.* New York: Little, Brown and Company.

Taplin, J. (2017). *Why is Google spending record sums on lobbying Washington ?* Theguardian.com. Available at: https://www.theguardian.com/technology/2017/jul/30/google-silicon-valley-corporate-lobbying-washingtondc-politics (accessed 3 November 2018).

Taussig, F. (1910). T*he Tariff History of the United States.* New York: G. P. Putnam's Sons.

Taxation.co.uk (2018). *Taxing horses, dogs, guineapigs and seals.* Available at: https://www.taxation.co.uk/Articles/2007/01/25/220271/taxinghorses-dogs-guinea-pigs-and-seals (accessed 1 April 2018).

Taxfoundation.org (2016). *The Compliance Costs of IRS Regulations.* Available at: https://taxfoundation.org/compliance-costs-irs-regulations/ (accessed 26 November 2018).

Taxfoundation.org (2018). *What Are Payroll Taxes and Who Pays Them?* Available at: https://taxfoundation.org/what-are-payroll-taxes-andwho-pays-them/ (accessed 28 March 2018).

Taxhistory.org (2018). T*ax History Project – The Seven Years War to the American Revolution.* Available at: http://www.taxhistory.org/www/website.nsf/Web/THM1756?OpenDocument (accessed 26 May 2018).

Taxinsights.ey.com (2018). T*ax function of future to prioritize cost, value and risk.* Available at: https://taxinsights.ey.com/archive/archive-articles/future-of-tax-tax-function-will-be-very-different.aspx (accessed 30 September, 1 October 2018).

Taylor, A. (1982). *Politicians, Socialism, and Historians.* New York: Stein and Day.

Taylor, B. (2018). *The Century of Inflation.* Globalfinancialdata.com. Available at: https://www.globalfinancialdata.com/GFD/Article/thecentury-of-inflation (accessed 25 September 2018).

Taylor, C. (2017). *Ireland named best country for highvalue FDI for sixth year in a row.* Irishtimes.com. Available at: https://www.irishtimes.com/business/economy/ireland-named-best-country-for-high-value-fdi-forsixth-year-in-a-row-1.3204594 (accessed 18 October 2018).

Telegraph.co.uk (2006). *Sir John Cowperthwaite.* Available at: https://www.ttheguardian.com/commentisfree/2018/jul/03/nhs-religion-tories-healthservice (accessed 5 September 2018).

Theglobaleconomy.com (2018). *Capital investment, percent of GDP by country, around the world.* Available at: https://www.theglobaleconomy.com/rankings/Capital_investment/ (accessed 10 July 2018).

Thornton, M. and Ekelund, R. (2004). *Tariffs, Blockades and Inflation.* Wilmington, Del.: SR Books.

Time.com (2018). *The TIME Vault: October 19, 1942.* Available at: http://time.com/vault/issue/1942–10-19/page/23/ (accessed 28 June 2018).

Tinniswood, A. (2004). *By Permission of Heaven.* London: Pimlico.

Tolkien, J. (2015). *Fellowship of the Ring.* London: HarperCollins Publishers Limited, ' The Song of Aragorn'.

Toynbee, P. (2018). *The NHS is our religion: it's the only thing that saves it from the Tories.* Theguardian.com. Available at : https://www.theguardian.com/commentisfree/2018/jul/03/nhs-religion-tories-healthservice (accessed 5 September 2018).

Tradingeconomics.com (2018). *United Kingdom Money Supply M3.* Available at: https://tradingeconomics.com/united-kingdom/money-supply-m3 (accessed 26 September 2018).

Uber.com (2018). *Company Information.* Available at: https://www.uber.com/en-GB/newsroom/company-info/ (accessed 27 September 2018).

Ukpublicspending.co.uk (2017). *Charts of Past Spending.* Available at: http://www.ukpublicspending.co.uk/past_spending (accessed 11 June 2017).

Us1.campaign-archive.com (2012). *TaxPayers' Alliance reveals cost of collecting tax has barely fallen in over 50 years.* Available at: https://us1.campaign-archive.com/?u=cc07cd0ccd07d854d8da5964f&id=ad07b30f56 (accessed 26 November 2018).

Usgovernmentspending.com (2018). *US Government Defense Spending History with Charts.* Available at: https://www.usgovernmentspending.com/defense_spending (accessed 10 July 2018).

Utzke, D. (2017). *IRS Affidavit for Coinbase.* Scribd.com. Available at : https://www.scribd.com/document/342374347/IRS-Affidavit-forCoinbase?campaign=SkimbitLtd

&ad_group=58287X1517249X4494521015d9a87485a7bdaeeaeec496&keyword=660149 026&source=hp_affiliate&medium=affiliate (accessed 21 October 2018).

Vaclavik, B. (2018). *7 2018 Remote Work Statistics.* Dontpanicmgmt.com. Available at: https://www.dontpanicmgmt.com/2018-remote-workstatistics/ (accessed 5 October 2018).

Vermilya, D. (2019). *Walker Tariff of 1846: Definition & Summary | Study.com.* [online] Study.com. Available at: https://study.com/academy/ lesson/walker-tariff-of-1846-definition-summary-quiz.html (accessed 28 June 2019).

Visionofbritain.org.uk (2019). *History of the Census of Population.* Available at: http://www.visionofbritain.org.uk/census/ (accessed 4 January 2019).

Vitalone, P. (2011). *The NotSoDarkAge: Light in 14th Century Britain.* Masshumanities.org. Available at: http://masshumanities.org/ph_thenotsodarkage-light-in-14th-century-britain/ (accessed 24 February 2019).

Wallis, J. (2000). 'American Government Finance in the Long Run: 1790 to 1990'. *Journal of Economic Perspectives, 14(1)*, pp.61–82.

Walsingham, T. and Riley, H. (1863). *Historia Anglicana.* London: HMSO.

Web.archive.org (2009). *Exchange Rate – New Liberty Standard.* Available at: https://web.archive.org/web/20091229132610/http://newlibertystandard.wetpaint.com/page/Exchange+Rate (accessed 21 October 2018).

Web.archive.org (2018). *Magna Carta – Statute Law Database.* Available at: https://web.archive.org/web/20070905014018/http://www.statutelaw.gov.uk/content.aspx?activeTextDocId=1517519 (accessed 1 April 2018).

Web.archive.org (2018). *US Treasury – Fact Sheet on the History of the US Tax System.* Available at: https://web.archive.org/web/20101204034946/http://www.treasury.gov/education/fact-sheets/taxes/ustax.shtml (accessed 3 October 2018).

Web.archive.org (2019). *US Treasury – Fact Sheet on the History of the US Tax System.* Available at: https://web.archive.org/web/20101204034946/http://www.treasury.gov/education/fact-sheets/taxes/ustax.shtml (accessed 11 January 2019).

Webarchive.nationalarchives.gov.uk (2018). *HM Revenue & Customs: Taxation: A tax to beat Napoleon.* Available at: http://webarchivenationalarchives.gov.uk/20130127153155/http://www.hmrc.gov.uk/history/taxhis1.htm (accessed 7 April 2018).

Williams, D. R. McClellan, M. B. and Rivlin, A. M. (2010). ' Beyond the Affordable Care Act: Achieving Real Improvements in Americans' Health', *Health Affairs,* 29, No.8, pp.1481–8.

Willshire, A. (2017). *How to switch taxation to a subscriber model.* Reaction.life.

Available at: https://reaction.life/switch-taxation-subscriber-model/ (accessed 24 March 2019).

World Bank (2017). *The Global Findex Database 2017.* Washington DC: The World Bank.

Xiaoping, D. (1984). *Build Socialism with Chinese Characteristics.* Academics.wellesley.edu. Available at: http://academics.wellesley.edu/Polisci/wj/China/Deng/Building.htm (accessed 21 December 2018).

Yablon, J. (2015). *As Certain as Death.* 9th edn. Arlington, Va.: Tax Analysts.

Youyou, W., Kosinski, M. and Stillwell, D. (2015). *Computerbased personality judgments are more accurate than those made by humans.* Pnas.org. Available at: http://www.pnas.org/content/112/4/1036 (accessed 29 October 2018).

Zimmerman, C. (2014). *Who holds federal debt?* Fredblog.stlouisfed.org. Available at: https://fredblog.stlouisfed.org/2014/05/who-holds-federaldebt/ (accessed 13 September 2018).

Zucman, G. (2015). *The Hidden Wealth of Nations.* Chicago: University of Chicago Press.

索 引

（页码为原书页码，即本书边码）

Abbasid dynasty (750–1258) 40

Abraham (biblical character) 27

Abu Bakr, first caliph 37–38, 41

Adams, Charles : *For Good and Evil* 34

Adams, John 3, 67, 68

Addington, Henry 84

Aeschylus : *The Persians* 32

Airbnb 148, 174, 178, 187

airport passenger duty 210

Alexander, Donald C. 30

Ali (ibn Abi Talib), fourth caliph 37, 38, 39, 40, 42, 43

Alibaba 174

alms 26–8

Amazon (online retailer) 148, 153, 174, 175, 179, 187, 193, 194, 217

American Civil War (1861–1865) 78–79, 91–105, 110, 114, 142

American Revolution (1765–1783) 18, 48, 66–71, 72, 75, 139

American War of Independence (1775–1783) 48, 70–71, 72, 75

ancaps (anarchocapitalists) 166

Anti-Corn Law League 89–90

antidosis 32–33

Anti-Saloon League (ASL) 111–115

Apple (technology company) 148, 175, 179, 187, 193, 194

Aristotle 30, 31 ; *The Art of Rhetoric* 31

artificial intelligence (AI) 155, 157, 158, 186

assignat (bonds) 77

Athens, Greece 31–33

Augustus, Caesar 35

Austen, Jane : *Pride and Prejudice* 3

avoidance, tax 2, 5, 19, 30, 51–52, 60, 70, 73, 74–75, 154, 174–196, 198, 202, 203, 208, 219

Baldwin of Exeter, Archbishop of Canterbury 45

Baldwin, Colonel John 101, 102

Ball, John, preacher 52, 53, 58

Bampton, Thomas 51–52, 54

Bank of England 83, 138, 156, 158

Barlow, John Perry: 'Declaration of the Independence of Cyberspace' 182, 195

Bartlett, Jamie 165, 205

beards, tax on 20

Belknap, Sir Robert 52

Bible 26, 27, 34, 35, 36, 52, 200

bitcoin 160–168, 177, 182, 188

Black Death 50–51

Black Tariff (1842) 94, 95

blockchain 155, 167, 184, 185, 206

Bonaparte, Napoleon 18, 28, 77, 78, 81, 82

Boston massacre (1770) 69

Boston Tea Party (1773) 70

Bosworth, Battle of (1485) 61

Brazil 154, 185, 186, 189–190, 215

Bretton Woods Agreement (1945) 143

Brown, Gordon 201

Brüning, Heinrich 119

Buddhism 26

Bullock, Christopher: *The Cobbler of Preston* 17

burden, overall tax 9, 20, 78, 117, 128, 135, 199, 209–210 business rates 149, 174, 210

Calhoun, John C. 94

Calonne, Charles Alexandre de 75

Cambridge Analytica 187

capital: capital gains taxes 9, 168, 190, 210; controls 10; and income/labour, unequal taxation of 158–159, 191–192, 198–199, 211; investment 133–134, 205–206

capitalism 15–16, 112, 165, 166

Carey, Henry 97, 98

censorship, tax assessment and 20

Cervantes, Miguel de: *Don Quixote* 150

Charles I, King of England, Ireland and Scotland 63–65, 66

Charles II, King of England, Ireland and Scotland 65

Chaucer, Geoffrey:

Canterbury Tales 156

Chile 126, 131

China 6, 7, 12, 14, 15–16, 18, 19, 40, 131, 132, 138, 154–155, 174, 175, 186, 213

Christianity 27, 34–37, 38, 39, 40, 41, 44

Churchill, Winston 5, 6, 106, 213

church tax 27–28

civilisation, birth of 24–25

Clay, Senator Henry 94, 95

Cobbett, William 85, 86; *Paper Against Gold* 86

Cobden, Richard 89–90

code, tax 10, 133, 200–201, 210

Coffield, James 107

Coinbase 167–168

coin clipping 141

Colbert, Jean-Baptiste 1, 145

Cold War 133, 134

collection: digital technology and improvements in tax 184–196 *see also individual tax name*

Common Reporting Standard 190

community charge 58, 59–60

complexity, tax code 10, 200–202, 208, 210

Confederate States of America 98, 99, 100, 102, 103, 104, 105, 142

Conservative Party, UK 90

Continental Congress 71

copayment 219–220

Copernicus, Nicolaus 140, 145

Corn Laws 88–90

corporation taxes 174, 175,178, 179, 191, 210

cost of living 78, 108, 124, 155

council tax 129, 153, 210

Cowperthwaite, John James 6, 7–8, 9–12, 13, 14, 15, 16

Crimean War (1863–1887) 87, 96

Cromwell, Oliver 65

crop taxes 40

Crusades 44–45

Cry of Pugad Lawin 18

Crypto Anarchist Manifesto (1988) 164

crypto-money 160–173, 177–178 ; Coinbase 167–168 ; crypto activism 162–166 ;smartphone/scalability of tech and 170–173 ; The Sovereign Individual and 168–169

Current Tax Payment Act (1943) 130

customs duties 62, 63, 72, 78

cypherpunks 163–165

Dallas, Andrew 109

Dallas Tariff (1816) 92–93

dana (almsgiving) 26

dashama bhaga vrata (' one tenth part vow') 26

data : sharing and analysis as an international effort 190–192 ; tax collection and 184–190 ; tax justice and 192–196

Davidson, James : *The Sovereign Individual* 168–169

Davis, Jefferson 100, 102, 103

dawandh (Sikh tithe) 26

debt/deficits, national/governmental 9, 13, 23, 63, 67, 71, 72, 78, 82–83, 85–87, 108, 109, 117, 118, 120, 121, 124, 125, 127, 137–139, 140, 141, 142, 145, 210, 218

decentralised autonomous organisations (DAOs) 182

Declaration of Rights (1689), UK 65–66

Declaration of the Rights of Man and of the Citizen (1789), France 76

Declaratory Act (1766) 68

defence spending 5, 21–22, 26, 99, 110, 120, 133, 134, 219

deflation 141, 142

Deng Xiaoping 15

Denning, Lord Thomas 47

Department of Defense, US 133, 148

Deutsche Bank 139, 144

devaluation 15, 78, 123, 139, 141

dhimma (non-believers granted protection for payment of taxes) 40

Dickens, Charles 4, 105

digital nomads 150–155, 160–162, 169

Direct House Tax 3

Disney 44, 117, 177

Disraeli, Benjamin 87, 88

Domesday Book 183

don gratuité (clerical voluntary tax contribution) 74

Douglas, Stephen A. 98

Downing, Chris 184, 185, 186, 189–190, 192, 193

dual dating 80

duties *see individual duty name*

EBITDA (earnings before interest, tax, depreciation and amortisation) 176

economic freedom index 13

Edward I, King of England 47

Egypt 26, 28–29, 34–35, 39, 40, 41

eisphora (direct tax on wealth) 33

electronic invoicing 184, 185, 186

Eleven Years Tyranny (1629–1640) 63

Emancipation Proclamation, US (1863) 104

encryption 165

England 1–4, 19, 27, 44–48, 49, 50–62, 63–71, 72, 76, 79–80, 81, 82, 87, 106, 183, 203

Enlightenment 7, 17, 30, 75, 110, 211, 221

esretu (ancient form of tithing) 24

Eridu (ancient tribe) 24

Ernst & Young :
   Contingent Workforce Study of the US 147–148

Estonia 185, 206, 215

European Union (EU) 131, 175, 179–180, 186, 194, 207 ; war on tech 179–180, 194

evasion, tax 19, 42, 72, 84, 168, 188, 189, 193–194, 195, 208, 210, 214

excise taxes 63, 67, 88, 131, 210

exiles, tax 34–35

Facebook 148, 174, 176, 178, 179, 187, 188, 193, 217, 218

Federal Reserve Bank, US 138, 146–147

Ferris, Tim : *The 4Hour Work Week : Escape the 9–15, Live Anywhere and Join the New Rich* 152

feudalism 19, 21, 46, 49, 55, 60–62, 72, 76

financial crisis (2008) 97, 139, 145, 166, 199, 202

First World War (1914–1918) 19, 21, 79, 81, 108, 109, 113, 115, 117, 118, 124, 134, 137, 141, 142, 170, 218

Five Pillars of Islam 26

Fort Sumter, South Carolina 100–102, 103

Fourth Industrial Revolution 155

Franklin, Benjamin 68, 69, 70 ; *Rules by Which a Great Empire May Be*

Reduced to a Small One 69

French Revolution (1789) 27, 71–77, 82, 203

Friedman, Milton 10, 11, 12–13, 140, 141, 183, 209, 214

Fries rebellion (1798) 3

fuel taxes 20, 44, 203, 210

gap, tax (gap between amount of tax collected and what should be collected) 148, 184, 185

Gates, Bill 146, 158

GDP (Gross Domestic Product) 9, 11–12, 13, 21, 79, 118, 121, 124, 126, 127, 128, 132, 133, 134, 135, 138, 143, 199, 205, 206, 209–210

Geiger, Melissa 184, 186, 190, 191, 192, 193

George II, King of England, Ireland and Scotland 3

George III, King of England, Ireland and Scotland 71

George, Henry 212 ; *Progress and Poverty* 212

German Labour Front 119, 120

Germany 3, 27–28, 59, 81, 109, 113, 118–123, 124, 125, 127, 128, 137, 138, 141, 142, 206

gig economy 146–155, 158, 174

Gimson, Franklin 7

Gladstone, William 81, 85, 86, 87, 88, 183

glass tax 2–5, 92

Global Financial Database 140

Glorious Revolution (1688) 1–2, 48, 65–66

gold standard 83, 86, 108, 141, 142, 143

Google 148, 177, 179, 188, 193, 205, 217

Göring, Hermann 121, 122

government : debt/deficits see debt/deficits, national/governmental ; local 59, 60, 129–130, 219 ; transformation in the role and size of 106–116, 133–136

Graeber, David 138

Graetz, Heinrich : History of the Jews 34

Great Depression (1929–1939) 116, 118, 129, 143

Great Fire of London (1666) 19

Great Wall of China 19

Greece, ancient 21, 28–29, 30–33, 42

Gregorian calendar 80

Gregory XIII, Pope 80

Grenville, George 67

Guardian 177, 217

Haddon-Cave, Philip 11

Hadrian's Wall 19

Hammond, Philip 205

havens, tax 188, 191–192, 208

healthcare 13, 22, 23, 26, 28, 44, 81, 106, 107, 119, 122, 127, 134, 157, 170, 185, 197, 198, 199–200, 207, 209, 210, 218, 219

health inequality 197–198, 199
hearth taxes ('smokefarthings'/'fumage') 1–2, 9
Hebrews 34–35
Henry II, King of England 44, 45
Henry III, King of England 46, 47
Henry IV, King of England 81–82
Henry VII, King of England 58, 60–62
Henry VIII, King of England 62
Herrick, Myron T. 112
high tax rates, revenue and 42–43
Hinduism 26
Hippocrates 31
Hitler, Adolf 59, 82, 119, 120, 121
HMRC (Her Majesty's Revenue and Customs) 66, 187, 188, 195, 201–202; Connect 187–188
Hong Kong 6–16, 200, 201, 209, 210, 213, 215, 221
Hood, Robin 18, 44, 45
Hoover, Herbert 116, 137
Hostetler, Dallas 135
HSBC 10
Hundred Years War (1337–1453) 51, 58, 61, 62
hypothecated taxes 219

Iceland 206, 215
import/export duties 45, 62, 92, 94, 95
income tax 8–9, 77, 78, 79, 81–90; ancient origins of 26–29; birth of big government and 107, 108, 109–116; capital and income/labour, unequal taxation of 158–159, 191–192, 198–199, 211; collection at source and 84–85, 203; complexity of 201; cost of collection 202; evolution of social democracy and 126, 128, 129, 132; five schedules of 84; future of work and 146, 138, 149, 150, 153, 154, 158, 159; introduction of 81–90; morality of 17, 79; Prohibition and 111–116; Utopia and 210, 216, 219; women's suffrage and 19 see also individual nation name industrial planning 8, 9, 27, 91, 205
Industrial Revolution 4, 27, 72, 87, 155, 156, 172
inequality 22, 31, 134, 192, 194, 197, 198–199, 201, 215
inflation 10, 21, 46, 63, 77, 83, 108, 109, 118, 119, 121, 124, 128; hyperinflation 71, 77, 109, 121, 123; taxation by 10, 21, 86, 108, 121, 124, 128, 140–145, 162, 166, 199, 200, 203, 207–208, 210, 214
infrastructure spending 22, 26, 31, 127, 133–134, 205, 210, 219
inheritance tax 45, 61, 210
Institute of Economic Affairs (IEA) 127
Institute of Fiscal Studies (IFS) 126, 129
Intercursus, Magnus 62

Internal Revenue Service (IRS) 104, 148, 167, 188, 201–202, 203–204 ; building, Washington DC 22, 203–204
International Consortium of Investigative Journalists 194
Internet 137, 152, 153, 154, 155, 156, 162, 163–164, 167, 168, 170, 171, 172, 174–175, 177, 178, 181–182, 188; Internet of things (IOT) 181–182; tax 181, 182
invisible/hidden hand 8, 11, 216
iPhone 175
Ireland 2, 89, 90, 113, 126, 138, 179, 191
Islam 26, 37–42

Jackson, Andrew 94
Jacob (biblical character) 27
James II, King of England, Ireland and Scotland 2, 63, 65
Japan 15, 125, 138
Jefferson, Thomas 92
Jesus 18, 35–6, 37
Jews/Judaism 27, 34–40, 41, 46, 112, 121–122, 123
jizya (poll tax) 38, 39
John of Gaunt, Duke of Lancaster 51, 55, 56
John, King of England 44, 45, 46, 48
Josephus, Titus 34
Julian calendar 79–80

Kennedy, J. F. 42, 43
Keynes, John Maynard 9, 11, 42, 43, 140, 145, 174, 203, 204
Khaldun, Ibn : *The Muqaddimah* 41–42
kind, payment in 20, 27, 51
knowledge, taxes on 86
Korean War (1950–1953) 14, 133

labour taxes 20, 158–159, 191–192, 198–199, 211
Laffer, Arthur/Laffer Curve 42–43
Lagash (ancient tribe) 24, 25, 203
laissez-faire economics 11, 14, 107
Lambeth, Treaty of (1212) 46–47
Land Registry 214
land value tax 9, 107, 212–213
Langton, Stephen, Archbishop of Canterbury 46
Lawson, Nigel 28, 201
Lee Kuan Yew 15
Lend Lease Act (1941) 124
Lenin, Vladimir 145
Levels, Pieter 150, 151, 152, 155, 161
libertarian worldviews 22, 164, 165, 166, 182, 189, 208
life cycle of a tax, typical 4–5
Lincoln, Abraham 91, 97–9, 100, 101, 102, 103–104, 105, 109, 153
LinkedIn 147, 179
liturgy 30–33
Lloyd George, David 106–108, 213

local government 59, 60, 129–130, 219
location usage tax (LUT) 210, 211–216
loopholes 115, 201
Louis XIV, King of France1, 71–72
Louis XVI, King of France 72
Louisiana Purchase (1803) 91–92
low taxes, revenue increase and 14, 15, 16, 42–43

Magna Carta 46, 47–78, 68
Malone, John C. 176
Marx, Karl 106, 206
Mary II, Queen of England, Ireland and Scotland 1–2, 65
Matthew 13 :12 140
May, Theresa 149
McKinsey 146, 156
Mesopotamia 18, 25, 26, 34, 82, 162–163
Mexican–American War (1846–1848) 95
Mill, John Stuart 3, 214
Ministerial Council for the Defence of the Reich 120
modern monetary theory (MMT) 207–208
Monnery, Neil 7, 8
moon landings 18
morality, taxes and 17, 20, 44, 208
Morrill Tariff 97, 98, 105
Moses (biblical character) 35
Muhammad, Prophet 37, 38
Murdoch, Rupert 176–177

Nakamoto, Satoshi 164, 166
Napoleonic Wars (1803–1815) 85, 86–87, 88, 108, 109
nation state : birth of modern 63–80; end of 168–169, 204–208
National Constituent Assembly, France 76
National Health Service (NHS) 28, 134, 199, 205, 219, 220
National Insurance 107, 149, 153, 210, 218; National Insurance Act (1911)107, 21
Netflix 176, 177, 217
New Deal, US 116
Nine Years War (1688–1697) 2
nocoiners 166–167
non-doms 154' non-profit ' business models 205–206
Nullification Crisis (1832–1833) 94

octroi (customs duties) 72, 78
OECD 13, 126, 190, 192
offshore capital tax 178–179
Ohio Life Insurance and Trust Company 96
open-source technologies 164, 182
Osborne, George 44, 201

Paine, Thomas 83, 211
Panama Papers scandal (2016) 193–194
Panathenaic Games 32
Panic of 1857 96–97
Parliament Act (1911) 107

索 引 265

Pay As You Earn (PAYE) 130

paywalls 217

Peasants' Revolt (1381) 52–60, 203

Peel, Sir Robert 8, 87, 88–90

Peloponnesian War (431–404 bc) 33

People's Budget (1909) 106–107, 108

people's quantitative easing (PQE) 207–208

Pericles 32

personal data, value of 177

Peter the Great 20

physiocrats 211

Pigou, Arthur C./Pigouvian taxes 210, 216

Pilate, Pontius 36, 37

Pitt the Younger, William 3, 81, 82, 83, 84, 87, 108

Plague 19, 49–52

platforms, online digital 150, 174–176, 178, 182, 187, 188–189, 192–193

Plato 197

Pollock v the Farmers' Loan & Trust Co. (1895) 110

poll tax 19, 38, 39, 40, 51–60, 72, 129

positive non-intervention 8, 16

pound, devaluation of the 15

PricewaterhouseCoopers 158

profits 14, 42–43, 108, 109, 145, 180, 181, 198, 217, 218 ; as a liability 175–179, 180, 181, 205 ; tax on 108, 109, 175

Prohibition 10, 111–116

Prometheus 30–31

property taxes 103–104, 129, 174

protectionism 15, 89, 93, 95, 96, 98

Ptolemy V, King of Egypt 29

quantitative easing 138, 141, 145, 207–208

Quartering Act (1765) 69

ratchet effect 126

Reagan, Ronald 42, 128

redistribution, wealth 14, 22, 106–107, 133, 134, 165, 197, 219

Rees-Mogg, William : *The Sovereign Individual* 168–169

Reichsbank 121, 122

Reid, Jim 139, 144

Representation of the People Acts : (1918) and (1928) 109

Republican Party, US 97, 98, 99, 111, 112, 113

Revenue Acts, US : (1862) 104 ; (1913) 114–115 ; (1942) 117

revenue tax, digital services 180

Rhett, Robert 95

Richard I ' the Lionheart ', King of England 45

Richard II, King of England 49, 51, 54, 56–58

Robin Hood (film) 44

robots, jobs and 146, 155–159, 186, 192 ; robot process automation (RPA) 192

Roman Empire 19, 20, 21, 26, 34, 35–37,

38, 39, 42, 45, 49, 65, 78–79, 141

Roosevelt, Franklin Delano 48, 116, 117
Rosetta Stone 28–29
Russia 18, 20, 21, 90 ; Revolution (1917) 18
Saladin tithe 44–45, 46
sales taxes 9, 131, 162, 203
salt tax (gabelle) 73, 74, 77
1 Samuel 8 :15–18 26
Sasanian Empire 38
Scott, Dred 99
scutage/cowardice tax 44, 45, 46
Second World War (1939–1945) 6–7, 12, 71, 81, 117, 118–125, 126, 128, 129, 130, 133, 134, 199
seigneurial duties 72
Seven Years War (1756–1763) 67, 71–72
Seward, William H. 97, 100
Shakespeare, William : Richard II 49
shaming, tax 177, 193, 194
Shaw, George Bernard 18, 126
ship money 64, 66
Sikh tithe 26
sin taxes 203
Singapore 15, 200, 213
single tax 212–213, 220, 221
smartphone 170–173
Smith, Adam 4, 7, 8, 11, 19, 42, 86, 131, 216; Inquiry into the Nature and Causes of the Wealth of Nations 200–202; four canons of 200–202
social democracy : evolution of 126–136; large-state social democratic model 18, 22, 23, 28, 81, 165, 183, 197, 209
Sons of Liberty 68, 69
source, tax at 20–21, 60, 84–85, 129, 130, 148, 150, 162, 189, 202, 203, 204
Spain 38, 40, 41, 70, 138, 207, 215
stamp duty 210
stamp tax 67–68
Starbucks 176, 193
Statue of Liberty 78–79
Statute of Labourers Act (1351) 50–51
stealth taxes 20, 145, 200, 203, 214
subscription, public services and 216–220
Sudbury, Simon, Archbishop of Canterbury 53, 54, 56
suffrage, adult 19, 112, 109
Sugar Act (1764) 67
sugar taxes 44, 67
Sumer 18, 24–25
Sun Yat-Sen 213
super tax 108
Supreme Court, US 99, 110, 114, 175
surnames, tax and 19
Swiss Leaks scandal (2015) 193–194
Synod of Mâcon (585) 27

taille 72, 74–75

Taiwan 15, 213, 215

tariffs 7, 9, 20, 88–89, 114, 210; American Civil War and 92–101, 103, 104, 105, 110, 114;

tariff of 1857, US 96, 97; Tariff of Abominations (1828), US 94

tax : birth of 24–33; etymology 20 *see also individual tax and nation name*

tax farmers (fermiers généraux) 73, 74, 76–77

Tax Foundation 135

Taylor, Matthew 149

technology : crypto-money and see crypto-money; data and see data; developing countries tax collection and 132–133; EU war on tech companies 179–180; future of taxing 174–192 see also data; future of work and 146–159; Internet companies and avoidance of profit 174–179; tax justice warriors and 192–196

Tele-Communications Inc. (TCI) 176

television licence fee 210

temple tax 35–36

Thatcher, Margaret 58, 59–60, 128, 129

Thiel, Peter : ' The Education of a Libertarian ' 165–166

Thirty Years War (1618–1648) 63

3D printing 155, 181

Tianfu, China 154–155

Time magazine 117

Times, The 217

tithe 20, 25, 26–28, 44–46, 61, 72, 76, 82, 209

tobacco duty 20, 72, 78, 210

Townshend, Charles 68, 70

Trades Union Congress (TUC), UK 149

transaction taxes 162, 182

trierarchy (ancient Greek navy) 32

TripAdvisor 174–175

Trump, Donald 137, 178, 187, 192, 202, 205

at-Turtushi, Abu Bakr Muhammad 40

Tyler, Wat 54, 55, 56–58

Uber 148, 149, 174, 175, 176, 178

Umayyad dynasty (661–750) 40

Umma (ancient tribe) 24, 25

universal basic income (UBI) 219

Urakagina 25, 203

urine, tax on 21

ushur (tithe) 26

Utopia, designing 209–221; income tax and 210; location usage tax (LUT) 210, 211–216; overall tax burden in 209–210; Pigouvian taxes and 210, 216; subscription and 216–220; VAT and 210

VAT (value-added tax) 9, 131–133, 149, 153, 162, 174, 180, 181, 186, 202, 203, 210, 216

vehicle excise duty 210

Ver, Roger 106, 160, 161

Versailles, Treaty of (1919) 118, 121

vingtième (one-off French tax to 'ease' state deficit) 72
Vodafone 193
Volstead Act (1919) 115
Voltaire 74, 75
voluntary taxes 21, 30–33, 74, 107, 131, 220
Walmart 148, 153
Walsingham, Thomas 54; Historia Anglicana 82
Wanniski, Jude 42, 43
War of 1812 92, 93, 109
Waterloo, Battle of (1815) 78, 85
welfare spending 22, 23, 26, 28, 81, 106, 119, 127, 134, 199, 200, 203, 205, 209, 218, 219, 220
Westminster, Duke of 59, 89

Wheeler, Wayne B. 111, 112, 113–114, 115
William I (the Conqueror), King of England 183
William the Marshal 46, 47
William III, King of England, Ireland and Scotland 1–2, 65
Willshire, Andrew 217–218, 219
Wilson, Woodrow 114
window tax (Duty on Houses, Light and Windows) 2–5, 92
work, future of 146–159; digital nomads 150–155, 160–162, 169; robots and 146, 155–159, 186, 192

zakat (almsgiving) 26
Zeus 30, 31